"京津冀无形资产与科技创新智库联盟"文库

知识产权质押融资系列丛书　鲍新中／主编

本书受"教育部人文社会科学研究青年基金项目
（项目编号：19YJCZH211）"资助

知识产权质押融资
信任机制

ZHISHI CHANQUAN ZHIYA RONGZI XINREN JIZHI

严鸿雁◎著

知识产权出版社

全国百佳图书出版单位

—北京—

图书在版编目（CIP）数据

知识产权质押融资：信任机制／严鸿雁著. —北京：知识产权出版社，2021.1
ISBN 978-7-5130-7192-5

Ⅰ.①知… Ⅱ.①严… Ⅲ.①知识产权—抵押—融资—研究 Ⅳ.①F830.45

中国版本图书馆 CIP 数据核字（2020）第 180747 号

内容简介

《知识产权质押融资：信任机制》从企业和金融机构等微观主体的视角对知识产权融资信任机制进行研究。首先基于专利权质押合同登记数据和社会网络分析方法对我国企业知识产权质押融资现状进行分析，其次通过问卷访谈等研究方法对影响知识产权质押融资的因素进行分析，重点分析信任对知识产权质押贷款决策的影响，最后着重研究了知识产权质押融资信任机制，并提出解决知识产权质押融资信任度不高问题的合理化建议。

《知识产权质押融资：信任机制》可作为财务、企业管理、知识产权管理和其他相关专业研究生的参考用书，还可以供企业管理、政府决策、知识产权融资相关专业人士以及感兴趣的读者阅读、参考。

责任编辑：荆成恭		责任校对：王 岩	
封面设计：刘 伟		责任印制：孙婷婷	

知识产权质押融资：信任机制

严鸿雁 著

出版发行：**知识产权出版社** 有限责任公司		网　址：http://www.ipph.cn	
社　　址：北京市海淀区气象路 50 号院		邮　编：100081	
责编电话：010-82000860 转 8341		责编邮箱：jcggxj219@163.com	
发行电话：010-82000860 转 8101/8102		发行传真：010-82000893/82005070/82000270	
印　　刷：北京建宏印刷有限公司		经　销：各大网上书店、新华书店及相关专业书店	
开　　本：720mm×1000mm　1/16		印　张：20	
版　　次：2021 年 1 月第 1 版		印　次：2021 年 1 月第 1 次印刷	
字　　数：297 千字		定　价：89.00 元	
ISBN 978-7-5130-7192-5			

总　序

社会学家把人生概括为功利人生、求道人生和游戏人生三种。作为一位科研工作者，我们所做的研究工作，也可能会经历同样的这三个过程，即功利科研、求道科研和游戏科研。

功利科研，追求的是成就之美，或者说是功成名就。对于科研工作者来说，功成名就，追求的可能是职称、金钱、地位、名誉，但也未必一定是狭隘的个人主义，也可以是经世济民，造福于社会，所谓"大丈夫处世兮立功名，立功名兮慰平生"。年轻时做科研，大都会受到外部压力和内部功利心的驱使。这里并无鄙视功利之意，在这个世界上不可以没有功利，功利价值与一种健全的社会机制的结合，会使每个人在获取私利的同时，为他人造福。在某种程度上功利是推动经济发展的原动力，西方经济学中的微观经济学就是利用人们的逐利与追求利润最大化的动机，采用价格这无形的手来优化资源配置而发展经济的。

求道科研，追求的是科学之美。科研工作者投身和参与到自身所认为的科学之道和生命之道中，去体验、实践、求索并致力于弘扬那个"大道"。这是一种为了科学探求真理、探索真知的研究。科学家们的研究，大都是这个层面的研究，他们引领科学技术发展、推动社会文明进步。希望50岁后的科研工作者，都能为了求道而研究，这样，做起来更有动力、更有乐趣、更有意义。

游戏科研，追求的是生活之美。科研工作者为自己投身的科学研究本身所陶醉。正如钱理群先生所言，"学术本身就构成了生命中自足的存在，不需要从学术之外寻找乐趣、意义和价值"。如果你不能从学术研究中感受到快乐，说明选择做科研可能不是最佳的工作选择。"学术研究，不过是一批痴迷于学术的人进行的精神劳动。"如果真是这样，学术成为科研

工作者生活中的重要组成部分，也成为生活快乐的源泉。游戏科研，不分年龄，从研究生到教授、到院士和科学家，都可能达到，他们从思想的自由驰骋与学术的苦心探讨中找到兴趣、感受快乐，获得生命的意义与价值。希望所有的科研工作者都可以达到游戏科研的境界。

北京联合大学创新企业财务管理研究中心多年来秉承"快乐学术、悦享生活"的科研工作理念，致力于创建轻松、愉悦的科研氛围，将学术融入生活，在科研工作中也一样寻求到生活的快乐。经过多年的努力，已经在知识产权质押融资、供应链融资、低碳与环境会计、PPP 融资与风险管理等方面形成了稳定的研究方向，取得了一定的研究成果。此次将把知识产权质押融资领域多年的研究成果以系列专著的形式推出，以更好地与国内外学者、金融机构、科技中介机构、科技型企业的相关人员进行沟通和交流。已经出版和即将出版的知识产权质押融资系列丛书，分别是《知识产权质押融资：运营机制》《知识产权质押融资：风险管理》《知识产权质押融资：价值评估》《知识产权质押融资：信任机制》《知识产权质押融资：法律规制》。

知识产权质押融资是科技和金融融合的产物，为科技型中小企业提供了获得成长和发展资金的新渠道。近几年，我国从中央到地方陆续颁布了一系列的激励政策和措施以推进知识产权质押融资业务的推广，但实际发展的状况并不乐观，银行、担保机构等对知识产权质押融资业务持谨慎态度，这种政府热情高涨而参与主体积极性不高的反差现象有很多原因，包括知识产权价值评估问题、风险管理问题、合作模式问题、法律规制问题等，这些问题需要实践中的探索，也需要理论上的研究。本套丛书就是致力于对阻碍知识产权质押融资业务发展的关键问题展开理论研究和实践研究探索，力争补充、丰富和完善国内外关于知识产权融资风险问题的理论研究成果，并为政府相关部门、金融机构、企业和中介机构决策提供指导思路。

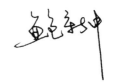

2018 年 8 月 8 日

目　录

第一篇　研究背景与文献综述

第二篇　知识产权质押融资现状与特征

第四篇　关系性视角知识产权质押融资信任机制

第一篇

研究背景与文献综述

第一章 引言

1.1 研究背景

科技型中小企业由于其特有的高成长性与创新性，在促进科技成果转化和产业化、以创新带动就业、建设创新型国家中发挥着重要作用。在科技型中小企业的成立和发展过程中，融资始终是需求迫切但又面临诸多现实困境的难题。科技型中小企业在研发、购置厂房与设备等方面急需资金支持，但由于其轻资产特征，缺乏有形的实物财产提供担保，面临融资难与融资贵等问题。与劳动力密集型的中小企业相比，科技型中小企业以拥有商标权、专利权、版权、技术秘密等知识产权作为生存和发展的基础，多从事技术的研发、转让、咨询与服务等活动，自主知识产权是企业财产的主要甚至全部组成部分。以知识产权为客体的权利质押，有效地契合了科技型中小企业的融资担保和财产构成。因此，知识产权质押融资可谓为科技型中小企业"量身定做"，是科技型中小企业融资的现实选择❶。

我国开展知识产权质押融资的时间较晚。为推动专利技术的应用，我国于1996年10月1日颁布了《专利权质押合同登记管理暂行办法》。1997年红豆企业商标权的质押贷款开创了我国知识产权质押融资的先河。但是随后十年，通过专利权获得贷款资金的企业很有限，平均每年30家左右。进入2003年虽有较大增长，但全国平均仅60多家企业。金融机构在推进

---

❶ 李明发.论科技型中小企业知识产权质押融资的政策支持 [J].江淮论坛，2012（6）：115 – 120.

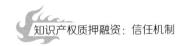

知识产权质押贷款业务方面的积极性还不高，过于保守❶。2006 年 9 月，由中国人民银行和银监会牵头，首届全国专利质押融资研讨会在湘潭召开。会议明确，在全国大力推动专利质押融资业务。中国银监会于 2006 年 12 月 28 日发布《关于商业银行改善和加强对高新技术企业金融服务的指导意见》（银监发〔2006〕94 号），该意见第十条要求："商业银行对高新技术企业授信，应当探索和开展多种形式的担保方式，如出口退税、股票质押、股权质押、债券质押、仓单质押和其他权益抵（质）押等。对拥有自主知识产权并经国家权威部门评估的高新技术企业，还可以试办知识产权质押贷款。"

2008 年《国家知识产权战略纲要》提出"引导企业采取知识产权转让、许可、质押等方式实现知识产权的市场价值"。同年，开始实施知识产权质押融资试点工作，国家与地方层面纷纷出台了相应政策以推动该融资模式的发展。2009 年 5 月，银监会和科技部联合发布《关于进一步加大对科技型中小企业信贷支持的指导意见》，鼓励商业银行积极开展知识产权质押贷款业务。2010 年，国家知识产权局会同财政部等六部委发出《关于加强专利质押融资与评估管理，支持中小企业发展的通知》，从建立协同推进机制、创新服务机制、完善风险管理机制、深化管理机制等方面提出加强专利质押融资工作的意见和措施。同年 10 月，《专利权质押登记办法》施行，通过简化、规范质押登记程序进一步促进专利权的运用和资金融通，保障债权的实现。随着知识产权价值不断得到认可，以及政策、制度的不断推动，越来越多的地区启动知识产权质押融资业务。国家知识产权局以加强知识产权投融资服务体系建设为重点，积极推进知识产权与金融资产的有效融合，通过加强专利权质押登记管理、开展知识产权质押融资试点等工作，积极推动知识产权质押融资业务的开展。

"到 2020 年，把我国建设成为知识产权创造、运用、保护和管理水平较高的国家。"2008 年 6 月 5 日，国务院颁布《国家知识产权战略纲要》（以下简称《纲要》），将知识产权上升为国家战略，开启了我国知识产权

---

❶　卢志英. 专利权质押融资现状分析［J］. 中国发明与专利，2007（6）：45 - 47.

事业发展的新篇章。如今,《纲要》中提到的目标任务已经基本实现。我国已经成为名副其实的知识产权大国,2007—2019 年,国内(不含港澳台)有效发明专利拥有量从 8.4 万件增长至 186.2 万件,每万人口发明专利拥有量达到 13.3 件,有效注册商标总量从 235.3 万件增长至 2521.9 万件。著作权、植物新品种、地理标志、集成电路布图设计等权利数量同时也大幅增长。核心专利、知名品牌、精品版权、优良植物新品种等数量持续增加。

2019 年国家知识产权局全年共授权发明专利 45.3 万件,实用新型 158.2 万件,外观设计 55.7 万件。2019 年度专利质押项目 7060 项,但质押融资金额仅为 1105 亿元。同年新增专利权质押贷款数量远低于新增专利授权数量,占比仅为 1.56%。而根据人民银行公布的统计数据,2019 年的社会融资规模增量为 256735 亿元,其中人民币贷款 168834 亿元,知识产权质押融资金额占银行融资业务量的比例更低,不足 0.7%。

1.2 研究问题的提出

当前,我国正处在产业结构调整和供给侧结构性改革的关键时期,知识产权和金融的密切结合对于创新发展将起到更加重要的作用。在大众创业、万众创新的新形势下,创业创新风起云涌,科技型企业成长迅速,对专利质押融资的需求保持旺盛态势。知识产权本身的无形性、地域性、时效性等特征使质押标的隐藏着价值不稳定、容易遭受侵权等风险。质押标的风险与融资风险相叠加,导致整个融资过程风险重重。对银行而言,知识产权资产评估方法不够科学合理、交易市场不成熟、质权实现困难等使项目呈现较高风险性。知识产权质押融资高风险的存在,使大部分银行都持有谨慎态度。科技型中小微企业的融资需求旺盛和金融机构的慎贷惜贷形成了一种相悖的尴尬局面。

针对这些问题,从国家到地方,都在制定政策、寻求突破、加快发展。近年来,中央高度重视知识产权质押融资工作。2014 年国务院办公厅关于转发知识产权局等单位《深入实施国家知识产权战略行动计划(2014—2020 年)》的通知,该通知明确提出了我国 2020 年知识产权质押融资 1800 亿元人民币的目标，并要求银行、证券、保险信托等金融机构广泛参与知识产权金融服务，鼓励开发知识产权融资服务产品，完善知识产权投融资服务平台。2017 年 8 月 30 日召开的国务院常务会议指出，要更有针对性地加大对中小微企业创新的支持，搭建面向中小企业的一站式投融资信息服务体系，支持以从核心龙头或大型企业获得的应收账款为质押，为关联企业提供融资，发展贷款、保险、财政风险补偿捆绑的专利权质押融资新模式，提高金融支持创新的灵活性和便利性。为贯彻落实有关工作部署，国家知识产权局与财政部、科技部、人民银行、银监会等部门加强协调，研究出台了多项政策措施，推动知识产权与金融资本融合，先后印发了一系列文件。在国家知识产权局与有关部门的指导下，各地纷纷制定出台了促进专利质押融资工作的政策措施，推进加大财政经费投入，通过贴息、购买中介服务、担保补贴等多种方式，推动知识产权质押融资工作的快速发展。各地纷纷开展试点工作，形成了以北京、上海、武汉为代表的知识产权质押担保模式和以青岛、中山为代表的知识产权质押保险模式❶。然而这些模式治标不治本，只是将风险转嫁给了政府和保险公司，而政府、保险公司承担了专利质押贷款的大部分损失，不适合大规模推广。因此，要从根本上解决这一问题还是需要将视角转回到核心主体——银行与贷款企业的信贷关系上来。

2019 年我国专利质押贷款项目中金额在 1000 万元（含 1000 万元）以下的小额专利质押融资项目占比为 68.6%，显示出中小微企业是专利质押贷款的主力军。在中小微企业贷款业务中，为规避贷款风险，信任与否是银行开展此类业务的重要前提（Uzzi B，1997）❷。

信贷关系中的"信息不对称"导致信贷风险，专利权质押贷款业务的"信息不对称"更为严重，从而导致银行对专利权质押贷款企业惜贷。银企间的信任关系是企业获取银行信贷的决定性因素。信任能弥补正式制度

---

❶ 宋河发，廖奕驰. 专利质押贷款保险模式与政策研究［J］. 中国科学院院刊，2018，33（3）：242 - 248.

❷ Uzzi B. Social Structure and Competition in Interfirm Networks：The Paradox of Embeddedness［J］. Administrative Science Quarterly，1997，42（1）：35 - 67.

缺陷，银企信贷关系中的信任有助于信贷人员获取更多的软信息，降低"信息不对称"程度和交易行为的不确定性，帮助银行全面评估企业的可信度，进而做出信贷决策。

信任机制是现代金融运行的基础，交易活动的开展需要基于由信息加工处理过程而建立的信任机制，信任表征着交易各方的价值共识（汪青松，2019）❶。知识产权质押融资并不仅仅是申请、银行受理、初审、提交申报、银行审批、签订合同、办理质押登记手续、银行发放贷款的一个流程，而是一个将评估、交易、公示、检索、分析、风险投资等功能有机连接、环环相扣的系统工程。专利质押贷款中的银企间信任如何建立？专利质押贷款中的银企间信任受哪些因素的影响？这些问题都需要深入研究。

目前金融机构、企业之间通过相互持股、借贷等资金联系构建起的资金网络日益复杂和密切，银企关系已经由二维、线性关系发展成具有多维、复杂结构的社会网络关系。社会网络通过信息传递和融资支持增进了中小微企业贷款的可得性（姚铮，2013）❷。复杂网络情境下银企间信任关系有何不同？网络信任怎样对专利权质押贷款决策产生影响？这些问题同样都值得深入研究。

1.3 研究目的和意义

中小企业融资难是一个普遍性的世界难题，很多中小企业很难从银行获得融资。专利权质押作为一种新型的金融产品，能够从一定程度上有效地缓解中小企业尤其是科技型中小企业融资难的问题。从中央到地方陆续颁布了一系列政策、法规，推进了知识产权融资业务，但目前发展状况并不乐观，一些理论问题和实践问题都没有得到有效的解决。

本书从企业和金融机构等微观主体的视角对知识产权质押融资信任机

---

❶ 汪青松. 信任机制演进下的金融交易异变与法律调整进路——基于信息哲学发展和信息技术进步的视角 [J]. 法学评论，2019, 37（5）: 82 – 94.

❷ 姚铮，胡梦婕，叶敏. 社会网络增进小微企业贷款可得性作用机理研究[J]. 管理世界，2013（4）: 135 – 149.

制进行系统研究。首先基于调研、案例分析和社会网络分析方法对我国知识产权质押融资现状及特征进行分析，其次分别基于计算性视角和关系性视角探讨知识产权质押融资信任形成机制及影响因素，重点分析社会网络信任对知识产权质押贷款决策的影响，提出基于社会网络的知识产权质押融资信任评估机制，最后强调政府对知识产权质押融资的促进路径与效应。本书将补充和完善国内外关于知识产权质押融资和信贷理论的研究成果。

运用知识产权进行融资，既是基于科技型中小企业财产结构的现实选择，也是金融机构针对不同市场主体差异化的金融需求，创新金融产品和服务的内在要求，更是促进专利权的运用和资金融通、实现知识产权强国战略的重要方式。本书系统研究知识产权质押融资的信任机制，为完善知识产权质押融资活动提供可行性建议与政策启示，对知识产权推广、发展和实践都有很大的实践指导意义和实际推广价值。

第二章　概念界定与文献综述

2.1　概念界定

2.1.1　知识产权概念界定

知识产权作为一种智力成果，不同的学者对知识产权的概念有不同的界定。Bently 和 Sherman（2004）❶ 从法律的角度认为知识产权是一种无形的私人权利，是具有保护价值的人类智慧的集合，主要包括专利、商标、外观设计和未披露信息等。世界知识产权组织认为知识产权是人脑力、智力的创造物，这类创造物及与之相关的各类信息享有的各种权利就是知识产权。我国学者朱谢群（2008）❷ 认为知识产权是创造性智力成果、商业标志以及其他具有商业价值的信息并排斥他人干涉的权利，这些权利由民事主体所享有和支配。知识产权特征较为复杂，对其很难有一个较为精准的定义。通过不同学者对知识产权的定义可以看出，知识产权是人们充分利用其智力而取得的成果，根据法律规定，在一定时期内享有专有权或独占权，是受到国家保护的一种财产权利。知识产权是指智力成果的创造人对所创造的智力成果和工商活动的行为人对所拥有的标记依法享有的权利的总称❸。

在 TRIPS 协定（《与贸易有关的知识产权协定》）中知识产权的具体内

---

❶　Lionel Bently, Brad Sherman. Intellectual Property Law ［M］. Oxford：Oxford University Press. 2004：43 – 60.

❷　朱谢群. 知识产权公关服务及其机制分析 ［J］. 知识产权，2008（5）：26 – 30.

❸　郑成思. 知识产权论 ［M］. 北京：法律出版社，2003：32 – 36.

容包括：著作权及邻接权、专利权、工业品外观设计权、商标权、地理标志权（巴黎公约表达为原产地信息）、集成电路布图设计权、未公开披露信息和植物新品种。1986 年颁布的《中华人民共和国民法通则》中明确提出著作权、专利权、商标权、发明权、发现权以及其他科技成果权六种知识产权。1993 年颁布的《中华人民共和国反不正当竞争法》中规定了制止对商业秘密和知名商品的包装等新型知识产权的不正当竞争。2001 年颁布的《集成电路布图设计条例》中把集成电路布图设计权纳入知识产权的范围。可见，知识产权的种类随着社会经济的发展、新生事物的产生也得到不断地丰富❶。本书主要研究的知识产权包括具有质押价值且可以为所有者带来经济效益的知识产权。

2.1.2　知识产权质押融资概念界定

依据《中华人民共和国担保法》的相关规定，质押是指债务人将其财产移交给债权人占有，将该财产作为债权的担保。当债务人不履行债务时，债权人有权依法将该财产通过拍卖、变卖形式优先受偿。移交的财产为质押标的物，即质物。质押按照标的物的实物形态划分为不动产质押、动产质押和权利质押。而知识产权质押是权利质押的一种，是保证债务人履行债务、债权人实现权利的一种担保制度。所谓知识产权质押，是指为担保债权人的债权，以商标专用权、专利权、著作权中的财产权等知识产权作为标的设定的质押形式。多年以来，为加快科技、经济发展，扶持技术含量高、经济效益好的知识产权项目，促进先进技术的实施转化，一些地方纷纷出台了知识产权质押的管理办法、知识产权质押贷款操作办法等文件。另外，为了统一知识产权质押登记管理，有关部门还制定了《专利权质押合同登记管理暂行办法》《商标专用权质押登记程序》《著作权质押合同登记管理暂行办法》等，专门调整知识产权质押登记管理，增强担保法规定的知识产权质押的可操作性。

---

❶　鲍新中，尹夏楠. 知识产权质押融资：风险管理［M］. 北京：知识产权出版社，2018：32－36.

运用企业所拥有的知识产权进行融资的方式很多，例如知识产权信托融资、知识产权证券化等。或者说知识产权质押融资是企业将其合法拥有且目前仍有效的专利权、注册商标权、著作权等知识产权出质，从银行等金融机构取得资金，并按期偿还本息的一种融资方式。在该融资方式中，企业为出质人，银行为质权人，质物为企业拥有的知识产权，如出质人未能按期偿还借款，质权人有权对质物进行处置并优先受偿（冯晓青，2012）❶。知识产权质押融资属于债务性融资，是科技型中小企业运用知识产权进行融资的主要渠道。

2.1.3　知识产权质押融资信任机制概念界定

2.1.3.1　信任机制

　　信任的概念由于较为复杂抽象，目前没有统一的定义。信任的研究涉及诸多领域，例如社会学、心理学、经济学及管理学等。

　　1958 年美国心理学家 Deutsch 通过著名的囚徒困境实验将信任研究引入心理学领域。Deutsch 等（1962）❷ 将信任定义为：“信任是信任方对受信方采取合意行动可能性的信念和预期。”人们信任某事的发生不仅会将其作为预期，还会根据这一预期采取相应行动。Narus（1990）❸ 指出信任是基于自己对他人意图的正面积极预期，该预期符合自身利益。Mayer（1995）❹ 进一步强调信任是个人意愿，将信任定义为，“即使一方不能监视或控制另一方，他依然表现出需要承受由对方行动可能导致损失的意愿”。

　　在社会学中，学者认为信任与社会制度等社会系统要素相关，并且信

　　❶　冯晓青．我国企业知识产权质押融资及其完善对策研究 ［J］．河北法学，2012，（12）：39 - 46.

　　❷　Deutsch M. Cooperation and Trust：Some Theoretical Notes ［C］//Jones M R. Nebraska Symposium on Motivation. Oxford：Nebraska Press，1962：275 - 320.

　　❸　Narus. A Model of Distributor Firm and Manufacturer Firm Working Partnerships ［J］. Journal of Marketing，1990，54（1）：42 - 58.

　　❹　Mayer R C，Davis J H，Schoorman F D. An Integrative Model of Organization Trust ［J］. The Academy of Management Review，1995，20（3）：709 - 734.

任是与社会要素紧密相关的社会现象❶。信任作为一种社会关系从属于特殊的规则系统。信任既受到心理因素影响，也受社会系统影响❷。叶初升认为，人无论信任他人还是被信任，都是因为受到社会法律制度和道德规范的长期影响和制约。杨中芳等（1999）❸认为，信任是人际交往中双方感受到对方履行其所被托付之义务及责任的一种保障感。

在经济学中，Arrow（1972）❹认为国家间缺乏信心可以用来解释其经济落后的原因。张维迎（2002）❺认为信任可以作为决定一个国家经济增长和社会进步的主要社会资本。Colman认为，信任是社会资本的一种形式。Axerold认为信任产生于多次博弈过程中，为达目的人们会多次进行博弈，而在多次博弈中更容易建立信任。

综合而言，信任的内涵：一是将信任定义为一方对受信方行为的预期；二是将信任定义为社会制度等的产物，是一种社会结构和文化的现象。

信任机制就是在社会经济活动中的参与者之间建立信任的一种制度化规范化的方法，在各参与方之间建立信任关系，并保障参与方整体活动的安全运行。在交易活动中构建信任机制可以确保交易的公平、有序及有效进行。信任机制在一定程度上能够确保市场的信用关系，从而使社会中的交易成本有所降低❻。同时，信任机制会提升资源交换效率并

---

❶ 叶初升，孙永平. 信任问题经济学研究的最新进展与实践启示 [J]. 国外社会科学，2005（3）：9-16.

❷ 卢曼. 信任：一个社会复杂的简化机制 [M]. 瞿铁鹏，李强，译. 上海：上海人民出版社，2005：28-135.

❸ 杨中芳，彭泗清. 中国人人际信任的概念化：一个人际关系的观点 [J]. 社会学研究，1999（2）：3-5.

❹ Arrow K J . Gifts and Exchanges [J]. Philosophy & Public Affairs, 1972, 1 (4)：343-362.

❺ 张维迎，柯荣住. 信任及其解释：来自中国的跨省调查分析 [J]. 经济研究，2002（10）：59-70, 96.

❻ 吕峰，梁琬疃，张峰. 效率还是效果：复杂环境下企业创新的权衡 [J]. 南开管理评论，2018, 21（5）：188-199.

且保障较好的公平性❶，而交易双方的信任关系无疑会降低代理双方的信息不对称程度，减少效率损失，从而降低代理成本❷。冯登艳（2009）❸将信用机制模式分为四种类型：人格维持机制、信用抵押机制、信誉维持机制及第三方保障机制。韩冰（2005）❹从结构角度分析信用机制将其划分为三个层面：一是技术层面，包含各类信用工具；二是制度层面，即交易时的信用规则、约定；三是价值观层面，包括人们的契约精神、信用理念等。

2.1.3.2　基于制度的信任机制

基于制度的信任是人们在制度规范、法纪准则等约束下形成的信任❺。郑梦（2019）❻认为制度信任是社会成员对他人会遵守制度规定的期待，并且制度信任来自于公众对制度规范普遍约束力的认同，也是对制度规范强制性的服从❼。制度和信任两者之间是相互依赖、相互促进的互动关系。制度既是信任的基础，又维持着信任，良好的信任机制会对制度起弥补和促进作用❽。信用制度是基于用法律、信用条例、信用文化和信用机构四个方面而建立的。Bachmann（2011）将包含监督和控制的信任称为制度信任。

---

❶　吕鸿江，吴亮，周应堂. 家族企业治理模式的分类比较与演进规律［J］. 中国工业经济，2016（12）：123 – 139.

❷　刘晓霞，饶育蕾. 代理能力与代理成本：一个关系嵌入的视角［J］. 云南财经大学学报（社会科学版），2012，27（4）：45 – 49.

❸　冯登艳. 信用机制的发展演变［J］. 征信，2009（4）85 – 86.

❹　韩冰. 信用制度演进的经济学分析［M］. 长春：吉林大学出版社，2005：25 – 29.

❺　Baek Y M, Chan S J. Focusing the Mediating Role of Institutional Trust: How Does Interpersonal Trust Promote Organizational Commitment? ［J］. Social Science Journal，2014，52（4）：481 – 489.

❻　郑梦. 基于制度信任的民营企业劳资互信形成机理研究［D］. 重庆：西南政法大学，2019.

❼　魏明，王琼，褚俊虹. 信用制度的变迁与我国信用制度的建设［J］. 管理世界，2006（2）：148 – 149.

❽　杨居正，张维迎，周黎安. 信誉与管制的互补与替代——基于网上交易数据的实证研究［J］. 管理世界，2008（7）：18 – 26.

涂祥（2019）❶认为制度通过两种方式来促进信任的形成和深化：一是在制度规定和法律框架下，人们行为受到约束，并相信他人也会严格遵守制度要求，从而人们的行动就会被限定在一定范围内，人们的行动具有可预测性，制度作为信任他人或组织的基础和保障，能扩大信任的范围和对象。二是制度信任通过契约规定双方的权利和义务，若未能守信且未按照规章制度去做则会受到惩罚，人们为避免惩罚会按约定行事从而提高人与人的信任，即通过制度对社会行为的约束、惩罚从而建立和维持了制度信任。

2.1.3.3　基于声誉的信任机制

基于制度的信任机制可以帮助建立多方的基础信任关系，但如何管控授信后的信用风险，成了基于声誉的信任机制的主要功能。

简单来说，人们对一个人或一个事物的综合评价的好坏就是声誉。信任是主动的，是个体对别的个体今后表现的判断。声誉是指对某事物的一般看法，也就是被信任的程度。信任是具体的，声誉是整体的。信任是一个个体对另一个个体的评价，声誉是多个个体对一个个体的评价。另外，要了解声誉的好坏，必须要建立信任关系，并以信任管理为基础❷。杨居正等（2008）❸认为在法律机制无法发挥作用的领域，更加需要声誉发挥作用，声誉的作用会随着管制力度的加强而削弱。声誉作为信任的累积，能够为企业提供关系和相应资源，而且声誉机制也为企业合作者提供良好的忠诚度❹。声誉机制作为一种自发的私人契约，一定条件下保证了买卖双方的承诺❺。

---

❶　涂祥．线上供应链金融三维信任机制研究［D］．武汉：武汉理工大学，2019.

❷　吴慧婷．P2P网络中基于声誉的信任管理研究［D］．武汉：华中师范大学，2009.

❸　杨居正，张维迎，周黎安．信誉与管制的互补与替代——基于网上交易数据的实证研究［J］．管理世界，2008（7）：18-26.

❹　潘越，戴亦一，吴超鹏，刘建亮．社会资本、政治关系与公司投资决策［J］．经济研究，2009，44（11）：82-94.

❺　张新香，胡立君．O2O商业模式中闭环的形成机制研究——基于信任迁移的视角［J］．经济管理，2017，39（10）：62-81.

2.2　文献综述

2.2.1　知识产权质押融资相关研究

关于知识产权质押融资问题，自 2012 年以来有不少国内学者进行了研究，他们的研究主要集中在专利权质押在法律层面界定❶、专利价值评估指标体系建立❷❸❹、专利质押模式运作❺、质押服务体系❻、专利质押风险规避❼及相关政策梳理❽等方面展开。

对相关文献进行梳理时发现缺乏对现有文献进行全面系统分析的文章，且对影响专利质押的核心要素界定不清晰。鉴于此，本书拟采用可视化分析和扎根理论思想，对 CNKI 数据库中刊载的 414 篇研究文献进行分析，首先对研究文献的热点主题、知识基础与演进脉络等进行深入分析，进而抽取 CSSCI 期刊库的 80 篇核心文献进行编码分析，总结提炼专利质押的核心范畴，并构建专利质押理论框架。本书旨在通过对现有文献全面系统的分析梳理，在拓展现有相关理论的同时，也希望能对专利质押融资实务提供参考借鉴。

————————————————

❶　文豪，曲文哲，胡昊楠．专利许可收益权质押融资的性质及其适用法规研究［J］．宏观经济研究，2016（12）：112 – 121.

❷　王凌峰，李玉华．基于梯形 FAHP 电池专利质押融资价值评估研究［J］．系统科学学报，2017，25（3）：64 – 68.

❸　陈朝晖，周志娟．高新技术企业专利融资能力评价指标体系研究［J］．科技管理研究，2019，39（10）：133 – 138.

❹　朱国军，刘钰彤．质押贷款资产价值视角下专利质押融资质物评估模型构建［J］．科技管理研究，2019，39（15）：170 – 175.

❺　钱坤，潘玥，黄忠全．基于专利质押的 P2P 网贷信号博弈分析［J］．软科学，2018，32（6）：108 – 112，118.

❻　马彧崧，齐天凤．科技型中小企业知识产权融资服务体系探究［J］．学术交流，2018（8）：93 – 97.

❼　李海英，苑泽明，李双海．创新型企业知识产权质押贷款风险评估［J］．科学学究，2017，35（8）：1253 – 1263.

❽　宋河发．我国知识产权运营政策体系建设与运营政策发展研究［J］．知识产权，2018（6）：75 – 81.

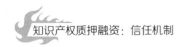

2.2.1.1 数据来源与研究方法

1. 数据来源

本书涉及的文献样本选取来自 CNKI 平台中的期刊数据库，检索时间为 1996—2019 年，检索主题为"专利质押""专利融资""知识产权融资""知识产权质押"，共检索到 491 篇相关文献，经过剔除与本书不相关的其他领域的研究文献及报纸评论、会议报道和重复发表等不符合要求的非研究型文献，共获取有效的学术文献 414 篇。扎根理论使用的 80 篇文献是从 414 篇中挑选关键词为"专利质押"且来自 CSSCI 期刊数据库的文献。

2. 研究方法

本书采用的研究方法为可视化分析和扎根理论。一方面，可视化分析是以文献为研究对象，采用数学、统计学等计量研究方法，以图表的形式呈现研究结果。可视化分析主要对机构合作、作者合作及关键词共现三个方面进行分析，借用 Cite Space 软件的可视化分析功能，以 CNKI 数据库作为数据源，对生成的图谱中高频节点、聚类等基本图例进行说明，从而探索知识产权融资相关研究领域的热点与发展趋势。

另一方面，在得出知识产权质押融资的研究热点之后，运用扎根理论获取不同主题下的相关语句和关键词信息，进而构建知识产权质押研究的整合性理论框架。本书使用扎根理论中的程序化扎根理论方法。其编码过程分为开放性编码、主轴编码和选择性编码三部分。开放性编码，是在研究初期通过整理原始资料，将段落分解简化为规范的语句，之后将其概念化并同时进行范畴化操作。主轴编码，对上阶段形成的初级范畴进一步归纳，形成若干主范畴。选择性编码，是依据上阶段形成的主范畴，构建研究最终的结构模型。

2.2.1.2 知识产权质押融资的发展现状与脉络演进

本书利用 Cite Space 软件进行可视化分析，其是由陈超美博士开发的一款用于计量和分析文献数据的信息可视化软件，该软件可对研究主题、关键词、文章作者、发文机构、被引文献、被引作者等信息进行挖掘和分析，通过可视化的知识图谱呈现相关信息及信息各主体间的相互关系❶。

由于 CNKI 数据库中文献不能进行共被引分析，本书将着重从机构合作、作者合作及关键词共现三个方面进行分析，借用 Cite Space 的可视化分析功能，探索知识产权质押相关研究领域的热点与发展趋势。

将时间跨度设为 1996—2019 年，时间分区为一年，2005 年之前为二至三年，然后分别选择 Author、Institute、Keyword 作为分析对象，设定时间切片的阈值为 30。

1. 文献的年度走势

图 2－1 是根据每年的发文量绘制的趋势图，由图 2－1 可以看出，国内对知识产权质押的研究最早出现在 1996 年，2012 年达最大发文量 51 篇。近十年来的发文量都在 30 篇左右。从总体趋势上看，2005 年之前，国内对知识产权质押的关注度较小，2006—2009 年知识产权质押受到学者们的关注，2010—2019 年，知识产权质押的热度上升并稳步发展。

这一趋势产生的原因为：我国在 2006 年 9 月开展了知识产权质押融资试点工作，学者们也由此开展了知识产权质押融资的相关研究。

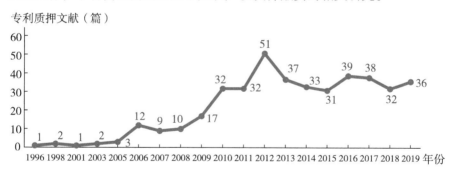

图 2－1　知识产权质押文献年度发文量统计

2. 机构合作分析

通过 Cite Space 软件对知识产权质押发文机构进行可视化分析（图 2－2），节点大小反映发文机构发文次数的多少，节点间连线表示各机构间的合作

❶ 王晓珍，蒋子浩，曹群，施佳蓉．基于 Cite Space 的高校创新研究热点及趋势研究［J］．中国矿业大学学报（社会科学版），2019，21（5）：117－128.

关系，连线越粗表示合作越紧密。通过分析发现以下三个方面的现状：第一，图中节点分布较分散，且突出节点较少，节点间的连线稀疏，说明各机构之间合作较少，合作仅限于少数机构之间；第二，发文较多的是上海理工大学管理学院、中国药科大学医药知识产权研究所、四川大学工商管理学院、华中科技大学管理学院、北京联合大学管理学院、天津财经大学会计学院等，说明这些机构在该领域具有较强的研究实力和影响力；第三，研究机构基本为高校，且合作具有明显的地域性，跨地域合作的机构较少。

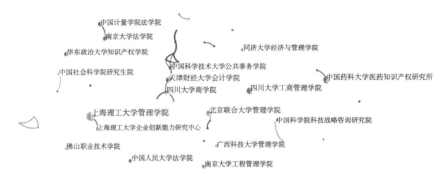

图2-2　知识产权质押融资文献来源机构统计

3. 作者合作分析

本书在利用 Cite Space 对知识产权质押融资发文作者进行可视化分析时，由于分析作者合作时并非只考虑短期少次合作情况，故将时间切片设置为五年，得到发文作者共现知识图谱（如图2-3所示）。图中节点大小反映作者发文数量多少，节点间的连线反映作者之间的合作关系。同时选取发文量在4篇及以上的作者进行统计，得出排名前八的作者及其所属机构见表2-1。结合图2-3和表2-1可以看出，论文产量最多的作者是上海理工大学的方厚政及安徽大学商学院的姚王信，紧随其后的是与多所高校的学者都有紧密合作的天津财经大学会计学院的苑泽明及中国药科大学的丁锦希。此外，北京联合大学管理学院的鲍新中、华中科技大学管理学院的袁晓东、四川大学工商管理学院的顾新、同济大学经济管理学院的张红芳等在该领域发文较多。

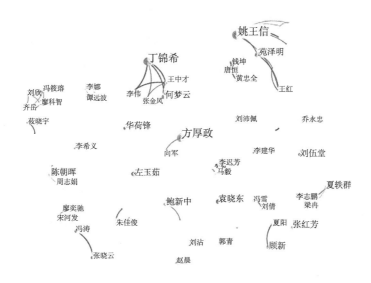

图2－3　知识产权质押融资作者合作分析

表2－1　知识产权质押融资文献作者发文频次统计（前八名）

编号	作者 \ 机构	最早发文年份	发文频次
1	方厚政 \ 上海理工大学管理学院	2014	8
2	姚王信 \ 安徽大学商学院	2011	8
3	苑泽明 \ 天津财经大学会计学院	2010	7
4	丁锦希 \ 中国药科大学	2011	7
5	鲍新中 \ 北京联合大学管理学院	2015	6
6	袁晓东 \ 华中科技大学管理学院	2006	5
6	顾新 \ 四川大学工商管理学院	2012	5
7	张红芳 \ 同济大学经济管理学院	2013	4
7	王中 \ 中国工商银行江苏省分行	2012	4
8	钱坤 \ 南京财经大学会计学院	2013	4

4. 知识产权质押融资研究热点分析

高被引论文和高频关键词是知识产权质押融资研究热点的生动写照，其科学反映知识产权质押融资热点主题，呈现知识产权质押融资演进脉络。

关键词的共现分析主要是根据关键词在文献出现的频次高低来研究某领域发展动向和研究热点。关键词通常能反映文章内容方向，因此本书通过使用关键词共现知识图谱来分析研究知识产权质押融资的热点及发展趋势等问题。

在 Cite Space 软件中，将文献记录进行时间分段，每五年为一段，对每一时间段中出现的前 20 个关键词进行可视化分析，将节点标签设置为统一字体，便可将此领域内的研究尽收眼底。利用此软件自带的自动聚类功能，生成 63 个节点，连线 193 个，密度为 0.0988，由此可见，知识产权质押融资的研究密度较高，形成了较大聚类且各小聚类之间联系密切。

从图 2－4 关键词分布图谱不难看出，近 20 多年来国内知识产权质押融资的研究重点，主要集中在专利质押、价值评估、风险分担、变现、担保公司等方面，研究主体包括中小企业、金融机构、银行等，围绕这几个方面进行紧密研究。

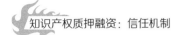

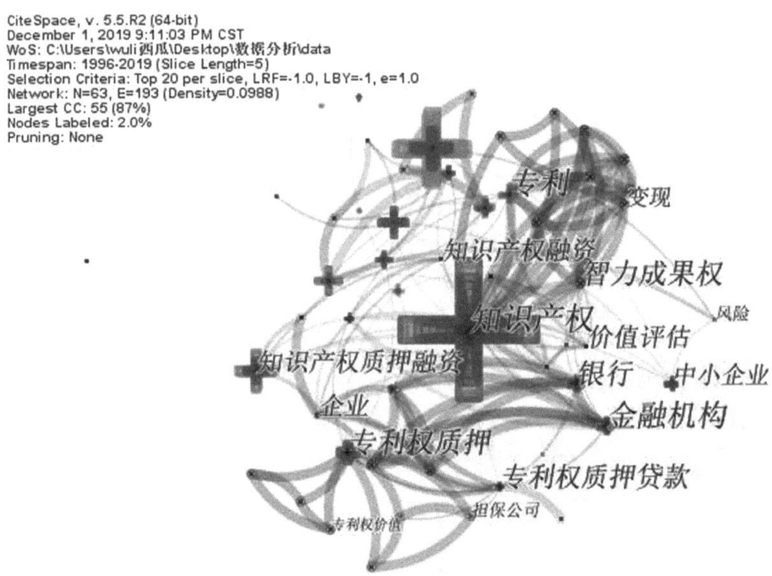

CiteSpace, v. 5.5.R2 (64-bit)
December 1, 2019 9:11:03 PM CST
WoS: C:\Users\wuli西瓜\Desktop\数据分析\data
Timespan: 1996-2019 (Slice Length=5)
Selection Criteria: Top 20 per slice, LRF=-1.0, LBY=-1, e=1.0
Network: N=63, E=193 (Density=0.0988)
Largest CC: 55 (87%)
Nodes Labeled: 2.0%
Pruning: None
专利
变现
知识产权融资
智力成果权
风险
知识产权
价值评估
知识产权质押融资
银行
中小企业
企业
金融机构
专利权质押
专利权质押贷款
担保公司
专利权价值

图 2－4　知识产权质押融资关键词共现分析知识图谱

表2-2 知识产权质押融资高被引文献统计

文献	被引频次	作者/发布年份	期刊
知识产权质押贷款风险分散机制研究	165	宋伟，胡海洋（2009）	知识产权
知识产权质押融资的风险分解与分步控制	147	张伯友（2009）	知识产权
中外知识产权质押贷款发展状况研究	98	徐栋（2009）	电子知识产权
政府支持下的知识产权质押贷款模式及其特征分析	95	李希义，蒋琇（2009）	科技与法律
中国专利权质押制度存在的问题及完善	93	蒋逊明（2007）	研究与发展管理
知识产权质押融资价值评估：收益分成率研究	84	苑泽明，李海英，孙浩亮，王红（2012）	科学学研究
中日知识产权融资制度的比较分析——基于创新药物专利质押融资现状的案例研究	47	丁锦希，顾艳，王颖玮（2011）	现代日本经济
我国专利综合评价指标体系的设计与构建	43	葛仁良（2006）	统计与决策
企业专利管理与技术创新绩效耦合测度模型及评价指标研究	40	曹勇，赵莉，苏凤娇（2011）	科研管理
专利资产证券化解析	40	袁晓东，李晓桃（2008）	科学学与科学技术管理
专利质押贷款环境下的专利价值决定因素研究	39	薛明皋，刘璘琳（2013）	科研管理
论我国专利权质押制度	35	易维明（1996）	科技与法律
质押贷款中知识产权的价值评估实务	34	刘伍堂（2007）	中国资产评估

结合高被引知识产权质押融资文献（见表2-2），并借助 Cite Space

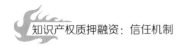

绘制知识产权质押融资关键词共现图谱，综合归纳出知识产权质押融资研究热点涉及的几大主题。并就这几大主题即知识产权质押融资制度设计问题，专利评价指标体系构建，专利价值评估的方法，知识产权质押融资的风险分担，知识产权质押融资模式设计，以及从中小企业、银行、金融机构等主体角度对知识产权质押融资进行研究。

5. 知识产权质押融资研究的脉络演进

一个领域重要学者的最新聚焦构成了研究前沿，学术界关注的主题是随着时间演进而不断动态变化的。为把握知识产权研究领域近十几年最新研究进展，本书利用 Cite Space 软件的关键词共现时区视图 (Timezone View) 识别出近十几年来出现频次较高的主题词，进一步厘清不同文献聚类间的知识转移和流动路径，这对知识产权质押融资研究的演进脉络具有重要的意义并可将其作为可能的研究前沿。

通过软件进行关键词共现分析，时间切片定为 2006—2019 年，节点类型选择"keyword"，阈值"TOPN"设置为 30，其他值为默认值，图谱类型选择时区视图模式，生成知识产权质押融资研究时区视图（见图 2-5）。

图 2-5 知识产权质押融资时区图谱

2006—2009 年学者主要关注专利价值评估方法和专利运作风险分析两大部分。2010—2015 年学者们开始密切关注科技型中小企业的质押融资，在融资模式上对担保融资、信托融资的研究较多，注重风险管理。2016—2019 年的文献在研究专利运营、专利证券化、融资效率方面的数量较多。学者更关注风险分担机制并对知识产权质押融资的政策进行研究梳理。

根据以上分析，各年的知识产权质押融资研究各有侧重，学者们从不同方面或同一方面的不同角度阐述自己对知识产权质押融资的思考和理解，在学术上促进了知识产权质押融资的研究，为知识产权质押融资的实际进展也提供了有益的帮助。

2.2.1.3 知识产权质押融资研究的理论框架构建

在对文献的研究热点和发展脉络等进行深入分析后，形成了各类研究主题，为进一步明确知识产权质押融资研究主题所包含的范围及其相互关系，从 414 篇文献中抽取重要期刊刊载的 80 篇核心文献进行编码分析，总结提炼知识产权质押融资的核心范畴，并构建理论框架。

扎根理论是在经验资料的基础上，抽象出事物现象的本质概念，通过概念之间的内在联系，系统建构理论的定性研究方式。在构建理论的过程中，扎根理论研究广泛应用了开放性访谈、现场观察记录和样本文献分析等具体方法，通过初期资料的系统整理和三次编码（开放性编码、主轴性编码、选择性编码）的提炼，最终形成一套理论命题，并在实践中加以验证❶。

1. 编码与分析过程

（1）开放性编码

本着"什么都相信也什么都不信"的原则，本书对 80 篇文献资料进行分解，依据原作者的本意将句子简化为概念，对概念进行整理分类，根据各概念的中心含义将它们范畴化。通过逐级归纳缩减，共得到 120 个有效概念，初始范畴 27 个，如表 2 – 3 所示。

---

❶ 王锡苓. 质性研究如何建构理论？——扎根理论及其对传播研究的启示 [J]. 兰州大学学报，2004（3）：76 – 80.

表2-3 开放性编码

相关资料	开放性编码	
条目（部分列举）	概念化	范畴化
金融机构、担保机构、评估机构和中小企业的协作机制还需要进一步明晰	参与主体间的协作关系	协作机制
我国专利权质押融资中涉及专利的复杂程度和创新水平还比较低	专利复杂创新程度低	专利质量
单个专利权是很难评估，建立互补性专利池，对池中专利权价值做平均估计	互补性专利池	专利池运营
担保公司资源分散，银行对担保行业资信的认同度不高	担保机构水平有限	中介服务能力
地方政府的专项资金没有形成合力	政府资金合力弱	财政资金的运用
五家银行联合与专利质权人签订质押合同	银行联合贷款	银团贷款
金融机构通过大企业寻找上下游链相关企业，形成集群服务模式	上下游企业集群服务	供应链专利融资
专利价值随技术发展、市场变化和法律状态等波动	专利价值不稳定	风险因素识别
专利权质押融资对企业绩效具有显著的净效应	专利质押影响企业绩效	专利与企业绩效
贷款企业需要负担知识产权评估、律师咨询等各项中介费用其综合费率一般为贷款金额的10%～15%	企业专利质押成本过高	专利利用能力
优质质押专利的选择问题是专利质押融资顺利开展的关键	优质专利的选择	专利选择
政府各部门积极推进地区知识产权质押融资	政府积极推进	政府态度
专利市场的独占期是企业获得市场份额和收益的重要保证	企业专利剩余期限	专利拥有情况
当信息掩饰成本足够小时，高风险企业会混入低风险企业类型中，影响投资人的判断	信息不透明	信息披露

续表

相关资料	开放性编码	
条目（部分列举）	概念化	范畴化
专利的技术价值对专利评估有重要影响	专利技术价值	专利结构
人才投入的工作时间不一定会带来有效专利	时间对专利产出的影响	研发投入
信用增级是降低中小微企业融资成本的关键	信用增级	信誉情况
各机构存在专利质押重复登记的情况	重复登记	登记制度
政府监督小微企业相关的真实数据的生产、扩散和挖掘	企业数据挖掘	大数据金融
政策效力不高，且制定的政策以短期目标为主，缺乏稳定性和规范性	政策效力不高	政策文件
国内的知识产权评估人才储备不够	人才储备	人才培养
专利质押额度有所限制，一般不超过专利权评估价值的30%	贷款额度低	操作办法
分析企业的年度净利润、每股净资产，以及股票面值，根据亏损情况大致判定是否予以贷款	出质企业筛选	预警防范机制
建设第三方风险动态监控平台，实时监控整个融资过程，对风险进行事中控制	第三方风险动态监控平台	事中控制
专利数量逐年增加，其中东部地区发展最为迅速	专利数量增长快	专利数量
独占许可使用权应被允许用作知识产权质押	质押融资标的范围应扩大	法律细则
政府财政投入的引导放大效应有限	政府引导作用有限	政府角色
⋮	⋮	
—	共计120个有效概念	共计27个范畴

（2）主轴编码

开放性编码完成后，开始整理各范畴间的相互联系，根据因果关系脉络，整理出主副范畴。采用条件—过程—结果对 27 个范畴进行整合分析，最终提炼出体制设计、政策支持、模式创新、服务体系、价值衡量、企业专利价值、风险管理七个主范畴，如表 2 - 4 所示。

表 2 - 4　主轴编码

主范畴	副范畴
体制设计	法律细则、操作办法、登记制度、信息披露
政策支持	财政资金运用、政府态度、政策文件
模式创新	专利池运营、供应链、专利融资、大数据金融、银团贷款
服务体系	中介服务能力、人才培养、协同机制
价值衡量	专利选择、专利结构、专利质量、专利数量
企业专利价值	专利与企业绩效、信誉情况、研发能力、专利拥有情况、专利利用能力
风险管理	因素识别评价、预警防范机制、事中监控、事后分担

（3）选择性编码

选择性编码是在已形成的主副范畴中进一步寻找核心范畴。在对七个主范畴梳理的过程中发现，体制设计是企业进行知识产权质押融资的保障，政策支持提高了企业知识产权质押融资的积极性，价值衡量有助于企业正确把握其专利价值，模式创新为企业知识产权质押融资找到有效路径，服务体系帮助企业在质押融资道路上扫除障碍，风险管理帮助企业规避外部风险同时警醒企业关注内部风险。而企业知识产权质押融资初衷即为促进产品生产，扩大生产规模或寻求资金进行投资，最大化专利的利用价值，由此确定"企业专利价值"是本书的核心范畴（如图 2 - 6 所示）。

围绕核心范畴的故事线概括为：

针对中小型科技企业轻资产导致的融资困难，国家推行知识产权质押融资模式来解决中小型科技企业的融资困境。自 2008 年以来，我国推行了

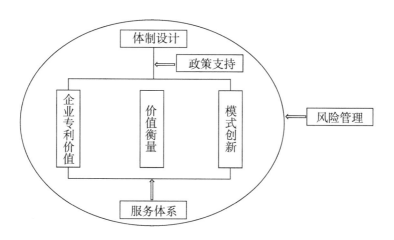

图2-6 知识产权质押融资范畴关系模型

一系列有助于知识产权质押融资的政策，在全国分批次设立知识产权质押融资试点，我国知识产权质押数量由2009年的168件快速增长到2017年的1494件，质押专利数量由2008年的223件快速增长到2018年的5408件，质押金额由13.84亿元上升到720亿元，融资金额累计达到3734.36亿元。这表明我国知识产权质押融资已经发展到一个新的阶段，知识产权质押融资也随着知识产权质押大军一起前进，为中小型科技企业摆脱融资困境贡献力量。

我国知识产权质押融资的快速发展离不开政府的扶持，政府的引导作用明显，带动效应强而有力。但企业进行知识产权质押融资的积极性不高，没有很好的运用自身专利价值来进行融资，过分关注专利的评估价值和清算价值，企业应当更注重有价值的专利技术转化为盈利能力的可能性，让专利发挥最大价值。

目前，企业专利商业化的有效途径缺乏。企业的专利权大多以自用为主，很少涉及授权生产和许可，使企业在无形中损失了经济效益也造成了资源浪费。企业应当关注自身的专利价值，努力提升自身的专利质量和专利利用率，才能更好地克服知识产权质押融资风险，顺利完成专利质押融资。

2. 模型阐释与分析

（1）体制设计

在体制设计方面，国内知识产权制度是自 20 世纪 80 年代初开始建设，国家先后颁布了《担保法》《物权法》和《国家知识产权战略纲要》，加强了法律方面的政策引导，明确地规定了知识产权质押，逐步提高了知识产权融资发展的战略地位。知识产权质押制度保证了知识产权质押的合法性、可实施性以及可推广性。然而，知识产权融资的发展进程仍存在一些阻碍。在知识产权质押融资的发展实践中，学者研究主要集中在对立法模式粗线条的补充，提出许多有关实务具体操作细则建议。在法律方面，陶丽琴等（2017）[1] 提出完善知识产权登记公示制度、强调科技金融信息数据统计的法定义务和信息公开义务；刘沛佩等（2011）[2] 在专利质押标的上提出扩大专利质押标的的范围，独占许可使用权应被允许用作知识产权质押；文豪等（2016）[3] 对专利许可收益权的融资性质及适用法规进行研究。在专利质押标的上提出扩大专利质押标的的范围，独占许可使用权应被允许用作知识产权质押，对专利许可收益权的融资性质及适用法规进行研究。在专利质押信息披露方面提出完善知识产权登记公示制度、强调科技金融信息数据统计的法定义务和信息公开义务。我国越来越重视知识产权质押制度建设价值，进行第三次《专利法》修订，健全侵权惩罚性赔偿制度，大幅提高侵权违法成本，积极推动专利质押发展。

（2）政策支持

在政策方面，国家出台了《关于推动自主创新促进科学发展的意见》和《关于进一步加大对科技型中小企业信贷支持的指导意见》，为科技企业的自主创新和信贷融资创造了良好的政治支持环境，引导企业、银行、

---

[1]　陶丽琴，阮家莉. 我国知识产权质押融资：实践样态和立法制度审视——基于知识产权战略和民法典编纂的背景［J］. 社会科学研究，2017（5）：110－117.

[2]　刘沛佩. 谁来为知识产权质押融资的"阵痛"买单——兼论知识产权质押融资的多方参与制度构建［J］. 科学学研究，2011，29（4）：521－525.

[3]　文豪，曲文哲，胡昊楠. 专利许可收益权质押融资的性质及其适用法规研究［J］. 宏观经济研究，2016（12）：112－121.

金融机构等进行专利质押活动业务。然而，相关融资政策仍有待进一步完善和加强。陈江华（2010）❶ 提出政府应促进质押融资政策法制化、引导企业提升质押融资条件、促进知识产权交易市场建立和发展、鼓励发展中介机构，充分发挥政府、社会和市场三者的作用。为调动各方积极性，结合各地专利质押的特点，政府推出了一系列优惠政策。政府对各个专利质押参与主体都有相关优惠政策：金融机构因为向融资企业提供贷款而发生损失，政府会补偿一定比例的损失额；银行开创了新型融资业务，政府会根据银行知识产权质押贷款额度的一定比例给予奖励金；政府对知识产权质押贷款利率不超过基准利率的银行，按 1% ~3% 的标准给予补息。为了降低企业融资成本，政府对企业进行贷款利息补贴❷。除了进行直接补贴外，学者基于财政资金创新使用角度，提出财政资金的基金化运作，利用认股权证获得发展成功的企业的高成长收益，补充基金的损失资金，实现基金的良性循环发展❸。政府应不断优化政策，支持中小企业的发展并提供重要保障，但需强调的是政府参与力度过大会使风险的暴露机会降低或使风险转嫁于政府，从长远看不利于质押融资的良性发展，且政府财政投入的引导放大效应有限，政府不会一直为市场买单。因而企业在进行专利质押时应提高自身的专利利用能力，防范风险。

（3）模式创新

以前学者根据政府在知识产权质押融资的参与程度将融资模式划分为：政府指令模式、政府主导模式、政府引导下的市场化模式、市场主导模式。而现在学者越发关注融资模式的创新性，强调引入第三方机构来降低企业跟银行之间的信息不对称问题，降低银行承担的风险。孙华平等

---

❶ 陈江华. 知识产权质押融资及其政策表现 ［J］. 改革，2010（12）：121 - 125.

❷ 程守红，周润书. 知识产权质押融资中的政策工具及模式研究 ［J］. 华东经济管理，2013，27（2）：159 - 166.

❸ 李希义，朱颖. 设立知识产权质押贷款专项基金的研究探讨——基于财政资金创新使用角度 ［J］. 科学学研究，2016，34（6）：882 - 886，915.

（2013）❶ 提出引入专利池信托机构作为中介，以专利池运营模式来进行专利质押；齐岳等（2018）❷ 提出引入科技银行、特殊目的的机构，以资产证券化（ABS）模式进行融资，建立良性的风险分担机制。华荷锋等（2015）❸ 从科技型中小企业自身出发，主张根据企业具体情况的不同选择合适的融资模式，以知识产权财务能力和知识产权战略能力构建一个四象限的分析矩阵，由此分析不同企业知识产权质押融资模式的选择。李明星等（2013）❹ 基于转型升级大背景下，提出金融机构通过大企业寻找上下游链属企业，形成集群服务模式，由此形成供应链融资模式；政府监督小微企业相关的真实数据的生产、扩散和挖掘，并据此建立大数据融资模式。专利质押的模式创新让企业找到更多专利质押的有效路径，有助于企业找到适合自身的融资方式。程守红、周润书将政府参与专利质押贷款程度的高低和政策工具配置的不同，分为四种模式：纯市场化模式、政府引导下的市场化模式、政府主导模式和政府指令。针对上述不同模式，分析其特点和适用性，对模式选择提供了建议。郭淑娟等（2012）❺ 在我国北上广等地专利质押贷款的实践的基础上，深入分析其可行性、模式选择及运作流程。邓子纲（2014）❻ 在分析专利质押贷款在我国的发展态势和此业务现阶段面临瓶颈的基础上，对专利质押贷款模式进行了创新，其主要内容概括起来就是：搭建政府担保平台，建立集合授信，能够实现风险补

---

❶ 孙华平，刘桂锋．科技型小微企业专利运营体系及融资模式研究［J］．科技进步与对策，2013，30（18）：132 – 137.

❷ 齐岳，廖科智，刘欣，冯筱瑢．创新创业背景下科技型中小企业融资模式研究——基于知识产权质押贷款 ABS 模式的探讨［J］．科技管理研究，2018，38（18）：127 – 132.

❸ 华荷锋．科技型中小企业知识产权融资模式选择研究［J］．技术经济与管理研究，2015（5）：41 – 44.

❹ 李明星，Nelson Amowine，何娣，张懋．转型升级背景下小微企业专利融资模式创新研究［J］．科技进步与对策，2013，30（18）：138 – 142.

❺ 郭淑娟，常京萍．战略性新兴产业知识产权质押融资模式运作及其政策配置［J］．中国科技论坛，2012（1）：120 – 125.

❻ 邓子纲．面向战略性新兴产业的专利权质押贷款模式创新研究［J］．求索，2014（12）：52 – 57.

偿、贴息补助、保险支撑，银行可以快捷放贷，内部质押退出或者建立完善的专利交易平台。黄丽清等（2017）❶以需要专利质押贷款的中小企业为博弈方，通过对演化博弈模型进行求解与分析，发现加重违约惩罚、企业与银行中介风险共担、利益分配合理的模式下，可使三方博弈达到长期团结互利的状态。

（4）服务体系

银行对专利质押呈谨慎态度主要是由于专利质押的风险过大，建立担保机构对企业进行担保、再担保可以有效分担银行压力，加快企业专利质押融资的进程。企业对专利维权知识不甚了解，需要专业律师事务所的帮助，法律机构参与专利质押融资也能规范其流程。专利质押的参与者可能包括银行、企业、政府、担保机构、评估机构以及律师事务所，参与主体过多会导致相互牵制、融资效率过低，如何协同多方关系也成为学者研究的热点。在协同关系的研究中，徐鲲等（2019）❷利用演化博弈模型探讨企业、银行及第三方中介平台之间的关系，发现采用加大违约惩罚及风险分担等措施会使三方博弈长期演化达到稳定合作的状态。服务体系的完善发展保证了企业专利能力的有效实现，有助于企业将无形专利转化为营运资金，提高企业专利的融资能力。针对专利权质押贷款运作机制问题，杨扬等（2014）❸借鉴生物系统中自然选择的思想，假定创新型企业群体或金融机构群体在金融机构和高新技术企业仅具有有限理性的前提下，运用演化博弈方法，建立了我国创新型企业专利质押贷款行为在市场机制、政府补贴机制和风险补偿机制下的演化博弈模型，对创新型企业专利质押贷款的均衡情况、最优策略和影响因素进行了分析。

---

❶ 黄丽清，张成科，朱怀念，曹铭. 科技型中小企业知识产权质押融资模式博弈分析［J］. 科技管理研究，2018，38（1）：178－183.

❷ 徐鲲，李宁，鲍新中. 第三方中介平台参与的知识产权质押融资合作机制［J］. 科技管理研究，2019，39（5）：122－129.

❸ 杨扬，陈敬良. 我国高新技术企业知识产权质押融资机制的演化博弈分析［J］. 工业技术经济，2014，33（7）：43－48.

（5）价值衡量

因专利价值自身的不稳定性及其易受市场、环境等因素的影响，专利价值衡量一直是个难题。价值衡量包括专利价值评价及专利价值评估两大部分。目前有不少学者通过各种方法构建专利的评级指标以便更好衡量专利价值。夏轶群等（2016）❶ 运用模糊 VIKOR 法筛选优质专利。钱坤等（2013）❷ 运用模糊层次分析法从法律价值、经济价值、技术价值三方面构建评价指标，并通过实证研究认为法律价值权重最高。陈朝晖等（2019）❸从专利价值、企业经营状况、外部融资环境三个维度（含 9 个二级指标和 27 个三级指标）构建评价体系，认为企业通过定期评估可以确定影响企业专利质押的关键因素。在评估方法方面除传统的成本法、收益法等外，也涌现了一些新的方法：王凌峰等（2017）❹ 利用改良的 FAHP 法最大限度消减评估过程的不确定性，提高评估结果的准确性。苑泽明等（2012）❺采用因子分析法构建专家打分表，确定知识产权质押价值评估收益分成率的影响因素体系及其权重，降低其由评估师判断的主观性。价值衡量是企业专利能力的测定尺度，通过价值评价及评估，企业可以更好地了解自身专利情况，也能更了解市场对专利的诉求方向。

（6）风险管理

风险贯穿知识产权质押融资的全过程，对风险进行识别评价，找出其产生根源并进行有效遏制是风险管理的一贯信条。国内学者在对融资风险的研究方面，主要是从风险的来源和类型、风险评估测量和风险管

---

❶ 夏轶群，李志鹏. 基于模糊 VIKOR 法的专利质押融资优质质押专利选择研究 [J]. 科技管理研究，2016，36（12）：130 – 134.

❷ 钱坤，沈厚才，黄忠全. 基于质押融资的专利价值系统分析 [J]. 管理现代化，2013（4）：16 – 18，30.

❸ 陈朝晖，周志娟. 高新技术企业专利融资能力评价指标体系研究 [J]. 科技管理研究，2019，39（10）：133 – 138.

❹ 王凌峰，李玉华. 基于梯形 FAHP 电池专利质押融资价值评估研究 [J]. 系统科学学报，2017，25（3）：64 – 68.

❺ 苑泽明，李海英，孙浩亮，王红. 知识产权质押融资价值评估：收益分成率研究 [J]. 科学学研究，2012，30（6）：856 – 864，840.

理的角度展开。在专利质押中，刘洁等（2015）❶认为专利价值自身属性不稳定风险、专利归属权权利不确定风险都是专利质押的固有风险。曾莉等（2016）❷认为在专利评估过程中因评估主体及评估方法的不同会产生评估风险。程永文等（2015）❸认为企业由于经营不善或单纯不想还款使金融机构和第三方机构面临企业违约风险以及由此可能产生的专利变现风险。刘洁（2015）提出随着近年来互联网融资平台的建立，平台系统的操作技术和安全程度都令人担忧，形成了新的风险源，产生操作风险及安全风险。专利政策的变化也会影响专利质押参与主体的利益，形成政策风险；鲍新中等（2015）❹认为市场对专利的诉求变更较快，只有经过市场检验才能体现专利价值，由此形成市场风险。各风险因素对专利质押的影响程度不同，需采用一定的方法来确定各风险因素的权重或者选择关键风险因素形成风险评价指标体系，并采取实证研究的方法来检验风险评价指标体系的实用性。目前采用的方法有模糊分析法、层次分析法、BP 神经网络模型、有限理性模型以及 Vague 集和 TOPSIS 相结合的方法。确定影响风险的关键因素，针对其产生原因进行风险控制。

风险管理包括风险预警、事中控制及事后分担。例如在银行同意贷款前，可以分析出质企业的年度净利润、每股净资产及股票面值，根据亏损情况大致判定是否予以贷款，做好风险预警；建立第三方风险监控平台，对专利质押成功的企业的后续经营情况、专利价值变动情况进行动态监控，实时了解信息，对风险进行事中控制；如企业未能清偿到期债务时，金融机构、政府、评估机构等通过多种途径对知识产权质押带来的风险进

❶ 刘洁．知识产权互联网融资平台运营中的风险及其分散对策［J］．知识产权，2015（9）：68－72.

❷ 曾莉，王明．基于 BP 神经网络的科技型中小企业知识产权质押融资风险评价［J］．科技管理研究，2016，36（23）：164－167.

❸ 程永文，姚王信．有限理性视角下知识产权质押贷款风险形成、评估与检验［J］．科技进步与对策，2015，32（13）：139－144.

❹ 鲍新中，屈乔，傅宏宇．知识产权质押融资中的价值评估风险评价［J］．价格理论与实践，2015（3）：99－101.

行分担。余丹（2010）❶ 等利用不完全契约理论说明进行经济行为事后谈判和风险补偿的必要性，依据对各契约主体的利益考量进行相应的风险配置，加强银行对融资业务的参与程度和资金支持力度，保障对银行的事后风险补偿，加强行为过程中和过程后的风险控制。参与质押的各个主体都需要注重风险管理，从源头防治风险。

（7）因素识别

我国知识产权质押融资虽然受到政府的大力支持，但发展相对缓慢，且存在很多问题，例如银行贷款额度小、贷款周期短，等等。目前我国知识产权质押融资到底受到哪些因素的影响和制约？找出其中的关键因素，并在制度上做出改善，对于进一步推动我国的知识产权质押融资具有重要的意义。

针对知识产权质押融资影响因素的研究主要是基于融资双方主体（中小企业和银行）的角度，分析确定知识产权质押融资的影响因素。融资企业的知识产权融资受来自于企业内部环境和外部环境多方面因素的影响。内部因素主要以企业管理体制为主，董晓安（2012）❷ 利用案例研究法，选取五家科技型中小企业，通过对公司经理访谈的形式，归纳出对科技型中小企业知识产权质押融资产生影响的因素为：企业所拥有的知识产权数量、企业的资金运用情况、企业目前可供选择的其他融资方式、知识产权质押融资的融资成本、银行开展知识产权质押融资的积极性、知识产权质押融资的信贷额度和贷款期限七个因素。影响中小企业知识产权质押融资的外部因素主要以市场因素、法律因素、第三方机构担保体系及政策因素等为主。王进等（2012）❸ 提出了建立全国性质的知识产权质押融资服务平台，促进知识产权交易的流动性，增大科技型中小企业将知识产权价值

---

❶ 余丹，范晓宇．中小企业知识产权担保融资风险配置研究［J］．科技进步与对策，2010，27（16）：102 – 105.

❷ 董晓安．科技型中小企业知识产权质押融资影响因素研究［D］．杭州：浙江工业大学，2012.

❸ 王进，朱建栋．如何进一步完善"知识产权质押融资"的政策建议［J］．华东科技，2012（4）：22 – 23.

转化资金来源渠道的机会，降低质押和担保公司的风险。张羽（2019）❶
认为知识产权质押融资的外部因素的主体类型包括政府部门、银行机构、
中介机构；内部因素的主体类型为企业基本情况、知识产权管理情况、高
管人力状况。

从行为主体的角度看，影响银行开展知识产权质押融资业务的因素包
括：质押知识产权的技术含量及可替代性、是否为贷款企业的核心技术、
贷款企业的盈利能力、贷款企业的信用状况、贷款企业管理者个人的素质
情况，以及贷款企业的财务制度完善程度等❷。刘沛佩（2011）❸ 将影响
中小企业权利转化和贷款融资效率的因素，概括为中小企业的持续经营能
力、生产运营状况、制造系统与质押物的价值等，将其作为银行对企业发
放贷款的判断标准。

还有学者从其他角度进行分析：鲍新中（2019）❹ 从资金需求方、中
介市场和资金供应方三个方面来分析影响知识产权融资业务展开的因素，
认为企业对自身的知识产权缺乏足够的重视和保护，未制定企业的中长期
知识产权战略，这在很大程度上影响企业知识产权融资业务的开展；专利
价值评估难问题会使知识产权融资的成本大大提高，资金供应方需要花费
较高的专家咨询成本来降低知识产权价值变化所带来的潜在风险，这些都
影响着知识产权质押融资业务的开展。张惠彬等（2017）❺ 从法律法规、
专利人才、专利评估及金融机构四个角度分析企业专利权质押融资的影响
因素，认为知识产权配套法律不同步、政出多门，不利于专利质押融资的

❶ 张羽. 知识产权质押融资的运行机理与合作机制研究［D］. 北京：北京科技
大学，2019.

❷ 王婷. 银行开展知识产权质押贷款业务成效的影响因素研究［D］. 北京：清
华大学，2010.

❸ 刘沛佩. 谁来为知识产权质押融资的"阵痛"买单——兼论知识产权质押融
资的多方参与制度构建［J］. 科学学研究，2011，29（4）：521 – 525.

❹ 鲍新中. 知识产权融资：模式、障碍与政策支持［J］. 科技管理研究，2019，
39（4）：136 – 141.

❺ 张惠彬. 企业专利权质押融资的困境及出路——以重庆市的实践为考察重点
［J］. 理论月刊，2017（10）：136 – 140.

可持续发展；专利权质押融资工作涉及的事项兼具法律、金融、科技等方面的知识，对从业人员的知识素养具有很高的要求，专业性人才较缺乏；专利评估的归属权不确定，专利评估方法混乱，知识产权评估机构自身的专业性有待提高；金融机构承担的估值风险、贬值风险及变现风险过高。

姚王信等（2012）[1] 通过因子分析法对知识产权融资能力影响因素进行筛选和重分类，包括中小企业经营能力、产品市场等。牛草林等（2013）[2] 对影响因素进行分类，具体分为专利特征因素、企业因素和外部因素三个方面。朱莎（2015）[3] 将专利价值、质押贷款期限、企业科技能力和财务能力以及专利数量作为专利质押融资的影响因素。张红芳（2017）[4] 从专利出质企业的维度出发，指出企业所在地区经济水平、企业财务因素、团队建设因素、商业模式、创新水平、创新资金投入、创新效率和专利价值都会影响专利质押融资的可得性。华荷锋（2015）[5] 针对科技型小微企业知识产权融资能力问题，提出要注重知识产权因素、财务生产因素、高管团队因素和市场环境因素。在仇荣国和孔玉生（2017）[6] 针对科技型小微企业知识产权质押融资设计的两个阶段的机制模型上，可以看出企业的经营投入、专利的价值等影响因素。

综上分析，要解决知识产权质押融资业务制约因素的阻碍，从外部影响因素入手应健全知识产权质押评估、担保、登记制度及相关法律法规，为该业务发展提供政策支持；完善知识产权交易和服务平台，为信息共享

---

[1]　姚王信，张晓艳. 基于因子分析法的知识产权融资能力评价 [J]. 科技进步与对策，2012，29（9）：107－112.

[2]　牛草林，薛志丽. 知识产权（IP）融资约束因素研究 [J]. 财会通讯，2013（24）：114－119，129.

[3]　朱莎. 我国科技型中小微企业专利质押融资研究 [D]. 长沙：长沙理工大学，2015.

[4]　张红芳. 专利权质押中专利出质企业指标体系构建初探 [J]. 科学学研究，2017，35（7）：1026－1031.

[5]　华荷锋. 科技型中小企业知识产权融资模式选择研究 [J]. 技术经济与管理研究，2015（5）：41－44.

[6]　仇荣国，孔玉生. 基于知识产权质押的科技型小微企业融资机制及影响因素研究 [J]. 中国科技论坛，2017（4）：118－125.

和资源配置提供良好的市场环境；提高民间资本及金融机构参与知识产权质押融资的积极性和灵活性；建立多层面多主体合作和风险分担机制，实现利益共享。在内部影响因素方面，企业应努力提高自身的知识产权价值和经营管理能力，这样银行等金融机构承担的风险较小，愿意向企业提供贷款。

2.2.2　信任机制相关研究

信息可视化作为抽象信息的一种直观视觉表达手段，可以用于对文献的处理与数据的挖掘。为了更清晰直观地表达近年关于信任机制的研究重点以及研究进程，本书应用 Cite Space 软件，对国内信任机制研究文献进行可视化分析。

2.2.2.1　数据来源

本节涉及的文献样本选取来自 CNKI 平台中的 CSSCI 数据库，检索时间为 2002—2020 年，检索主题设为"信任机制"，共检索到 511 篇相关文献，经过剔除与本书课题不相关的其他领域的研究文献及报纸评论、会议报道和重复发表等不符合要求的非研究型文献，共获取有效的学术文献 264 篇。

2.2.2.2　研究方法

本节采用的研究方法为可视化分析，可视化分析是以文献为研究对象，采用数学、统计学等计量研究方法，以图表的形式呈现研究结果。可视化分析主要对机构合作、作者合作及关键词共现三个方面进行分析，借用 Cite Space 软件的可视化分析功能，以 CNKI 平台中的 CSSCI 数据库作为数据源，对生成的图谱中高频节点、聚类等基本图例进行说明，结合高被引文献分析提炼研究热点；利用关键词共现时区图及凸现词分析探索信任机制相关研究领域发展脉络及研究前沿。

2.2.2.3　信任机制可视化分析

本节利用 Cite Space 软件进行可视化分析，其是由陈超美博士开发的一款用于计量和分析文献数据的信息可视化软件，该软件可对研究主题、关键词、文章作者、发文机构、被引文献、被引作者等信息进行挖掘和分

析，通过可视化的知识图谱呈现相关信息及信息各主体间的相互关系❶。

由于 CNKI 数据库中文献不能进行共被引分析，本节将着重从机构合作、作者合作及关键词共现三个方面进行分析，借用 Cite Space 的可视化分析功能，探索相关研究领域的热点与发展趋势。

将时间跨度设为 2002—2020 年，时间分区为一年，然后分别选择 Author、Institute、Keyword 作为分析对象，设定时间切片的阈值为 30。

1. 机构合作分析

通过 Cite Space 软件对研究信任机制发文机构进行可视化分析（图2－7），由图2－7可以看出：第一，各节点分布较分散且各节点的连线较少，说明各机构的合作范围较小；第二，发文较多的是杭州师范大学经济与管理学院、浙江大学管理学院、杭州师范大学钱江学院及南京大学管理学院，表明这些机构对此方面的研究较多；第三，研究机构基本为高校，高校间存在地域合作。

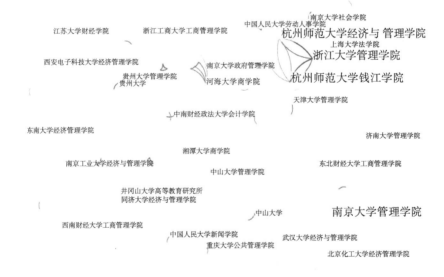

图2－7　信任机制文献来源机构统计

❶　王晓珍，蒋子浩，曹群，施佳蓉．基于 Cite Space 的高校创新研究热点及趋势研究［J］．中国矿业大学学报（社会科学版），2019，21（5）：117－128.

2. 作者合作分析

图 2-8 中的节点大小代表作者的发文数量，节点间的连线反映作者间的合作关系，连线的颜色越深线条越粗表示合作越紧密。从图 2-8 中可以看到，发文数量较多的作者为于永海、洪茹燕、郭斌、王肖宇、程德俊、张少峰及黄庆。其余学者发文数量都较少。董纪昌、沙思颖、王国梁、苗晋瑜及李秀婷五人合作较为密切，王亚民和李颖合作联系紧密，从整体来看，作者分布较为分散，作者间的合作联系较少。

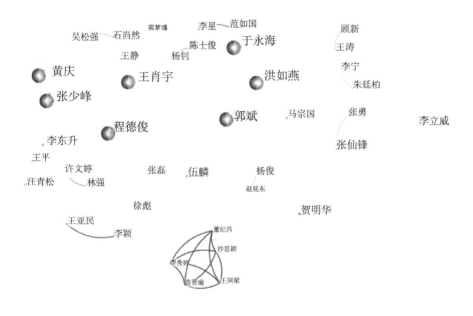

图 2-8　信任机制作者合作分析

3. 信任机制研究热点分析

关键词的共现分析主要是根据关键词在文献出现的频次高低来研究某领域发展动向和研究热点。关键词通常能反映文章内容方向，因此本节通过使用关键词共现知识图谱来分析信任机制的研究热点。

高被引论文一定程度上代表学者们对该篇论文的认可度较高，将信任机制作为关键词，在 CNKI 的 CSSCI 数据库进行搜索，得到排名前十的被引论文如表 2-5 所示。

从信任机制关键词共现图谱（见图 2-9）及高被引文献统计（见表

2-5）中可以看出，应用信任机制进行研究的领域较为宽泛，研究角度从企业到社会，从网络到现实，从单方到博弈。综合来说，信任机制的研究热点分为四大类：企业内部及企业间的信任研究、制度体制信任研究、经济金融信任行为研究及社交网络信任研究。

表2-5 信任机制高被引文献统计

文献	被引频次	作者（发布年份）	期刊
簇群的知识共享机制和信任机制	277	王冰，顾远飞（2002）	外国经济与管理
消费者品牌信任机制建立及影响因素的实证研究	233	金玉芳，董大海，刘瑞明（2006）	南开管理评论
声誉机制、信任机制与小额信贷	115	赵岩青，何广文（2008）	金融论坛
乡村社区自组织治理的信任机制初探——以一个村民经济合作组织为例	106	罗家德，李智超（2012）	管理世界
基于委托代理理论的物流金融信任机制研究	103	彭志忠，王水莲（2007）	中国流通经济
共享经济下消费者信任形成机制的实证研究	101	谢雪梅，石娇娇（2016）	技术经济
企业网络中的信任机制及信任差异性分析	100	高静美，郭劲光（2004）	南开管理评论
产品创新网络中的信任与信任机制探讨	81	徐和平，孙林岩，慕继丰（2004）	管理工程学报
战略联盟的信任机制：基于社会网络的视角	80	潘旭明（2006）	财经科学
食品安全的信任机制	72	陶善信，周应恒（2012）	农业经济问题

对企业内部的信任研究，主要针对家族制企业及私营企业；对企业间的信任研究，主要针对产业集群企业及战略联盟企业。徐玉发等（2015）❶ 认

---

❶ 徐玉发，沈乐平，栗洪海，梁文光. 家族治理信任机制的结构创新研究［J］. 管理现代化，2015，35（4）：28-30.

图 2-9 信用机制关键词共现图谱

为家族企业在初期发展成效较为显著，但后期因信任机制的分裂崩塌导致内部矛盾较多从而影响企业进一步发展，通过建立家族委员会帮助家族信任机制的传承。刘学等（2008）❶ 以我国制药产业研究开发联盟为研究对象，通过实证研究发现，信息共享有助于增进信任，进而提高联盟绩效；联盟企业关系深化并不能提高信任，也不能显著提高联盟绩效；技术的不确定性越高，信任对联盟绩效的促进作用越显著。戴淑芬等（2008）❷ 以伙伴差异、沟通、资源投入、合作范围及程度四个变量建立联盟信任的实证模型，发现伙伴差异程度对信任有显著的负向影响，沟通、资源投入对

❶ 刘学，王兴猛，江岚，林耕. 信任、关系、控制与研发联盟绩效——基于中国制药产业的研究［J］. 南开管理评论，2008（3）：44-50.
❷ 戴淑芬，张群，王思博. 我国中小企业策略联盟绩效及其影响因素的实证研究［J］，管理学报，2008，5（4）：591.

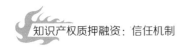

信任有显著的正向影响。合作范围及程度与联盟信任间不存在显著影响。

还有学者将信任机制应用到制度研究，如对宗教体制、威权体制、乡村社区自治及中国传统社会及现代社会制度进行研究。李静（2017）❶ 认为人类社会将要步入新的社会形态即合作社会阶段，社会治理逻辑也需根据其改变，以信任关系为基础的合作治理是较为适合的选择。李佳等（2018）❷ 将制度信任分为制度评价和政府信任两个维度，分析影响新农保信任机制缺失的因素。Kong（2013）认为，制度信任可分为基于善意的制度信任和基于能力的制度信任两个维度。Kramer（1999）认为组织制度影响员工对所有组织成员的信任程度。

在经济金融领域，信任机制主要同博弈分析一起对双边市场、共享经济、民间贷款等进行研究。陈万明等（2019）❸ 引入中介平台利用博弈理论对共享经济背景下商业模式的供应方与消费者之间的信任交易进行分析，认为通过奖惩机制可以推动形成共享经济信任机制。文学舟等（2019）❹ 探究了银行与企业信任机制的形成过程，并认为声誉效应有利于提高银行与企业的信任度。汪青松（2018）❺ 认为互联网金融更依赖信任机制，而目前因大量的违法行为，人们对互联网金融缺乏信任，应通过明确互联网金融平台的授信地位，并对其赋予授信义务来构建互联网金融的信任机制。胡万俊（2018）❻ 研究发现在村庄信任程度较高的情况下，农户从民间借贷中获取资金更容易，村庄信任降低会使财富较少的农村家庭

❶ 李静．自治主体、互信机制与对话方式：合作社会的治理逻辑［J］．思想战线，2017，43（6）：101－107.

❷ 李佳，杨燕绥．"新农保"制度信任机制构建的社会治理研究［J］．社会保障研究，2018（1）：3－12.

❸ 陈万明，田垭楠．共享经济双边市场的信任机制博弈分析［J］．工业技术经济，2019，38（3）：155－160.

❹ 文学舟，张海燕，蒋海芸．小微企业融资中银企信任机制的形成及演化研究——基于信用担保介入的视角［J］．经济体制改革，2019（3）：143－150.

❺ 汪青松．互联网金融信任机制的现实缺失与建构路径［J］．探索与争鸣，2018（10）：18－20，141.

❻ 胡万俊．中国农村民间借贷中村庄信任机制的实证研究［J］．湘潭大学学报（哲学社会科学版），2018，42（1）：86－92，99.

更难通过民间借贷筹得资金。刘蕾等（2017）❶认为区块链可以重构信任系统，凭借交易成本降低、交易安全性提高等优势保障产业集群融资信任机制。缪莲英等（2014）❷通过发现借款人的社交关系会提供有关风险的信息，可以减轻 P2P 借贷网络的信息不对称性。张维迎（2003）❸从信息经济学的角度剖析了企业信誉、产权制度和政府管制之间的关系。

在研究社交网络的信任机制方面，李振东（2017）❹认为网络暴力、诈骗行为让社会公众对网络失去信任。应通过信任奖惩机制约束消减个体的失信行为。沐光雨等（2018）❺认为信任问题对云营销较为重要，对网络信任机制的潜在关系进行分析整理，帮助企业选择适合的信任价值链，从而促进企业云营销的进一步发展。何颖等（2017）❻认为在互联网下建立信任机制的难点在于信任值的计算、信任中的恶意行为以及信任的动态激励，这三个方面代表了构建信任机制的关键技术。秦凯等（2015）❼认为社会网络中的信任具有主观性、非对称性及可传递性，利用信任机制研究用户模型及用户相似度计算，建立基于信任的协同过滤算法，从而缓解传统算法的冷启动、稀疏性等问题。马新新等（2007）❽认为对等网络中信任和信誉系统的设计涉及的关键问题是信任的储存和访问、信任和信誉值的计算处理及信任和信誉值的安全传输协议。王克等（2017）❾认为在

❶ 刘蕾，鄢章华. 区块链体系下的产业集群融资信任机制［J］. 中国流通经济，2017，31（12）：73－79.

❷ 缪莲英，陈金龙. P2P 网络借贷中社会资本对借款者违约风险的影响——以 Prosper 为例［J］. 金融论坛，2014，19（3）：9－15.

❸ 张维迎. 信息，信任与法律［M］. 北京：生活·读书·新知三联书店，2003：27－62.

❹ 李振东. 构建社交网络信任机制三策［J］. 人民论坛，2017（35）：58－59.

❺ 沐光雨，刘砧，司秀丽. 基于信息传播的社交网络信任机制影响因素分析［J］. 情报科学，2018，36（9）：103－106.

❻ 何颖，侯雅婷. 信任机制研究综述［J］. 软件导刊，2017，16（6）：202－204.

❼ 秦凯，吴家丽，宋益多，乔晨蕊. 基于社会信任的协同过滤算法研究综述［J］. 智能计算机与应用，2015，5（4）：55－59.

❽ 马新新，耿技. 对等网络信任和信誉机制研究综述［J］. 计算机应用，2007（8）：1935－1938，1941.

❾ 王克，周明. C2C 电子商务下信任机制文献综述［J］. 现代商贸工业，2017（27）：69－71.

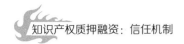

不同的线上买方购物平台的信任会影响消费者的初始信任信念。严中华等 (2003)❶ 提出了一个较为完整的网络信任理论模型，认为网络信任是网络主体、关系人、环境因素三者相互作用的结果。于建红等（2006）❷ 对网络信任的概念模型、实体模型和实证模型进行了比较。

（4）信任机制研究脉络演进

一个领域重要学者的最新聚焦构成了研究前沿，学术界关注的主题是随着时间演进而不断动态变化的。为把握信任机制研究领域近十几年最新研究进展，本节利用 Cite Space 软件的关键词共现时区视图（Timezone View）识别出近年来出现频次较高的主题词，并利用凸现词（Burstness）检测近十几年来出现频次变化较大的关键词，其中凸现强度（strength）越高表明该关键词在这段时间受到的关注度越高，能代表可能的研究前沿。

根据关键词共现时区视图（见图 2 – 10）及关键词凸现 TOP30（见图 2 – 11），将信任机制研究研究划分为三个阶段：

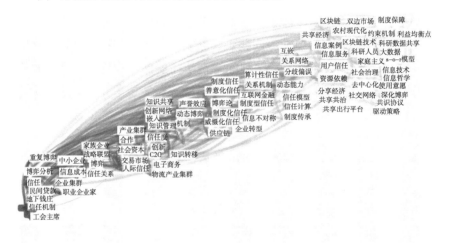

2002 2003 2004 2005 2006 2007 2008 2009 2010 2011 2012 2013 2014 2015 2016 2017 2018 2019 2020 年份

图 2 – 10　信任机制研究时区视图

---

❶　严中华，米加宁. 信任的理论框架研究及其在电子商务中的应用 [J]. 科技进步与对策，2003，20（11）：29 – 32.

❷　于建红，鲁耀斌. 网上三种信任模型的分析与比较 [J]. 工业工程与管理，2006（4）：74 – 78.

Top 30 Keywords with the Strongest Citation Bursts

Keywords	Year	Strength	Begin	End	2002—2020
创新	2002	1.2247	2002	2007	
企业集群	2002	1.2661	2003	2008	
信任	2002	4.5119	2003	2009	
战略联盟	2002	1.1152	2004	2006	
交易市场	2002	1.121	2006	2007	
"柠檬"问题	2002	1.121	2006	2007	
欺诈	2002	1.121	2006	2007	
社会网络	2002	1.2877	2006	2006	
电子商务	2002	1.2264	2007	2007	
c2c	2002	1.0394	2007	2008	
物流产业集群	2002	0.9815	2007	2009	
知识管理	2002	1.1152	2008	2008	
虚拟企业	2002	1.2968	2008	2011	
信任机制	2002	1.4551	2008	2010	
博弈分析	2002	1.2568	2008	2010	
软件开发团队	2002	1.206	2008	2008	
动态发展模型	2002	1.206	2008	2008	
研究联合体	2002	1.0121	2011	2012	
信任度	2002	1.0121	2011	2012	
食品安全	2002	1.0223	2012	2014	
互信	2002	1.128	2012	2017	
知识共享	2002	1.1564	2012	2015	
信任模型	2002	1.2264	2014	2015	
信任计算	2002	1.2264	2014	2015	
互联网金融	2002	0.9373	2015	2018	
演化博弈	2002	0.9067	2016	2020	
区块链	2002	0.9543	2017	2020	
社会治理	2002	1.0836	2017	2018	
社交网络	2002	1.0836	2017	2018	
共享经济	2002	1.1754	2019	2020	

图 2-11 关键词凸现率 TOP30

第一阶段为 2002—2010 年，利用信任机制研究创新、企业集群、战略联盟、社会网络及电子商务等内容。当时，在我国经济发达地区已形成了一定地理空间范围内的集群产业，这引起社会各界的关注，因企业间密集交易使得在较短的时间内企业就能形成相互信任，这也是集群企业的天然竞争优势。伴随着网络经济的崛起，企业间的合作不受地理区位的限制，企业间的关系更为复杂，凭借社会网络构建的战略联盟的不稳定性较大，学者通过构建信任机制来帮助巩固战略联盟。也有企业通过使用互联网等电子工具在全球范围内进行商务贸易活动，电子商务兴起，信任作为网络交易的基础，如何构建网络信任机制成为学者研究的热点。随着电子商务

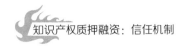

的发展，物流产业也被带动着发展，对物流企业联盟的信任机制研究也随之展开。学者也借用博弈理论来分析构建企业间的信任机制。

第二阶段为 2011—2015 年，学者主要通过构建信任模型来对企业间的信任度进行研究，研究的主要内容是知识共享。处在知识经济时代，知识共享对企业的竞争优势及绩效影响作用较大，而企业间知识共享效率低、可信关系难以建立，学者通过在知识共享中引入信任机制使企业通过可靠的信任关系进行知识交流互享，提高交流双方的知识水平。

第三阶段为 2016 年至今，研究领域主要为互联网金融、区块链、共享经济、社会治理及社交网络等。在"互联网 +"背景下，传统金融行业与互联网结合，形成互联网金融，但由于信息不对称等原因，互联网融资风险较大。区块链作为一种新兴技术，能够保证数据存储的安全性和交易信息的可信性，该技术一定程度上可以帮助社会信任问题的解决。近年来网络暴力、诈骗行为让社会公众对网络失去信任，学者较为关注社会网络信任机制构建。

2.3　研究评述

研究知识产权质押贷款涉及多个学术领域：无形资产（知识产权）价值评估、质押贷款、信贷配给及信息非对称理论等。近年来，这些理论都取得了长足的发展。本书采用可视化分析和扎根理论的方法对 1996—2018 年 CNKI 期刊库收录 414 篇研究文献进行深入分析梳理，以把握有关知识产权质押融资研究 20 多年的进展，在此基础上构建知识产权质押融资的理论框架。通过可视化分析得出知识产权质押研究热点涉及六类主题：知识产权质押融资制度设计问题，专利评价指标体系构建，专利价值评估的方法，知识产权质押融资的风险分担，知识产权质押融资模式设计，以及从中小企业、银行、金融机构等主体角度对知识产权质押融资进行研究。对 2002—2020 年关于信任机制的文献进行可视化分析，并对信任机制的发文机构、作者合作、研究热点及演化脉络进行分析，结论如下：应用信任机制进行研究的领域较为宽泛，信任机制的研究热点分为四大类：研究企业内部及企业间的信任研究、制度体制信任研究、经济信任行为研究及社交网络信任研究。从演化趋势来看，早期利用信任机制研究创新、企业集群、战略联盟、社会网络及电子商务等内容，目前信任机制多用来研究互联网金融、区块链、共享经济、社会治理及社交网络等。较少有文献从银企关系视角研究专利质押贷款的信任机制。另外虽然有大量文献结果表明社会网络可以在提高中小微企业创新能力、拓展创业渠道等方面发挥重要作用，但仅有少量的文献把社会网络理论应用于企业信贷的研究（杨汝岱，2011；姚铮，2013；李庆海，2018），从研究的对象来看，还缺乏专门针对专利质押贷款的研究。从研究方法上看，目前主要运用案例和问卷进行定性研究，缺乏定量研究的支持。

第二篇

知识产权质押融资现状与特征

第三章　我国知识产权质押融资现状

3.1　我国知识产权融资方式与模式

3.1.1　知识产权融资方式

3.1.1.1　利用知识产权吸引股权融资

科技公司在股权融资中，吸引投资者关注的重要因素之一就是其核心知识产权。对早期和成长期的高新技术企业来说，其产品进入小批量生产阶段，初期用户市场逐步扩大，但是企业仍处在净现金流为负的时期，仍需要更多的现金以增加设备、扩大业务。而且，此时初始投资人的资金投入已经基本消耗殆尽，资金风险急速加大。处于这个阶段的高科技企业要充分利用本企业所拥有的知识产权具有风险大、收益大的特征，吸引创业投资介入，解决资金不足的问题。2019 年，一家高新技术企业试水科创板过程中被上交所 IPO 审核员询问了三轮几十个知识产权相关问题，影响了企业上市的整体进程。监管部门主动提议"如有必要可以通过聘请第三方专业机构或通过国家知识产权局专利检索中心等权威机构对相关专利的三性予以复核"。企业便选择中汽知识产权投资运营中心（北京）有限公司来提供第三方评价报告及相关问题辅导服务，最终获得评审通过。这是中国历史上第一例以第三方知识产权公司出具的专利评价报告作为企业 IPO 决策支撑的案例。

3.1.1.2　知识产权质押融资

知识产权质押融资指企业或个人以合法拥有的专利权、商标权、著作

权中的财产权经评估后作为质押物，向银行申请融资。目前，知识产权质押贷款在国内外都有很多成功的案例。早在 1994 年，陶氏化学公司就以一个组合专利为质押获取了 100 万美元的银行贷款。1997 年红豆企业商标权的质押贷款开创了我国知识产权质押融资的先河。之后陆续有很多省市开展了知识产权质押融资业务，我国知识产权质押融资金额总体呈上升趋势，2019 年度专利权质押贷款融资金额达到 1105 亿元。

3.1.1.3　知识产权信托融资

知识产权信托是指知识产权所有者将其所拥有的知识产权委托给信托机构，由信托机构进行管理或者处分，以实现知识产权价值的一种信托业务。2000 年 10 月 25 日，武汉国际信托投资公司曾有以专利转化为信托目的的实务尝试，但该信托最终提前终止。2011 年 4 月，中关村成功开展了知识产权融资集合信托。通过中国技术交易所、中粮信托有限责任公司、北京海辉石投资发展股份有限公司及北京富海嘉信投资顾问有限公司合作设立的"中关村自主创新知识产权融资集合资金信托计划（Ⅰ期）"，阿尔西制冷工程技术（北京）有限公司等四家企业以知识产权质押为主要方式获得总计 2000 万元信托贷款支持。安徽省 2016 年开展知识产权信托交易试点。以知识产权收益权转让模式进行资金信托，在不改变知识产权权属的前提下，将未来一段时间企业知识产权收益权有偿转让给国元信托，由国元信托为企业募集社会资金，共募集资金 2000 万元，期限 2 年，信托期满后，再由企业以知识产权未来收益权为还款基础，对知识产权收益权进行溢价回购。

3.1.1.4　知识产权证券化

知识产权证券化是指由拥有核心知识产权的科技型企业，将其拥有的知识产权或其衍生权利，移转到特殊目的机构，再由该机构以该资产或权利作为担保，经过资产打包、信用评价和信用增级后，在市场上发行可流通的标准化证券，以此为发起机构融资的方式。2012 年 12 月 4 日，华侨城发行的 18.5 亿元的欢乐谷主题公园入园凭证专项资产管理计划（以下简称"欢乐谷 ABS"），是国内首单以入园凭证为基础资产的 ABS 项目，华侨城及其子公司上海华侨城和北京华侨城以五年内的欢乐谷主题公园入园凭证作为基础资产，由中信证券设立专项计划并以专项计划管理人的身份向投资者发行资产支持受益凭证，合计募集资金 18.5 亿元。2018 年 12 月 14 日，我国首支以知识产权融资租赁债权作为基础资产的证券化标准化产品"第一创业—文科租赁一期资产支持专项计划"（简称"文科一期 ABS"）在深圳证券交易所（简称"深交所"）取得无异议函，并于 2019 年 3 月 8 日成功发行。"文科一期 ABS"以北京市文化科技融资租赁股份有限公司（简称"文科租赁"）为原始权益人，底层资产融资租赁标的物为覆盖多个细分行业的 51 项工业产权及著作权，产品发行规模达 7.33 亿元人民币。截至 2020 年 6 月底，深交所已批准七单知识产权证券化项目，相关产品拟融资规模 80.34 亿元，发行规模 24.47 亿元，市场份额占比 58%，知识产权类型实现专利、商标和版权全覆盖。

3.1.1.5　知识产权融资租赁

近几年，随着我国融资租赁业务模式的不断创新，融资租赁交易逐渐摆脱实体物的束缚向无形财产领域延伸。无形资产融资租赁主要通过"直租"和"售后回租"两种方式展开业务。知识产权售后租回是以知识产权为基础来提供租赁的一种新的金融工具，租赁公司首先出资购买目标公司的知识产权，之后，目标公司再将知识产权使用权租回。在租赁期间，租赁公司保持对知识产权的所有权，租约到期，承租人具有以名义价格将知识产权买回的期权。2014 年 9 月北京市文化科技融资租赁股份有限公司与中国建设银行北京分行、中国工商银行北京分行等九家银行签订合作协议，九家银行为文化融资租赁发展提供 200 亿元授信额度。同时，与四达时代集团、北京爱奇艺科技有限公司、趣游科技集团有限公司等 17 家文化企业签订合作协议，共同启动文化融资租赁业务，首期提供 26 亿元的融资额度。四达时代集团以 2016—2018 年欧洲五大足球联赛、2016 年欧锦赛及 2018 年世界杯预选赛等赛事在非洲地区电视转播权作为标的物，通过出售给文化融资租赁公司，租赁公司再将转播权回租给四达时代集团，这是全国第一笔知识产权融资租赁业务。2015 年 4 月，由北京市海淀区文化创意产业协会、北京市文化科技融资租赁股份有限公司联合举行的"文创企业融资租赁金融服务见面会"上，文化融资租赁服务正式适用无形资产。在现场，北京华夏乐章文化传播有限公司以《纳斯尔丁·阿凡提》和《冰

川奇缘》两部音乐剧版权为标的物，成功融资 500 万元，成为国内首笔以版权为标的物，通过融资租赁形式获得融资的案例。

3.1.1.6　知识产权保险

近年来，各类知识产权诉讼越来越多，企业在维权时，不仅要承担高额的诉讼费用，还要面临败诉风险，容易影响企业正常经营，而保险正是企业转移和规避风险的重要工具。知识产权保险是以知识产权为标的，涵盖确权、维权、用权各环节的保险产品的统称，是围绕科技创新孕育而生的新险种。2014 年，国家知识产权局与人保财险首次签署了知识产权保险战略合作协议。此后，中国人保财险公司相继开发了覆盖专利、商标和地理标志，保障知识产权创造、保护、运用的全生命周期风险的 15 款知识产权保险产品。截至 2018 年年底，该公司累计为近 1 万家科技型企业的超过 1.7 万件专利提供了逾 306 亿元风险保障；通过引入保险机制，帮助科技型中小企业以知识产权质押方式获得融资超 4.7 亿元。2020 年 2 月 27 日，国家知识产权局办公室印发《关于大力促进知识产权运用支持打赢疫情防控阻击战的通知》，提出支持金融机构快速开发符合疫情防控和复工复产需要的知识产权质押、保证保险等金融产品，推动"保险助融""协商估值"等质押模式落地。

3.1.1.7　互联网金融发展下的知识产权融资创新

互联网金融为科技型小微企业知识产权融资提供渠道与资源创新的空间。在互联网金融快速发展的大好形势下，利用大数据、互联网、云计算等技术，可以低成本、高效率地分析超过万亿字节的有关资产、运营、技术产品或服务的上下游消费者、供应商匹配等市场化相关信息（诸如：知识产权相关产品、服务或项目的水电物流消费、科技产品市场满意度和订货水平与趋势、技术与产品的网络信用评价，甚至关联企业和核心团队成员网络行文语境与交易频率等），通过数据分析均可以锁定和感知其信用，从而实现实时预警与监测，其主体信用和知识产权价值的可得性效率将大幅改进；同时，在互联网金融的共享与合作精神下，相关交易记录会自动扩散，申贷企业需要考虑自身在创新网络中的口碑，其逃债机会主义倾向也将大幅降低。2015 年，中国首个知识产权（专利）质押 P2P 融资项目由西安金知网和陕西金开贷金融服务有限公司共同发起，一同与西安科技金融服务中心签署知识产权互联网金融战略的合作协议，并开展业务。马毅（2018）❶ 提出互联网金融发展下，科技型小微企业知识产权融资可借鉴的四种创新融资模式：知识产权 P2P 借贷、知识产权网络众筹、知识产权网络小额信贷和知识产权互联网金融门户。

3.1.2　我国知识产权融资模式

"北京模式"是一种以银行创新为主导的市场化的知识产权直接质押贷款模式。2006 年 10 月 31 日全国首例中小企业知识产权质押贷款在北京诞生，由此打破了科技型中小企业知识产权质押贷款的坚冰，这为缓解科技型企业的融资难题提供了一条新的途径。该模式由政府部门积极推动，中介机构市场化运作。银行通过金融产品创新和金融服务创新，特别是交通银行北京分行开展的"展业通"业务，在知识产权质押贷款方面取得了积极进展，带来了一定的社会示范效应，并引领了北京知识产权质押贷款工作快速、全面展开（周丽，2009）❷。

"浦东模式"以"银行 + 政府基金担保 + 专利权反担保"、充分发挥政府性担保主体作用为特色。2006 年年底，由上海浦东生产力促进中心牵头，工商银行张江支行推出专利权质押融资小额贷款项目，与上海中药制药科技有限公司签订专利权质押融资合同，成为上海专利权质押融资第一单。上海模式是一种以政府推动为主导的知识产权质押贷款模式，涉及的主体不仅包括企业、银行，还包括政府机构即浦东生产力促进中心，该中心作为政府职能的延伸，直接介入科技型中小企业知识产权质押贷款业务并承担 95% 以上的风险（欧晓文，2013）❸。

---

　❶ 马毅. 互联网金融发展下的知识产权融资创新 [J]. 经济体制改革，2018（3）：132 – 137.

　❷ 周丽. 我国知识产权质押融资典型模式之比较分析——基于法律社会学的分析视野 [J]. 电子知识产权，2009（11）：33 – 38.

　❸ 欧晓文. 科技型中小企业知识产权质押融资模式探究——基于北京、上海浦东、武汉模式的比较 [J]. 现代产业经济，2013（7）：60 – 64.

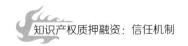
"银行+科技担保公司+专利权反担保"的"武汉模式"是一种涵盖直接质押融资模式和间接质押融资模式的混合模式。在北京模式和上海浦东模式的基础上，武汉推出了混合模式并在实践中进行创新。所谓直接质押贷款，指企业通过专利权出质，直接与金融机构签订专利权质押贷款合同来获取贷款；间接质押贷款，指企业通过其他有资格的单位（如企业、担保公司等）提供担保，以专利权出质作为反担保来获得金融机构的贷款。引入专业担保机构——武汉科技担保公司，一定程度上分解了银行的风险，促进了武汉知识产权质押融资的发展。

近年来各地又涌现出新的模式，例如青岛市再次创新专利权质押融资模式，引入保险机构，在国内首创专利权质押贷款保证保险，推动保险机构组建"共保体"，以市场化手段改变了政府担保等模式，直指"评估难""风控难""处置难"等问题。"中关村模式"，以"银行+政府+保险"三方主体参与、完善风险补偿机制为特色，该模式不同于其他省市采取的由企业购买保证保险的做法，而是智融宝知识产权质押贷款向企业放款后，由北京知识产权运营管理有限公司就智融宝项目的风险处置责任风险向保险公司集中投保并缴纳保费，大大增强了银行、担保机构开展知识产权质押融资业务积极性。"中山模式"以"政府+保险+银行+评估公司"的风险共担融资模式为特色。通过引入保险公司对知识产权的专利保险，来保障企业知识产权的合法权益；通过保险公司以贷款保证保险的形式，进一步分担贷款风险；引入专业的知识产权运营公司参与贷款项目，并由其承担适当的风险比例；加强知识产权运营公司对知识产权评估环节的把控，进一步降低风险，形成几类不同的知识产权质押融资解决方案。

3.2 基于专利权质押合同登记状况的分析

本节通过对国家知识产权局的 2012 年❶的全年专利权质押融资合同数

---

❶ 国家知识产权局 2013 年后不再提供年度批量数据，故此无法对 2012 年后的微观数据进行整体年度分析，通过对 2019 年上市公司专利权质押贷款公告信息的分析，补充相关信息。

据进行整理、分析其发展趋势，并从专利权质押融资主体、客体和内容三个方面分析我国专利权质押融资现状。

3.2.1 趋势分析

从表3-1可知，2012—2019年我国专利权质押融资金额总体呈上升趋势，但占社会融资规模增量过小。其中，2017年增幅最大，同比增长65%，主要是由于有关知识产权政策的保护不断完善，我国知识产权质押融资工作已在全国范围内广泛推行，融资规模不断扩大，融资金额逐年攀升。国家知识产权局加快建设和完善知识产权运营体系和运营平台，促进知识产权综合运用。另外，国家知识产权局采取了一系列措施，积极推动相关工作，建立了知识产权联盟，使得有关知识产权的相关产业可以得到有效交流的平台。目前我国在专利权质押贷款这一领域相关的制度和政策仍不完善，尚未构建体系完整、内容丰富、组织架构严密的贷款体系，与专利权质押贷款服务相关的服务机制不够健全也影响了企业与金融机构之间的合作。通过制度的不断健全，专利权质押贷款数量也在不断上升，解决了中小企业融资难的状况，同时也推动了国家知识创新的发展。

表3-1 2012—2019年专利权质押融资金额和社会融资规模增量统计

年份	专利权质押贷款融资金额（亿元）	社会融资规模增量（亿元）	专利权质押贷款融资金额占社会融资规模增量的比例（%）
2012	141	157631	0.08944941
2013	254	173168	0.14667837
2014	487	164133	0.29671059
2015	560	154062	0.36349002
2016	436	178160	0.24472384
2017	720	194445	0.37028466
2018	885	192584	0.45953973
2019	1105	256735	0.43040489

数据来源：国家知识产权局官网，中国人民银行官网。

3.2.2 专利权质押融资主体分析

3.2.2.1 专利出质人

对国家知识产权局的 2012 年的全年专利权质押合同数据进行整理后，从图 3 - 1 可以很清楚地看到，专利权质押人的性质分为四类：公司性质、个人性质、公司和个人联合性质、公司与公司联合性质。在这四类中，专利权质押人是公司性质的占绝大多数，共计 1738 个，占比 84%；其次是个人，占到了 8%。

值得注意的是公司与公司、个人与公司的联合作为专利权质押是促进专利权质押实现的有益尝试，从出质人方面看，两方的出质人可以通过一项专利权质押都能获得资金，可以使两方进一步合作；从银行角度来说，多方出质人有较强的偿还贷款的能力，因此能够降低其无法还贷的风险。

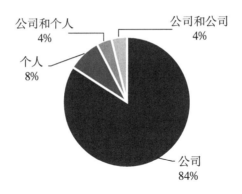

图 3 - 1　专利权质押融资主体分类

3.2.2.2 专利权质押权人

专利权质押权人类型统计如图 3 - 2 所示。

根据是否需要第三方担保，将知识产权质押贷款的模式分为间接质押模式与直接质押模式。前者需要第三方担保，通常以担保公司或者债务人母公司等非银行机构为质权人；而后者不需要第三方担保，通常以银行和小额贷款公司等债权人为质权人。质权人主要有银行、担保公司、企事业单位、投资公司以及个人等。质押贷款各质权人在整个贷款中所占比重如

表3-2所示。

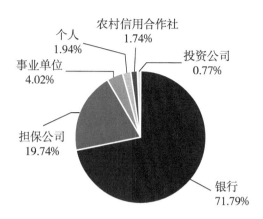

图3-2 专利权质押权人类型统计

表3-2 专利权质押融资质权人类型统计

专利质押权人性质	数量	占比（％）
银行	1484	71.79
担保公司	408	19.74
事业单位	83	4.02
个人	40	1.94
农村信用合作社	36	1.74
投资公司	16	0.77
合计	2067	100.00

直接模式即企业、个人等出质人通过向银行进行专利权质押直接获得贷款，从表3-2可以看出，在专利权质押贷款中企业直接从银行获得贷款的数量比较多，达到71.79%，国家给予商业银行一定的政策支持，并鼓励银行为企业提供贷款。

间接模式是指企业、个人等出质人通过担保公司、政府、企业、个人等为其提供担保之后从银行获得贷款的方式。其中担保公司担保融资所占比重大约在20%，担保公司在企业进行专利权质押贷款中起着举足轻重的

作用，这种主要是企业以专利权或其他资产向担保公司作为反担保物，由担保公司向商业银行提供全额担保。目前，一些省份已经成立专门的担保公司，为中小型企业提供担保，以促进科技创新。在上海、成都这些地方主要是以生产力促进中心等作为担保。

从以上分析可以了解到，银行和担保公司在抵押贷款中占据主要地位，国家针对这两类主要质权人制定相关政策法规，规范专利权质押贷款市场行为，更好地推动企业获得贷款促进创新。2015 年青岛市推出了"专利权质押贷款保证保险青岛模式"，这一模式主要是通过实施专利权质押贷款贴息、专利权质押贷款保证保险费资助、中介服务费补助、专利评估费资助等"四补"政策，鼓励科技型中小微企业以专利权质押保证保险方式从银行获得贷款，引导保险机构介入专利权质押融资工作。

3.2.3 专利权质押融资客体分析

3.2.3.1 质押专利类型

专利权分为发明专利、实用新型专利和外观设计专利，从 2012 年专利权质押合同数据整理的数据可知，发明专利和实用新型专利约占 95.4% 的比重，外观设计专利仅仅占很小的一部分，约占 4.6% 的比重。可能由于外观设计专利的技术含量和市场价值较低、专利权质押贷款风险较大，所以用外观设计专利进行专利权质押贷款的数量比较少，甚至在有些地方的专利权质押贷款管理办法中将外观设计专利排除在外，如图 3-3 所示。

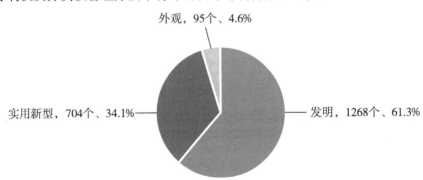

图 3-3　专利类型分类

3.2.3.2　专利合同中专利数量分析

每个质押号代表一个质押合同，专利合同中专利数量分析是指一个合同统计是由几个专利一起打包申请质押的。

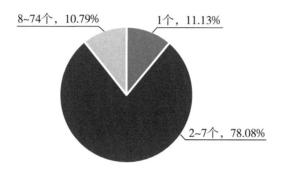

图 3-4　专利合同中专利数量统计

如图 3-4 所示，一个合同对应一个专利的数量为 230 个，占合同总量的 11.13%，2~7 个专利一起打包申请专利权质押的占比较大，占到总数的 78.08%，8~74 个专利权质押的比重是在 10.79%，一个合同中最多对应 74 个专利。

3.3　基于商标专用权质押登记状况的分析

3.3.1　趋势分析

随着商标专用权质押相关政策的出台，我国商标专用权质押贷款的数量在 2015—2019 年虽有波动，但整体呈上升趋势，2015 年（1181 件）至 2019 年（1311 件）年均增长率约为 1.406%（如图 3-5 所示）。据课题组收集的商标专用权质押情况登记资料统计显示，2015 年质押共计 1181 件；2016 年为 1410 件；2017 年较 2016 年有所下降，为 1296 件；2018 年质押登记 1405 件；2019 年质押登记 1311 件，整体呈现递增式发展，且 2019 年《推动知识产权高质量发展年度工作指引》明确要求推进知识产权质押业务高质量发展。

商标质押数量（个）

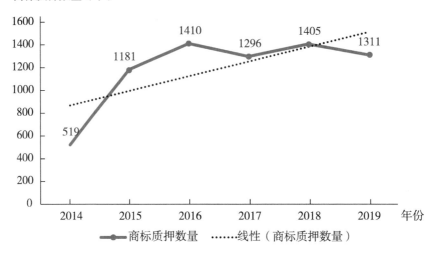

图 3－5 商标专用权质押贷款合同登记数量趋势

3.3.2 商标专用权质押融资主体分析

3.3.2.1 出质人

基于 2019 年商标专用权质押情况登记资料统计，商标专用权质押人的性质分为四类：公司性质、个人性质、公司和个人联合性质、公司与公司联合，在这四类中，专利质押人是公司性质占绝大多数，共计 1159 个，占比 88.4%，其次是个人性质，占到了 9.69%，如图 3－6 所示。

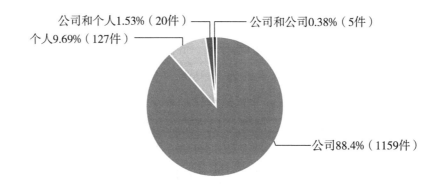

图 3－6 质押融资主体分类

3.3.2.2 质押权人

根据是否需要第三方担保，商标专用权质押贷款的模式也分为直接贷款模式与间接质押模式。

直接质押模式下商标权利人（出质人）将自己所拥有的、依法可以转让的商标作为质押物，抵押给银行、小额贷款公司或者信用合作社等金融机构，从而获取贷款。银行作为能够直接向出质人提供资金的金融机构，是大多数出质人进行商标专用权质押的首选质权人。在2019年商标局公布的质押贷款登记合同中，质权人为银行所占的比例超过质权人总数的一半以上。

间接质押贷款的质权人以担保人的身份出现，用自身信誉为出质人获取银行贷款时提供担保，而出质人将商标权作为反担保质押给质权人，此种模式下的质权人以担保公司、债务人母公司等非银行机构为主。

质权人类型的统计如表3-2所示，城市商业银行所占比例最高，共有482家城市商业银行为质权人，占质权人总数的比例为36.77%；农村信用社338家，占质权人总数的比例为25.78%，排在第二位；担保公司以13.88%的比例紧随其后，数量达到了182家。

表3-3 2019年商标权质押融资质权人类型统计

质权人	政策性银行	国有企业银行	股份制银行	城市商业银行	农村信用社	小额贷款公司	其他金融机构	担保公司	企业	个人	政府	合计
数量（个）	6	116	43	482	338	28	14	182	68	32	2	1311
占比（%）	0.46	8.85	3.28	36.77	25.78	2.14	1.07	13.88	5.19	2.44	0.15	100.00

3.3.2.3 商标专用权质押出质人与质权人的地域分布

对出质人与质权人的归属地分别进行统计（如图3-7所示）。除去出质人与质权人重复的次数，2019年出质人数量最多的省份是浙江省（528家），安徽省（267家）紧跟其后，山东省（38家）、四川省（37家）、北

京市（34 家）分别排名第三、第四、第五，以上五个省份出质人数量占全国总数的 65.581%；质权人数量最多的两个省份与出质人排名并无太大区别，仍然是浙江（578 家）第一，安徽（273 家）第二，四川省（40 家）位居第三，依旧与前两位的省份有极大落差，排名第四与第五的省份分别为山东（37 家）、北京（33 家），而前五位省份质权人所占的比例为总数的 76.696%。从图 3 - 8 中不难看出，不管是出质人还是质权人，位居前二的省份属于第一阶梯，第三到第五的省份属于第二阶梯，两个阶梯内的落差不大，但阶梯之间有着较大区别。

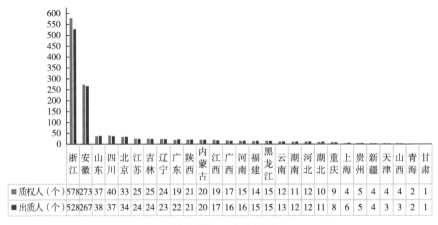

	浙江	安徽	山东	四川	北京	江苏	吉林	辽宁	广东	陕西	内蒙古	江西	广西	河南	福建	黑龙江	云南	湖南	河北	湖北	重庆	上海	贵州	新疆	天津	山西	青海	甘肃
■质权人（个）	578	273	37	40	33	25	25	24	19	21	20	19	17	15	14	15	12	11	12	10	9	4	5	4	4	4	2	1
■出质人（个）	528	267	38	37	34	24	24	23	22	21	20	17	16	16	15	15	13	12	12	11	8	6	5	4	3	3	2	1

■质权人数量　■出质人数量

图 3 - 7　2019 年商标专用权质押地域分布

从统计图中可看出，浙江省、安徽省位居办理商标专用权质押贷款省份前二位，出质人（两个省份之和为 795 家）和质权人（两个省份之和为851 家）所占总数的比例分别约为 66.416%、67.917%，已近总数的半壁江山。其中，浙江省出质人数量遥遥领先，占全国总数的 46.129%。

3.3.3　商标专用权质押融资客体分析

3.3.3.1　贷款期限分析

质权登记期限信息如表 3 - 4 所示。

表 3 - 4　质权登记期限信息

贷款期限	合同个数
1 ~ 12 个月	648
13 ~ 24 个月	250
25 ~ 36 个月	256
37 ~ 48 个月	24
49 ~ 60 个月	85
61 ~ 72 个月	22
73 ~ 84 个月	9
85 ~ 96 个月	3
97 ~ 108 个月	2
109 ~ 144 个月	12
合计	1311

从表 3 - 4 可以了解到 2019 年商标权质押的贷款期限大致范围在 1 ~ 144 个月，其中贷款期限为 144 个月的仅有一个，是公司和个人联合性质，出质人是西藏新珠峰摩托车有限公司，合同中商标数量是 19 件。注册商标的有效期限是十年，当出质的注册商标为多件时，质权登记期限最好不要超过提交质权登记申请时专用权最先到期的商标的专用期限。若质权人同意质权登记期限大于部分注册商标的专用期限，需要提交书面同意文件。此流程和注册商标有效期限限制是商标权质押的贷款期限小于十年的部分原因，也有时间期限越长、不确定性越大的原因。2019 年商标权质押的贷款期限大于十年仅有三个，占总体比例的 0.229% 。

由图 3 - 8 可以直观观察到 2019 年商标权质押的贷款期限在 1 ~ 12 个月的合同占总合同数量的 49% ，接近一半，在进行商标权质押贷款时，倾向于制定在一年内的贷款期限，对于质押权人而言期限的缩减也是减小风险的一种方式。2019 年商标权质押的贷款期限在 1 ~ 36 个月（三年内）占总合同数量的 88% ，表明大多数的商标权质押贷款期限限定在三年内。

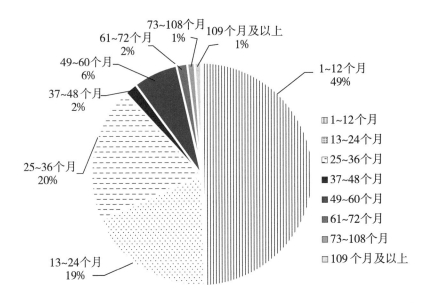

图 3 - 8　2019 年商标权质押的贷款期限占比

3.3.3.2　合同中商标数量分析

每个质押号代表一个质押合同，商标合同中数量分析是指一个合同统计是由几个商标一起打包申请质押的。基于 2019 年的数据调查整理，从表 3 - 5 和图 3 - 9 可明显地看到，含 1 个商标的合同比重最大，数量为 526，占比 40%；而含有 2 ~ 5 个商标的合同数量仅居其次，占比 32%；此外，商标专用权质押合同中含量为 6 ~ 20 个的占比在 28% 以下，明显偏小，其中含11 ~ 15 个商标的合同数量为 65，占最小比重为 5%。

表 3 - 5　商标专用权质押合同中商标数量统计

合同中商标数量（个）	合同个数（个）
1	526
2 ~ 5	423
6 ~ 10	132
11 ~ 15	65
20 以上	165
合计	1311

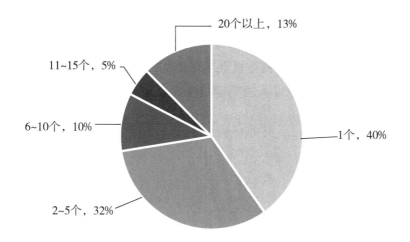

图3-9　商标数量统计

商标专用权质押融资，其质权的设立、效力以及质权的实现都区别于传统的权利质押，为商业银行带来了新的挑战，有利于推动其完善金融服务体系，发展金融创新业务。商标专用权质押能够有效地解决企业融资困难，促进自主创新，它将会在以后的经济发展中占据更大的市场。

本章小结

我国知识产权融资方式主要有利用知识产权吸引股权融资、知识产权质押贷款、知识产权信托融资、知识产权证券化、知识产权融资租赁、知识产权保险和互联网金融发展下的知识产权融资创新。我国知识产权融资模式主要有"北京模式""浦东模式""武汉模式"和近年来新兴的"中关村模式"和"中山模式"等。

基于国家知识产权局的2012年专利权质押融资合同数据分析发现，我国近几年专利权申请数量在不断增长，但我国专利权质押贷款数量远低于申请数量。专利权质押出质人单独申请贷款的比重较高，银行和担保公司在抵押贷款中占据着主要地位，质押物多为发明专利和实用新型专利。大多专利质押合同需要多个专利一起打包质押。

基于2019年商标专用权质押情况登记资料统计发现，我国商标专用权质押贷款的数量逐年递增，整体呈上升趋势。质权人中银行的占比较高，

农村信用社、担保公司分别排在第二、三位。2019年商标权质押数量最多的省份是浙江省、安徽省紧跟其后，山东省、四川省、北京市分别排名第三、第四、第五。2019年商标权质押的贷款期限在1～12个月的合同占总合同数量的49%，半数以上的商标权质押合同需要两个及以上商标同时出质。

第四章　基于社会网络分析的
知识产权质押贷款特征

基于国家知识产权局专利权质押合同登记信息和商标局商标专用权质押登记信息，通过社会网络分析的方法对专利权和商标专用权质押贷款业务的网络特征进行研究与分析，将质押贷款的出质人与质权人作为网络的节点，结合 Gephi 软件对其网络特征值相关指标进行统计与分析。首先针对网络的整体特征和网络节点特征值进行分析，了解我国知识产权质押贷款的整体特征，其次针对各年度和各地区知识产权质押贷款的网络图进行一些相关指标的分析，对我国知识产权质押贷款的分布情况和出质人与质权人之间的合作关系进行分析对比。

4.1　基于社会网络分析的专利权质押贷款特征

4.1.1　专利权质押贷款网络构建

为进一步分析专利权质押贷款出质人与质权人之间的关系，本节根据 2009—2012 年❶专利权质押贷款数据构建专利权质押贷款网络，并运用 pajek 软件以可视化图（见图 4-1）予以展示。将全国 2009—2012 年所有专利权质押贷款的出质人与质权人作为网络的节点，图 4-1 中圆形节点是出质人和质权人双方（由于数量较多无法清晰显示所有企业），将出质人与质权人之间的连线作为网络中的边，将专利权质押贷款网络表示为出质人和质权人合作关系的集合。参与到该网络中的节点共有 1928 个，共有

---

❶　国家知识产权局 2013 年后不再提供年度批量数据，故此无法对 2012 年后的微观数据进行整体网络分析。

1528 家企业作为出质人，400 家银行、担保公司以及其他企业及个人作为质权人，涉及专利达 3368 件。其中大部分企业通过一家银行或者一家担保公司取得质押贷款，只有少数企业通过不同的专利以及结合其他资产通过不同的担保公司或银行获得贷款。我国专利权质押贷款还处于初级发展阶段，银行以及担保公司作为质权人在质押贷款中起着重要的作用。企业在创新力度方面还比较弱，在所处行业中拥有核心技术的企业相对较少。

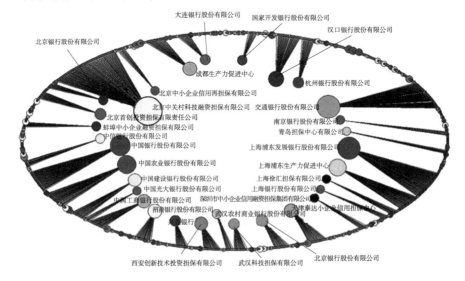

图 4-1　全国专利权质押贷款网络

图 4-1 中显示标签的节点是连线在十以上的公司。从图 4-1 可以看出，专利权质押贷款中质权人主要集中在部分银行及担保公司，图 4-1 中最大的节点是北京中关村科技融资担保有限公司，北京中关村科技融资担保有限公司在四年中一直处于核心位置，为多家企业提供担保。

4.1.2　专利权质押贷款网络整体特征分析

4.1.2.1　网络类型

小世界网络是一类特殊的复杂网络结构，在小世界网络中大部分节点彼此不相连，但都会有一个中间点连接彼此。本小节通过网络的聚集系数和平均路径长度来分析小世界网络，具体指标见表 4-1。

表4-1 专利权质押贷款小世界网络指标

网络指标	数值
网络平均聚集系数	1
网络平均路径长度	7.009

聚集系数是网络图中的点倾向于聚集在一起的程度的一种度量。表示一个图形中节点聚集程度的系数，对于某个节点，它的聚集系数是指它所有相邻节点之间连接的数目占可能最大边数目的比例，聚集系数越大说明小世界模型越接近。在本节中，小世界网络主要是以质权人为中心点，各出质人作为边缘节点与质权人相连接。

平均路径长度是网络中一个重要的特征度量，是指网络中所有节点之间的平均最短距离。在网络中距离最短的两个节点之间的合作比较密切，对于出质人来说，获得质押贷款就相对容易。

表4-1中，网络的平均聚集系数为1，说明在整个网络图中小世界存在的模型相近，平均路径长度为7.009，说明本网络中除了与中心点相连接的节点之外，各节点之间不存在连接关系，质权人作为中心与各出质人相连接，但是各出质人之间并没有合作。通过对图4-1进行k核网络绘制得到图4-2，可以更清晰地了解到小世界网络的存在，但是图中一对一的网络也是相对较多的。

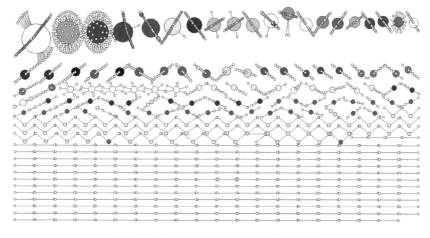

图4-2 全国专利权质押贷款k核网络

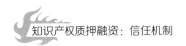

4.1.2.2　网络的特征值分析

通过对2009—2012年的专利权质押贷款中出质人与质权人的数据进行社会网络的相关指标分析得出表4－2，本节从节点、图密度、中心性、连接组件四个指标对总体网络进行分析。

表4－2　专利权质押贷款整体指标

相关指标	指标系数
节点	1928
图密度	0.001
中心性	0.781
连接组件	319

本网络图中涉及节点共1928个。社会网络图的图密度是测量社会网络图的完备程度，一个完备的社会网络图具备所有可能连接的边，即任意两节点有边连接，其密度为1。本网络图的密度为0.001小于1，说明本网络不完备，不是任意两点之间都存在边连接。从图4－1可以看出，专利权质押贷款网络图中不是任意两个节点都有连接，出质人只与质权人有连接，出质人之间没有连接，质权人之间也没有连接。该网络中各出质人以及质权人之间没有相互合作，网络完备性较低。网络的整体中心度指网络中点与点之间的接近性，网络中某点的接近性从整体上衡量该点到其他所有点的接近程度，用接近中心性指标来判断本网络的整体中心度。接近中心性是通过点与其他点的距离来测量，用该点到其他所有点的"距离和"来描述——距离和越大，则接近性越低，则该点的整体中心度也越小。中心性为0.781，说明本网络的节点接近性较低。连接组件主要显示的是弱连接组件的数量，弱连接是指互动频率较低的沟通，相反的强连接会形成一个小圈子，而弱连接则形成一张大网络，通过gephi软件检测到存在319个弱连接组件，弱连接指的是在质权人和出质人中，整个网络中质权人只连接一个出质人的情形。

4.1.2.3　网络节点特征值分析

计算网络个体节点有许多指标，本小节通过对专利权质押贷款中出质人与质权人度、加权度、离心率、接近中心性、中介中心性、特征向量中心性以及网络结构排名这些指标计算得到表 4 - 3，并重点从中介中心性、特征向量中心性以及结构洞三个角度进行分析。

表 4 - 3　专利权质押贷款节点指标

指标	平均值	最大值	最小值
度	1.670	121	1
加权度	1.692	121	1
离心率	6.477	19	1
接近中心性	3.619	13.115	1.000
中介中心性	733.825	138280.083	0.000
特征向量中心性	0.016	1.000	0.001

从上述指标中，网络图中的平均度为 1.67，说明每个节点平均指向 1.67 个节点，图与图之间的连接不是特别紧密，这与图的结果是一致的。平均加权度是指网络中多条线相重合的线，平均加权度为 1.692，说明图中多条线重合的情况较少，也就是同一出质人与质权人只有一条线相连接。

1. 中介中心性分析

中介中心性测量的是行动者对资源信息的控制程度，一个行动者在网络中占据这样的位置越多，就越代表它具有很高的中介中心性，就有越多的行动者需要通过它才能发生联系。在图 4 - 2 中，由于质权人是与多个出质人相联系，同时也形成了一些点需要通过某一个点相连接的假象，其实在边缘的节点即出质人并没有联系，这就使得这些质权人成为中心，其系数也相对较大。

2. 特征向量中心性分析

特征向量中心性中一个有着高特征向量中心性的行动者，与他建立连接的很多行动者往往也被其他很多行动者所连接。有向图中由于具有明确的指向所以其并不能表示特征向量中心性。无向图中各节点之间的连接没有具体指向，可以找到节点相关联的节点的其他关联者，但是本小节网络中节点之间连线没有多对多，并没有特征向量中心性强的节点。

在上述几个指标中，指标度数较大的分别是北京中关村科技融资担保

有限公司（连接度121、加权度121、接近中心性5.58、中介中心性85251.85、特征向量中心性1）、交通银行股份有限公司（连接度77、加权度78、接近中心度4.52、中介中心性138280、特征向量中心性0.4035）等质权人，这与图4-1的网络图是相符的，质权人是网络中的核心，其与多家出质人相联系。

上述指标表明，各节点之间联系比较松散，各出质人之间几乎没有联系，质权人之间的联系也不紧密，说明无论出质人还是质权人之间均没有合作，不能做到资源共享。

3. 结构洞分析

结构洞是社会网络中的某个或某些个体和有些个体发生直接联系，但与其他个体不发生直接联系，这种无直接联系或联系间断的现象为结构洞。在本小节中利用著名的网页排名（Page Rank）算法进行结构洞分析。根据PR算法原理可以知道，PR得分高的节点是结构洞节点。利用gephi软件直接得出PR得分，现取得分在前十的节点，详见表4-4所示。

表4-4　PR排名

节点	PR 得分
北京中关村科技融资担保有限公司	0.030
交通银行股份有限公司	0.019
上海浦东发展银行股份有限公司	0.018
中国银行股份有限公司	0.014
中国农业银行股份有限公司	0.011
上海浦东生产力促进中心	0.011
汉口银行股份有限公司	0.009
天津泰达小企业信用担保中心	0.007
成都生产力促进中心	0.007

从表4-4可以知道，PR得分最高的是北京中关村科技融资担保有限公司，在整个网络中北京中关村科技融资担保有限公司作为质权人只与一些出质人有直接联系，与另一些出质人没有直接联系，所以北京中关村科技融资担保有限公司就是结构洞节点。在整个网络中所有的节点都是结构洞

节点,因为几乎所有的出质人只与一家或者两家质权人相联系,存在结构洞节点对专利权质押贷款来讲也是优势,出质人与质权人以及出质人之间存在更多合作的可能,可以促进专利权质押贷款的发展。

4.1.3 各年度专利权质押贷款网络特征分析

通过对2009—2012年每年的专利权质押贷款出质人与质押人之间的联系以及变化进行分析。并根据每年数据绘制出2009—2012年的网络图,如图4-3~图4-6所示。

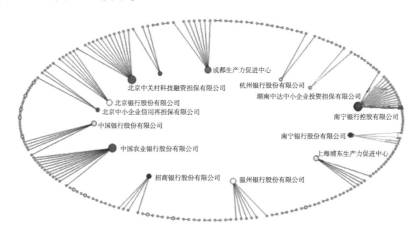

图4-3 2009年专利权质押贷款网络

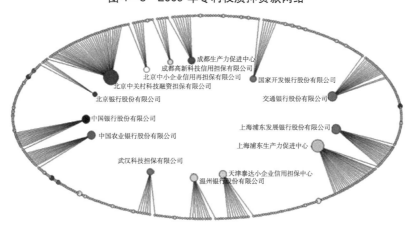

图4-4 2010年专利权质押贷款网络

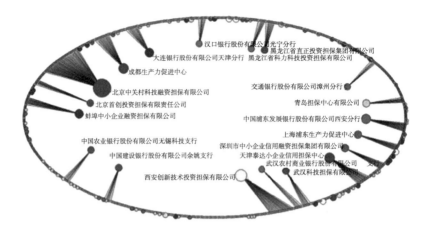

图 4-5   2011 年专利权质押贷款网络

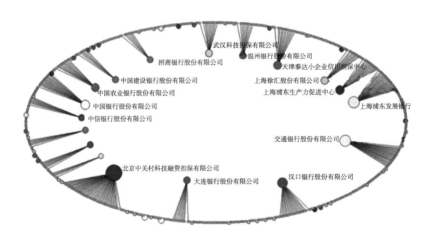

图 4-6   2012 年专利权质押贷款网络

从图 4-3～图 4-6 可以看出，网络中连线较多的节点随着年份的变化在不断增加。这与专利权质押贷款数量逐年增长有关，随着国家各项政策的出台，专利权质押贷款的数量在不断增加，越来越多的企业通过专利权质押获得贷款，同时也有越来越多的担保公司、银行以及其他金融机构成为质权人。

从表 4-5 看出，2009—2012 年的节点数在不断增加，2012 年增长是最多的，这与国家出台的政策相关。在出质人数量增加的同时，质权人也在不断地增加，更多的地方性银行加入专利权质押贷款的行列。从网络指标数据来看，网络图的密度不是逐年增长的，而是逐年降低的，也就是在出质人与质权人数量增加的同时各节点之间相邻点数减少，相邻节点之间的联系不紧密。2009—2012年的度数在不断增加，说明节点之间的联系增多，中心性呈逐年增长的态势，从四年的中心性指标来看，节点之间的联系增加了，出质人与质权人之间的距离和在增加，使整个网络的中心性被分散。特征向量中心性也在增加，说明一些节点之间存在着多项联系，可以是一个质权人与多个出质人相联系，也可以是一个出质人与多个质权人相联系。

表4-5　2009—2012年专利权质押贷款各年网络特征值

指标＼年份	2009	2010	2011	2012
节点数	260	471	673	1058
度	1.208	1.464	1.465	1.650
密度	0.003	0.002	0.001	0.001
平均路径	1.892	1.967	2.228	4.739
加权度	5.054	1.477	1.468	6.365
中心性	1.254	1.516	1.476	2.544
中介中心性	1.296	4.611	3.710	86.112
特征向量中心性	0.038	0.031	0.023	0.257

4.1.4　各地区专利权质押贷款网络特征分析

本节选取专利权质押贷款出质人数量在30家以上的11个省份，分别是安徽、北京、天津、浙江、上海、江苏、广东、湖北、河北、陕西、贵州。根据各地区专利权质押贷款数据绘制各地区专利权质押贷款网络图，如图4-7～图4-17所示：

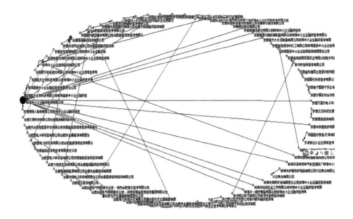

图 4 – 7　安徽专利权质押贷款网络

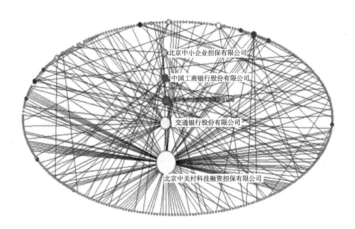

图 4 – 8　北京专利权质押贷款网络

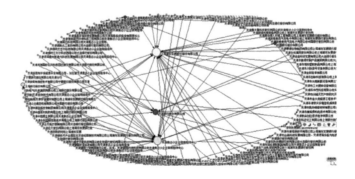

图 4 – 9　天津专利权质押贷款网络

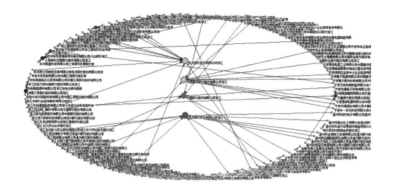

图 4 – 10 浙江专利权质押贷款网络

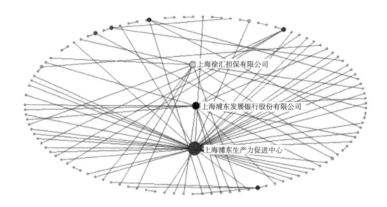

图 4 – 11 上海专利权质押贷款网络

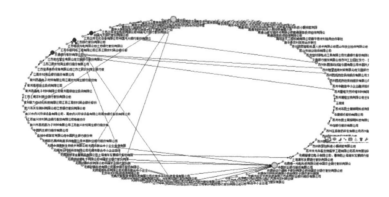

图 4 – 12 江苏专利权质押贷款网络

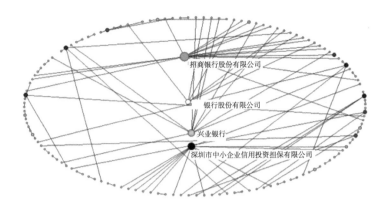

图 4 - 13 广东专利权质押贷款网络

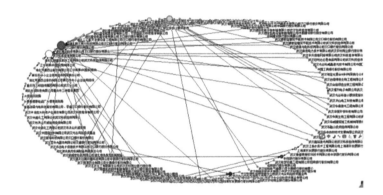

图 4 - 14 湖北专利权质押贷款网络

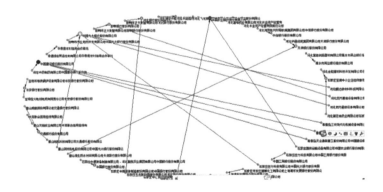

图 4 - 15 河北专利权质押贷款网络

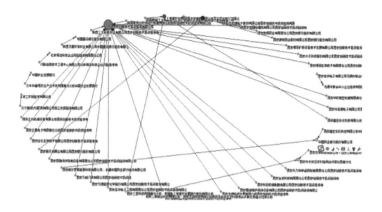

图 4 - 16　陕西专利权质押贷款网络

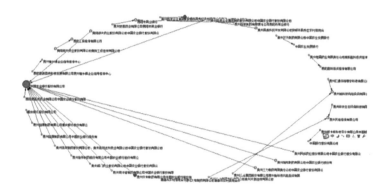

图 4 - 17　贵州专利权质押贷款网络

　　从上述网络图中可以看出，上述 11 个省份的专利权质押贷款网络特征存在相似的地方，都存在小世界网络的特征。根据 11 省份 2009—2012 年的数据制成表 4 - 6。

　　从表 4 - 6 可以看出，专利权质押贷款最多的是北京，节点数达到310，其次是广东，节点数达到 133。在对这 11 个省份特征值的分析中，网络的度、加权度、中心性等值存在很高的相似度，而且值的特征值与总网络的特征值分布一致。浙江的度与加权度比其他省份都要高，经过对浙江专利权质押贷款中质权人与质押人的数据查询同时结合网络图形可以了

解到，浙江质权人质押集中在几家银行及担保公司中，每个质权人的度数就会高，从而导致加权度也高。

表4-6　11省份网络特征值

节点	节点数	度	加权度	密度	平均路径	中心性	中介中心性	特征向量中心性
北京	310	1.761	1.768	0.003	3.899	0.813	184.503	0.040
天津	102	1.706	1.706	0.008	2.677	0.808	20.549	0.113
上海	107	1.738	1.757	0.008	2.040	0.813	10.138	0.022
安徽	67	1.522	1.522	0.011	2.510	0.652	6.493	0.097
浙江	120	2.185	2.193	0.012	2.508	0.713	89.767	0.017
江苏	87	1.419	1.465	0.008	2.386	0.663	4.256	0.071
广东	133	1.519	1.579	0.006	1.991	0.714	3.429	0.047
湖北	89	1.663	1.663	0.009	3.217	0.775	2.341	0.042
河北	53	1.358	1.358	0.012	2.323	0.623	2.396	0.136
陕西	49	1.592	1.592	0.016	1.885	0.776	5.204	0.036
贵州	34	1.588	2.000	0.022	2.374	0.647	6.912	0.066

在全国，上述11个省份的专利权质押贷款的数量较高，一是因为这些地区专利权授权量高，专利权多；二是因为地方政府对本地区专利权质押贷款的政策支持。例如，北京作为专利权质押贷款量最多的地区，专利权也是最多的，高校云集、企业聚集使得北京创新力度较高，专利权多。同时，北京也出台了相关的政策支持专利权质押贷款，其中最典型的是对北京中关村科技融资担保有限公司的政策支持，北京中关村科技融资担保有限公司是北京市政府批准设立的国有政策性专业担保机构，中关村国家自主创新示范区科技金融政策的重要实施渠道。北京主要是对专利权质押贷款企业进行贴息补偿，并鼓励商业银行积极开展知识产权融资业务，在控制风险的前提下加大知识产权质押贷款的发放力度，并及时对商业银行开办此类创新业务进行窗口指导，以此推动经济发展，为企业注入资金是企

业知本与资本的转换。从网络图中可以看出，北京中关村科技融资担保有限公司一直处于网络的核心，无论从整个网络还是地区网络，甚至从2009—2012年的发展中一直处于核心位置，为多家公司进行担保，国家给予相应的支持，推动了专利权质押贷款的发展。

4.2　基于社会网络分析的商标专用权质押贷款特征

4.2.1　商标专用权质押贷款网络构建

近年来，随着我国经济的转型升级，市场主体的自主创新活力不断增强，商标的注册申请量也在不断增长。近年来，商标开始在市场经济中崭露头角，并逐渐占有一席之地，这是社会公众知识产权意识提高的体现。商标不再只是一个标志，而是作为企业知识产权的一部分不断为企业创造利润，其内含价值也为越来越多的人认可。而以商标作为质押物进而获取银行贷款的商标专用权质押成为一种新型的融资方式。

2009年，"中央一号文件"提及了商标专用权质押贷款，虽然对象是农业，但代表着国家开始重视商标专用权质押贷款的融资作用。同年9月，为了规范商标专用权质押的程序与流程，国家工商行政管理局颁布了《注册商标专用权质押登记程序规定》。

根据商标专用权质押登记信息，本节通过社会网络分析的方法，对筛选出的2014—2015年商标专用权质押贷款的数据进行网络分析，运用Pajek软件绘制出网络结构图，将商标专用权质押的出质人和质权人作为网络构建的节点，参与到该网络的节点总共有696个，将出质人与质权人之间的连线作为边，边的属性值表示质权人与其他质押人的合作数量，将商标权质押贷款的网络表示为出质人和质权人合作关系的集合。在商标专用权质押的合作网络中，度表示某个结点所代表的质权人与其他质押人之间发生的合作次数。度值越大说明该质权人与其他质押人的合作次数越多，反之则越少。通过Pajek软件绘制出2014—2015年商标权质押贷款的网络结构图，如图4-18所示。

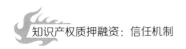
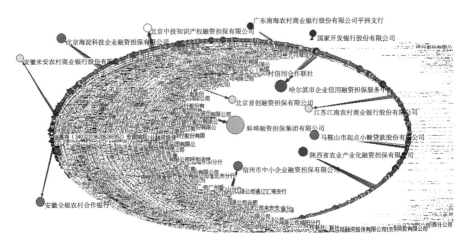

图 4 – 18　2014—2015 年商标权质押贷款网络

从图 4 – 18 中可以看出，节点度数最大的也就是图中圆形最大的前五个企业为蚌埠融资担保集团有限公司、哈尔滨市企业信用融资担保服务中心、陕西省农业产业化融资担保有限公司、北京海淀科技企业融资担保有限公司、宿州市中小企业融资担保有限公司，其节点度数分别为 27、12、8、7、7。从整体上来看，网络节点数比较大的数量很少，说明只有极少数的质权人与多个出质人有合作的关系，而大部分的质权人都是只与一个出质人有合作的关系，从而可以得出我国商标权质押贷款中的大部分都是一对一的合作关系。虽然有少部分的质权人节点度数值比较大，但是还不足以影响到整个商标权质押贷款网络中的交往程度。

4.2.2　商标专用权质押贷款网络整体特征分析

4.2.2.1　网络类型

1. 无标度网络

无标度网络各节点之间的连接状况具有严重的不均匀分布性，网络中少数节点拥有较大的连接数量，而大多数节点拥有相对很少的连接数量，少数节点对无标度网络的运行起主导作用。

通过对整体网络节点中心度的计算，得出网络的图密度为 0.001，网络平均加权度为 0.616，平均中心度为 0.00088，能更加直观地看出这几组数值的差值相差很大，说明该网络的连接呈现出一种不均匀的分布状态，符合无标度网络的特征。

2. 小世界网络

小世界网络虽然同时具有短路径和高度集中群的特征，但是其度的分布与回归分布比较相近，因此，在小世界的网络中也不存在有大量连接边的中枢点。

在网络中是否存在小世界的效应，具有重要的意义。如果合作网络具有小世界的特征，那么就说明该网络是一个信息不受阻的组织。通常来说，如果网络中的各个节点之间的最短路径的平均值没有超过 10，那就可以说明这个网络具有小世界的特征。运用 Pajek 软件和 Gephi 软件计算得出该网络的平均路径为 1.5241，说明符合小世界这一网络特征。节点的聚类系数为 2/（k−1）（其中 k 是指节点的边数），参与到该网络所形成的边数总共有 1841 条，算出节点的聚类系数为 0.00108。该网络的平均路径较短，聚类系数也表明该网络不存在大量连接边的中枢点，由此可以说明商标专用权质押贷款的网络存在小世界的特征。

4.2.2.2　网络特征值分析

通过对 2014—2015 年的商标权质押贷款中出质人与质权人的数据进行社会网络相关指标的分析得出表 4−7，参与到该商标权质押贷款网络中的节点总共有 696 个，本小节从网络图密度、网络直径、网络整体中心性三个指标对总体网络进行分析。

表 4−7　商标权质押贷款网络相关指标

相关指标	指标系数
节点	696
网络图密度	0.001
网络直径	4
网络整体中心性	1.211

图的密度测量社会网络图的完备程度，一个完备的网络图具备所有可能连接的边，也就是说任意两个节点之间都会有边的连接，其密度值为 1。

从表4-7中可以看出该网络图的密度为0.001，小于1，说明该网络不完备，并不是任意的两个节点之间都存在边的连接，因为出质人只与质权人之间有连接，出质人与出质人之间、质权人与质权人之间没有连接，所以说该网络的完备性较低。

网络直径是指在整个网络结构中任意两点之间距离的最大值，网络直径对整体网络的稳定性有很大的影响，一般认为网络直径的值要保持在7以内，如果大于7，在网络出现故障时很难检测到是哪个节点出现了问题。该网络中网络直径为4，小于7，说明该网络的稳定性还是比较好的。

网络的整体中心性是指网络中点与点之间的接近性，网络中某点的接近性就是从整体上衡量该点到其他所有点的接近程度，用接近中心性这个指标来判断本网络的整体中心性。接近中心性是通过点与其他点的距离来测量的，距离越大，表明接近性越小，则说明该点的网络整体中心性越小，反之，则越大。该网络的接近中心度为1.211，网络的整体中心度较低，说明在商标专用权质押贷款网络中质权人的中心性程度都比较低。

4.2.2.3　网络节点特征值分析

本小节主要通过网络中的加权度、中介中心性和特征向量中心性来分析该网络的节点特征值，根据 Gephi 软件得出相关指标的指数，并做出表4-8。

表4-8　商标权质押贷款网络相关指标

指标	最大值	最小值	平均值
加权度	27	1	1.23213
中介中心性	300	0	0.64254
特征向量中心性	1	0.00412	0.01263

加权度是指一个节点所连接的边的数量，从表4-8中可以看出，该网络的平均加权度为1.23213，说明每个节点的平均连线数为1.23213。加权度的平均值与其最小值相差不大，但是与最大值却相差较大，说明在整个网络中大部分都是一个节点只与一个节点有连接，而只有很少的节点会与多个节点有连接。也就是说在商标专用权质押贷款中一个出质人只与一个

质权人有合作的关系。

中介中心性测量的是某节点对其他节点的掌控情况，如果该节点与网络中的其他节点联系较多，那就说明该节点具有较高的中介中心性。从表4-8中可知，中介中心性的平均值只有0.64254，最小值为0，由于只有一个质权人可以与多个出质人相连接的情况，而没有一个出质人与多个质权人相连接的情况，所以，出质人的中介中心性为0。虽然中介中心性的最大值达到了300，但是网络的整体中介中心性还是比较低的。

特征向量中心性是指把与某个特定行动者相连接的其他行动者考虑进来然后度量该行动者的中心性的一个指标。从表4-8中所获取的数据可以看出，网络特征向量中心性的平均值为0.01263，虽然可以找到与某节点相连接的其他关联者，但是由于节点之间的连线太少，所以没有特征向量中心性的节点，也就是说在整个网络中与质权人相关联的其他质权人不存在特征向量中心性。

4.2.3 各年度商标权质押贷款网络特征分析

本节通过统计2014年和2015年这两年的商标权质押贷款数据，并运用Pajek软件根据统计出来的数据绘制出每年的网络结构图（如图4-19和图4-20所示）进而分析商标权质押贷款的一些特征。

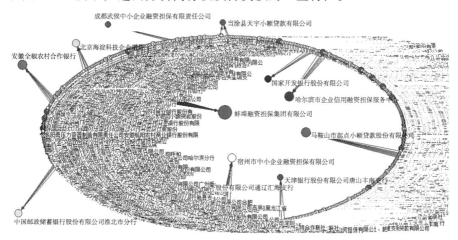

图4-19 2014年商标权质押贷款网络

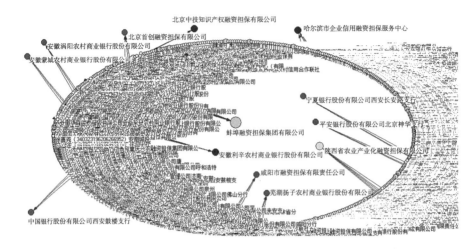

图 4-20 2015 年商标专用权质押贷款网络

运用 Gephi 软件对网络结构图的相关指标进行统计，整理得出 2014 年商标权质押贷款网络特征统计，如表 4-9 所示。

表 4-9 2014 年商标权质押贷款网络特征统计

指标	最大值	最小值	平均值
点度中心性	17	1	1.18
加权度	17	1	1.196
接近中心性	1.94118	1	1.18373
中介中心性	136	1	0.48795
特征向量中心性	1	0.00607	0.01879
网络密度	0.001		
网络直径	2		

从表 4-9 中可以看出，该网络的密度为 0.001，一个完备的网络图密度为 1，该网络不具有完备性，说明商标专用权质押贷款中出质人之间没有连接的关系，只是出质人和质权人会有连接的关系。而网络直径为 2，也就是说任意两个节点之间的最大距离为 2，说明该网络的稳定性还是很好的，如果出现网络故障时，能够很容易地找到出现故障的节点。该网络加权度的最大值为 17，说明在整个网络中质权人最多与 17 个出质人发生了合作关系，而平均值为 1.196，最小值为 1，说明大部分的质权人与出质

人之间都是一对一的合作关系。而其中心性的值都较小，特别是特征向量中心性的平均值只有 0.01879，说明该网络的中心性程度还是比较低的。即使有极少数的质权人可能会对整个网络之间的联系有一些交往方面的影响，但是影响程度并不是很大。

运用 Gephi 软件对网络结构图的相关指标进行统计，整理得出 2015 年商标权质押贷款网络特征统计，如表 4 - 10 所示。

表 4 - 10　2015 年商标专用权质押贷款网络特征统计

指标	最大值	最小值	平均值
点度中心性	10	1	1.136
加权度	10	1	1.144
接近中心性	2.4	1	1.14053
中介中心性	45	0	0.27273
特征向量中心性	1	0.01124	0.02683
网络密度	0.001		
网络直径	3		

从表 4 - 10 中可以看出，该网络的密度为 0.001，没有具备网络的完备性，说明商标专用权质押贷款中出质人之间没有连接的关系，只有出质人和质权人会有连接的关系。网络直径为 3，也就是说任意两个节点之间的最大距离为 3，说明该网络的稳定性还是很好的，虽然比 2014 年网络直径多出一个值，但是并不影响网络的稳定性。如果出现网络故障时，依然能够很容易地找到出现故障的节点。该网络加权度的最大值为 10，说明在整个网络中质权人最多与 10 个出质人发生了合作关系，而平均值为 1.144，最小值为 1，说明大部分的质权人与出质人之间都是一对一的合作关系，其中心性的平均值都较小，说明该网络的中心性程度比较低的。

从表 4 - 9 和表 4 - 10 中发现，2015 年比 2014 年整体中心值都较小，但是特征向量中心性比 2014 年的值要大，说明 2015 年与某质权人相关联的其他质权人的中心性要比 2014 年与某质权人相关联的其他质权人的中心性大。

4.2.4　各地区商标权质押贷款网络特征分析

本节选取了商标权质押贷款业务中出质人数量最多的前四个省份，分别是安徽、北京、广东、四川。根据各省份商标权质押贷款数据并运用Pajek 软件绘制各地区商标权质押贷款网络结构图，如图 4 −21 ~ 图4 −24所示。

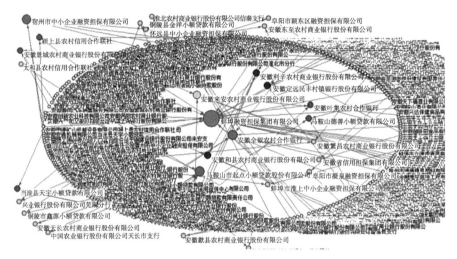

图 4 −21　安徽省商标权质押贷款网络

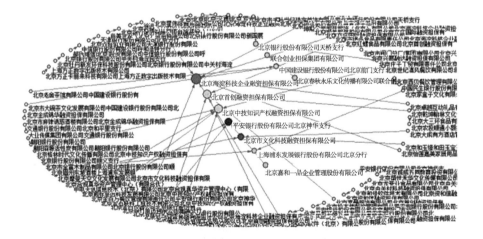

图 4 −22　北京市商标权质押贷款网络

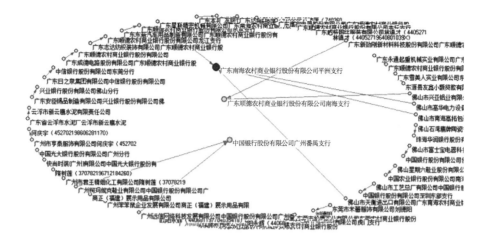

图4－23　广东省商标权质押贷款网络

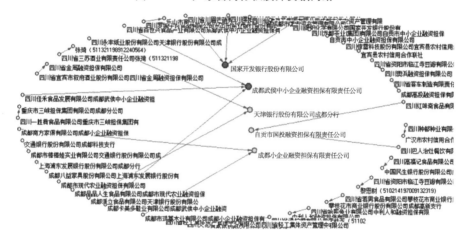

图4－24　四川省商标权质押贷款网络

根据图4－21～图4－24的相关数据，制成表4－11。

从表4－11中可以看出，商标权质押贷款最多的省份是安徽，节点数达到了178，其次是北京，节点数为61。在对这四个省份网络特征值的对比中发现网络的平均加权度、网络图密度和其特征向量中心性都存在一些不同。就其平均加权度来说，最大的是安徽，其次是北京，北京的网络直径和网络图密度都是安徽的2倍，但是其特征向量中心性和安徽的相差并不大。平均加权度较小的是广东和四川，而且两者之间的网络直径、网络

图密度和特征向量中心性都比较接近，说明这两个地区的商标权质押贷款中出质人与质权人之间的整体合作关系相似程度较大。这些地区的商标权质押贷款的数量之所以能够排到前几名，和政府出台的相关政策是分不开的，说明风险补偿、贴息等方面的政策支持还是很有成效的，所以对一些商标权质押贷款发展并不是很好的地区，政府应该给予一些相关的支持和赞助，从而促进商标权质押贷款的发展。

表4-11　各地区商标权质押贷款网络特征统计

地区	节点数	平均加权度	网络直径	网络图密度	特征向量中心性
安徽	178	0.668	2	0.003	0.01675
北京	61	0.639	4	0.006	0.01597
广东	33	0.548	2	0.009	0.01433
四川	32	0.579	2	0.010	0.01836

随着国家的重视，相关扶持政策的陆续出台，我国商标专用权质押贷款呈现出逐年稳步发展的上升趋势。

对于企业而言，融资困境是制约其发展的因素之一，这点在中小企业身上尤为突出。由于本身的缺陷，中小企业缺少以实物资产作为担保物或者有实力的担保人，进而导致其很难满足银行对风险控制的要求，无法顺利获取银行贷款。但伴随着知识经济的发展，知识产权逐渐发展，现已成为企业的一项优势，不仅可以为企业创造丰厚利润，还能通过抵押让企业获得银行贷款。

商标是知识产权的重要组成，在它转换为企业软实力的同时，也为企业开拓了一条新的融资渠道。积极开展商标专用权质押，既能够使中小企业融资难的问题得到缓解，又能积极地推动企业自主创新，还能推动企业知识产权向产业化、资本化转化。

本章小结

知识产权质押贷款有助于企业实现"知本"到"资本"的转变，本章基于网络可视化图形的视角，以专利权质押贷款和商标专用权质押贷款登记数据作为支撑，选取质权人和出质人作为研究对象，利用 Pajek、Gephi 软件绘制可视化图，并通过对网络结构中的相关指标：中介中心性、特征向量中心性和结构洞指标的分析得到网络结构的总特征、年度特征以及区域特征。

通过对专利权质押贷款现状的分析，可以得出以下相关结论：

①专利权质押贷款从整体上看形成一个较为复杂的网络体系，网络中节点较多，且节点之间的联系较弱，网络整体呈现小世界性。

②从网络中可以知道，质权人是整个网络的核心，质权人在网络中的中心性较强。各节点之间的相互联系较弱，质权人之间以及出质人之间缺乏联系，各质权人之间以及各出质人之间没有合作。

③从对各年度网络特征值的分析发现质权人和出质人的数量在逐年增加，但是各年的特征值存在一定的差异性。总体来说，随着年度节点的增加，网络的中心性被分散。质权人在专利权质押贷款中的主导作用在不断增加，越来越多的质权人节点成为网络的中心。

④从对区域网络特征的分析发现我国专利权质押贷款地区分布不均较明显，各地区网络特征较相似。浙江的网络特征与其他地区有所不同，主要是由于其质权人集中在一些银行、企业中。

通过对商标专用权质押贷款现状的分析，可以得出以下相关结论：

①根据商标专用权质押的主要分布区域可以看出，出质人和质权人的主要分布区域都是安徽、北京、广东、四川、福建、江苏、天津、深圳和浙江这九个地区，主要集中在南方，尤其安徽是商标专用权质押贷款业务分布最为广泛的地区，但是其他地区的商标专用权质押融资却显得很稀少。

②网络整体的无标度特征和小世界特征显示各节点之间的相互联系较弱，且呈现出一种分布不均的状态，这表明在商标专用权质押贷款中只有少量的质权人与其他很多的质押人有合作关系，而大量的质权人只与很少的甚至只与一个质押人有合作关系。说明在整个商标专用权质押中，大多数的质押人表现得并不是很活跃。

③从对各年度商标权质押贷款网络特征值的分析中可以得出，2014 年和 2015 年这两年的网络中心性都不是很强，质权人并不能对整个商标专用

权质押贷款的网络合作关系产生控制的影响。质权人之间以及出质人之间缺乏联系，质权人与出质人之间也没有过多的合作关系。

④从对各地区商标权质押贷款网络特征值的分析中可以得出，个别地区的网络特征值与其他地区有些相似，但是更多的地区还是存在一些差别的，比如说质权人与出质人之间的合作数量存在差距，这也就影响到了该质权人在整个商标专用权质押贷款网络中的中心位置。

第五章 基于案例分析的 专利权质押贷款业务特征

5.1 案例公司简介

中国专利权质押质权人主要有银行、担保公司、非银行金融机构、个人和其他类型（其他企业及机构），其中担保公司发挥着越来越重要的作用。截至 2019 年年底，北京市融资担保公司共有 62 家，如北京首创融资担保有限公司、北京中技知识产权融资担保有限公司等。根据国家知识产权局的 2008—2019 年度专利权质押融资数据，北京海淀科技企业融资担保有限公司专利权贷款业务量较大，因而本章选择该公司进行典型案例研究。

本章通过在"国家知识产权局官网中国专利公布公告"平台上查询原始数据，深入挖掘北京海淀科技企业融资担保有限公司专利权质押贷款业务的数据，对该公司的专利权质押贷款业务进行描述统计，总结出质人和质押专利的特征，希望通过个例的研究，寻求进一步完善我国专利权质押业务的路径，也为出质企业提供更好的贷款指引。

北京海淀科技企业融资担保有限公司（简称"海淀科技担保公司"）成立于 1999 年 12 月，是海科金集团的全资子公司，现有注册资本 10 亿元，是首批获得北京市金融监督管理局五年期《融资性担保机构经营许可证》的 55 家担保机构之一，也是中关村科技园区管委会认可的、具有中关村园区专项融资补贴申领代办资格的四家合作担保机构之一，在信贷市场的评级为 AA。截至目前，海淀科技担保公司已与近 30 家银行、20 余家

中介机构签订了合作协议，获得银行授信超过 140 亿元，在北京市树立起了"海淀科技担保"的品牌形象。为充分利用海淀科技担保公司和海科金集团的资源优势，推动科技金融创新，协助政府引导资金撬动社会资源，拓展中小微企业融资渠道，海淀科技担保公司凭借其专业的管理优势，受海淀园管委会委托管理 1 亿元的科技企业担保扶持基金。

该公司产品主要针对北京市中小微企业提供融资性担保服务，适用于在北京市注册的企业（含企业股东），以及在北京地区经营的个体经营者。业务办理要求担保申请人（或其经营实体的）经营年限在一年以上；担保申请人资格真实、合法，无重大不良信用记录，无重大涉诉案件；有明确的借款用途和还款来源；能提供满足要求的反担保，担保费率为 1.5% ~ 2.5%/年，业务流程主要包括以下环节：与担保申请人接洽→资料收集→现场调研→报告撰写→评审会审批→出具担保函→合同签署→落实反担保→通知银行放款。

该公司近五年里专利权质押贷款业务数量较大，本章从国家知识产权局中国专利公布公告网站上手工收集该公司的专利质押数据，截至 2019 年 3 月 15 日公布的数据显示，该公司专利权质押数据共有 747 条，通过将 747 条专利数据进行整理，删除相同过时数据，保留最新数据，最终筛选获得 226 条有效数据。

5.2 专利权质押贷款出质人特征

5.2.1 出质人产业特征

通过在高新技术企业认定工作网查询企业的产业特征，结合中国专利公布公告质押信息显示，截至 2019 年 3 月 15 日的统计数据表明，在 101 个出质人当中，高新技术企业有北京亚洲卫星通信技术有限公司等 82 家企业，占总数的 81.19%，而非高新技术企业有北京安德固脚手架工程有限公司等 19 家企业，仅占总数的 18.81%，如图 5-1 所示。

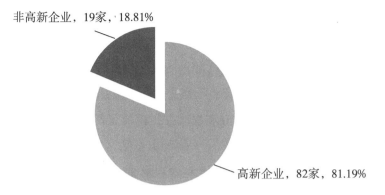

图5－1　出质人产业特征比例

北京海淀科技融资担保有限公司的出质人中，大部分企业被认定为高新技术企业。诚然，是否是高新技术企业并非鉴定企业专利数量多少，科研能力强弱的唯一标准，但是，能够获得该评级的一定在高新技术方面具有较为突出的优势，对于观察出质人的特征和公司选择出质人而言，还是具有重要的参考意义。

国内经济下行压力加大，消费增速减慢，有效投资增长乏力，使得许多公司资金短缺，其中不乏许多高新技术产业领域的公司，而这些公司一般手中都掌握着数量较多的专利权，通过质押专利获取资金也许就成了它们无奈的选择，但也为它们提供了一笔可观的资金，帮助它们渡过难关。由于近几年我国融资担保业务的不断成熟，金融监管更加健全，融资担保公司在政府和市场的引导下，也在放低借款要求，拓宽融资担保业务，使一些高新技术企业愿意将自身的专利权质押给融资担保公司。基于以上两点，使得出质人主要集中于高新技术产业。

5.2.2　出质人税务评级特征

纳税信用等级是指税务机关根据纳税人履行纳税义务情况，就纳税人在一定周期内的纳税信用所评定的级别，现在共有 A、B、M、C、D 五级。税务评级共有五大类指标，分别为税务登记情况、纳税申报情况、账簿、凭证管理情况、税款缴纳情况、违反税收法律、行政法规行为处理情况五类。通过查看公司的纳税信用等级，可以更好地看出该公司的信用情况、企业的社会形象，也可从侧面反映公司的经营情况，该指标一定程度上可观察在专利权质押担保中，担保公司的客户情况。

通过企业查询平台依次查询这些出质人的税务评级，结合中国专利公布公告网的数据，截至 2019 年 3 月 15 日更新数据显示，曾与北京海淀科技企业融资担保有限公司有过专利权质押担保协议的 101 个出质人中，具有税务评级的有北京绿伞化学股份有限公司等 73 家公司，而其余的如北京百利时能源技术股份有限公司等 28 家公司没有或者未披露公司的税务评级，两者之间的比例如图 5-2 所示。

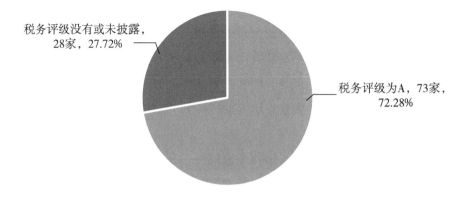

图 5-2　出质人税务评级分类

如图 5-2 所示，通过北京海淀科技企业融资担保有限公司选择出质人而言，72.28% 的出质人均在过去的纳税信用等级评级中取得 A 级，其中不乏三连 A 级的公司，其余 27.72% 的公司均未有纳税信用评级数据。可见，纳税信用评级无论影响大小都在正面或是侧面反映出质人的企业实力和企业信用，北京海淀科技企业融资担保有限公司选择这些社会信誉良好的公司，也为自身降低了担保风险。

5.2.3　出质人拥有专利数量特征

出质人拥有的专利数量是评价一个出质人经营水平和经济实力的重要指标，一般而言，融资担保公司会选择那些专利权数量较多，专利价值较大，能够为企业创造较大收益的专利，这样对融资担保公司而言，就降低了融资担保的风险；而对于出质人而言，其拥有的专利数量越多，选择的空间越大，选择的余地越多，专利数量越多，能够质押的专利数量越多，最终能够获得的贷款数额越大。

根据 2019 年 3 月 15 日中国国家知识产权局公布的专利信息显示，101 家出质人公司共有 226 个专利，其中，拥有专利数量最多的是北京中科同志科技股份有限公司，拥有 58 个专利；有 19 家公司仅拥有一个专利。

根据图 5 - 3 的信息，一共 226 个专利，其中拥有 0 ~ 5 个专利的企业占不到总数的 50% ，其中只有 19 个公司拥有 1 个专利，剩余的大约 100 个公司均有 2 个以上的专利。因而，公司拥有专利数量的多少是一个公司的软实力表现，是评价一个公司的重要指标，对于北京海淀科技企业融资担保有限公司而言，其对出质人的审核、评价还是较为谨慎和严苛的。

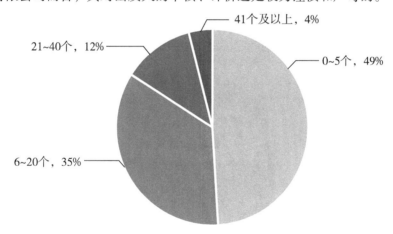

图 5 - 3　出质人拥有专利数量分类

5.2.4　出质人成立时长特征

北京海淀科技企业融资担保有限公司自 2014 年来专利权质押出质人数量增多，其中不乏大型企业，但也有一些中小企业。为了能够具体地展现该公司的出质人特征，本节根据出质人公司的成立时间和公司注册资本两个主要数据作为描述出质人规模及特征的数据。通过公司成立时间可以判断出质人经营时长，而根据出质人注册资本可以判断出质人公司规模，对

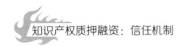

比对出质人特征具有较大的意义。

公司成立时间较早，并且至今依旧是开业状态，证明公司实力较强，在这么多年中，面对几次的金融危机，面对国家经济的下行压力，依旧能够存活并且盈利，从初创走到成熟，这对于融资担保方而言，这样的客户，是非常理想的，因为它们具有较好的信誉、较强的实力，在还款和给付利息时一般不会存在拖欠扯皮的情况，截至 2019 年 3 月 15 日数据显示，公司共有出质企业 101 个。其中成立时长在 20 年以上的共有 16 家，北京亚洲卫星通信技术有限公司成立于 1989 年，是中国科学院直属企业，注册资本为 1 亿元，是出质人中成立最早的公司；成立时长在 10～20 年的企业有 64 家，这个区间成立的企业是本节研究对象的主要出质群体；而成立时长在 10 年以内的有 21 家企业，成立时长最短的是北京华力必维文化服务有限公司和北京进化者机器人科技有限公司两家公司，均成立于 2015 年，是所有出质人中成立时长最短的两家公司。如图 5 - 4 所示。

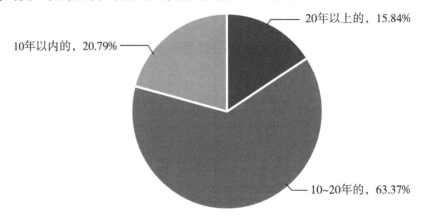

图 5 - 4　出质企业成立时长分布

从图 5 - 4 可以看出，出质人成立时间大部分集中在 1999—2009 年，这类公司占总量的 63.37%，此类公司对资金的需求程度高，而成立也有一定时间，公司有一定的业务基础和经验累积，此类出质人更容易与担保公司在专利权质押贷款上达成一致，互相信任。2009 后成立的公司的占比约为 20.79%，成立时间最晚的出质企业在 2015 年，但也有大约 3 年的发展历程。

5.2.5　出质人注册资本特征

注册资本，是指合营企业在登记管理机构登记的资本总额，是合营各方已经缴纳的或合营者承诺一定要缴纳的出资额的总和。对于注册资本的统计，可以较为准确地定义公司规模。

根据统计结果，截至 2019 年 3 月 15 日更新数据显示，注册资本在10000 万元人民币以上的公司有 21 个，其中，北京奥瑞安能源技术开发有限公司共有注册资本 30000 万元，是所有出质人中注册资本最高的公司；注册资本在 5000 万元以上～10000 万元人民币的出质企业共有 18 个；注册资本在 1000 万元～5000 万元人民币的出质企业共有 58 个，这个注册资本区间的企业是本节研究对象的主要出质群体；而注册资本在 1000 万元以下的出质企业有 4 个，其中，北京绿源国瑞科技股份有限公司共有注册资本 625 万元人民币，是所有出质企业中注册资本最少的一家公司，如图 5 - 5 所示。

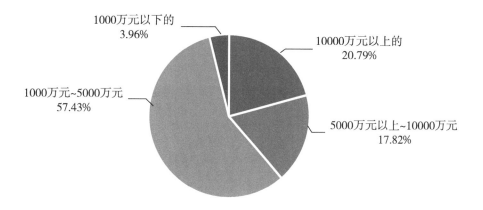

图 5 - 5　出质企业注册资本分布

如图 5 - 5 所示，通过出质人注册资本来看，可以发现出质人的注册资本主要集中在 1000 万元～5000 万元人民币区间内，这类出质人约占公司出质人总数的 57.43%，这些公司拥有较强的资本实力，更容易与担保公司达成专利权质押贷款协议；而注册资本低于 1000 万元的数量最少，仅占约3.96%。由此看来，北京海淀科技企业融资担保有限公司对风险的态度还

是比较谨慎，该公司的风险控制较为严格，对于注册资本较少的企业，能够达成专利权质押贷款业务的数量占总量的比例微乎其微。

5.3 北京海淀科技企业融资担保有限公司出质专利权特征

5.3.1 出质专利权类型特征

根据 2008 年修改后的《中华人民共和国专利法》第一章总则第二条之规定，将专利分为发明、实用新型、外观设计三类，本节根据该分类标准对北京海淀科技企业融资担保有限公司质押的三类专利进行分类归纳和整理，根据国家知识产权局官网中国专利公布公告，截至 2019 年 3 月 15 日更新数据显示，北京海淀科技企业融资担保有限公司作为质权人质押贷款专利数量（包括已解除和未解除）共 226 个，出质次数高达 401 次，根据分类，其中发明类专利共计出质人 73 个，质押专利个数 140 个，为三类中数量最多的一类；实用新型类专利出质人 26 个，质押专利个数 76 个；而外观设计类专利出质人最少，只有 5 个，质押专利个数 10 个，如图5-6所示。

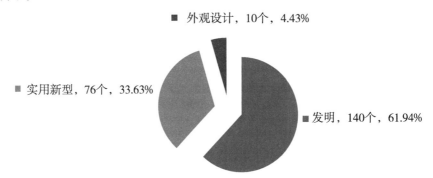

图5-6 公司质押的各类专利数量与比例

由该公司质押业务的种类不难看出，该公司的客户，以发明专利居多，而外观设计专利类质押较少。根据我国国家知识产权局公布的 2017 年统计报告，如表5-1所示。

表5-1 全国专利数量 （个）

项目	发明		实用新型		外观设计		合计	
	数量	占比	数量	占比	数量	占比	数量	占比
申请量	1245709	35.2%	1679807	47.5%	610817	17.3%	3536333	100.0%
授权量	326970	19.0%	967416	56.2%	426442	24.8%	1720828	100.0%
有效量	1413911	22.4%	3563389	56.3%	1346915	21.3%	6324215	100.0%

根据数据分析各类专利占总数的比例如图5-7所示。

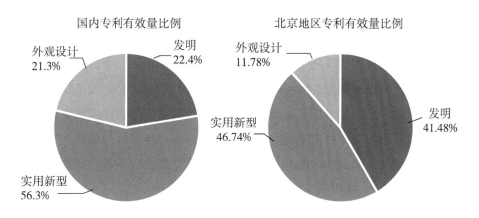

图5-7 我国专利有效量比例与北京地区专利有效量比例

有效量是指报告期末处于专利权维持状态的案卷数量。统计范围为：发明、实用新型、外观设计。与申请量和授权量不同，有效量是存量数据而非流量数据。

根据报告显示，2017年我国共有专利6324215件，其中发明专利有效量为1413911个占总量的22.4%，实用新型类专利3563389个占总量的56.3%，外观设计类有效量为1346915个占总量的21.3%。两者比较发现，该公司的质权人专利权质押数量分类与全国总量在总百分比上的差异较大，主要是公司质押的专利中，发明专利占比较高，而在全国专利数量上，发明专利比重却并不突出。其实，影响该方面的原因众多。

本节认为主要是两个方面，第一，虽然国内专利数量呈现实用新型类专利数量远大于其他两类，但是，根据国家知识产权局 2017 年专利统计报告数据显示，就北京地区专利有效量为：发明类专利 205320 个，实用新型类专利 231317 个，外观设计 58304 个，发明类专利占比 41% 。而该公司主要的服务对象也以北京企业为主。因而，基本吻合该公司质押专利数据结构。第二，公司质押的专利中，发明专利占比较高，反映了专利质押过程中金融机构对各类专利偏爱程度，比如发明类专利的经济价值较、保护有效期较长等。

5.3.2 出质专利权质押次数特征

北京海淀科技企业融资担保有限公司的出质人中，有许多的老客户，他们将专利权质押给该公司进行贷款，并且基本上定期一年，一年之后解除协议，然后重新制定一年期的质押担保协议，通过这种办法，使得这些公司可以将自己闲置的专利权质押给质权人，而自己则获得实实在在的资金注入，这不失为一种获得资金的办法，这些客户与该公司达成一定的共识，相互信任。而同样，也有一些客户，质押次数较少，时长较短，具体数据统计如图 5 - 8 所示。

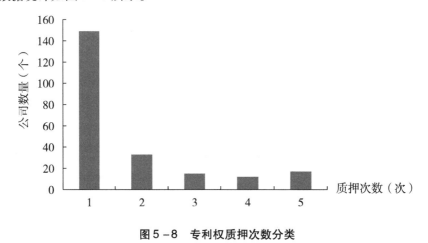

图 5 - 8 专利权质押次数分类

由图 5 - 8 统计数据可以看出，在公司专利权质押次数上，大部分的专利仅质押了 1 次，这些专利或者质押时间较长，或者为最近两年质押，是公司的新质押业务的体现。质押次数在 2 ~ 4 次的专利，基本上每次质押时长为一年左右，专利反复质押，以充分发挥专利的质押价值。

5.3.3　出质专利权剩余时长特征

根据《专利法》的规定，发明保护期是 20 年，实用新型和外观设计的保护期是 10 年，均不可延展，所以所剩保护期的长短对专利权价值评估至关重要。一般而言，剩余保护期越长，价值评估越高；剩余的保护期越短，价值评估越低。

专利权剩余时长是影响出质人企业专利出质借款额度的重要因素，本节详细整理了北京海淀科技企业融资担保有限公司质押专利的剩余时长，透过专利的剩余时长判断专利价值，研究公司专利权质押贷款业务和公司对专利权价值的认可程度的变化。

为方便统计，使得统计结果清晰，本次统计将各个专利按照专利类别分类统计。首先，发明专利中，截至 2019 年 3 月 15 日，共有 140 个专利。由于发明专利有效时长为 20 年，经过统计，剩余时长最短的专利是"耳前声波记录生成空间声信号的方法"，其出质人是北京宇航世纪超导技术有限公司、北京美尔斯通科技发展股份有限公司，该专利剩余时长仅为一年，而剩余时间最长的是"除尘除雾装置及其应用方法"和"一种恒温出水的光燃系统"，其出质人分别为天普新能源科技有限公司及北京天普太阳能工业有限公司和北京中能诺泰节能环保技术有限责任公司，其专利剩余时长均为 17 年。而大部分专利剩余时长主要集中在 10 ~ 13 年，这些专利剩余时间较长，对估值影响较大，如图 5 - 9 所示。

其次，实用新型类专利中，截至 2019 年 3 月 15 日，共有 76 个专利。由于实用新型专利有效时长为 10 年，经过统计，剩余时长最短的专利有 10 个，在最后一次出质时专利剩余时长仅有 1 年，其中，北京宇航世纪超导技术有限公司有 7 个专利，其中 3 个质押次数为 1 次，时长为 1 年；德威华泰（北京）科技有限公司有 2 个专利，质押次数为 2 次，每次质押时长为 1 年，总计 2 年。而剩余时间最长的有 3 个专利，均还有 9 年期限，如图 5 - 10 所示。

根据统计数据观察，出质人出质的实用新型类专利，有 22 个专利剩余

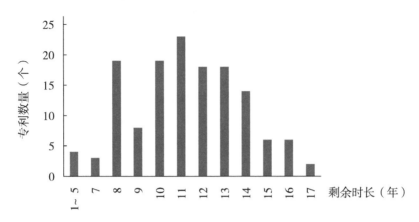

图 5 - 9　发明类专利剩余时长统计

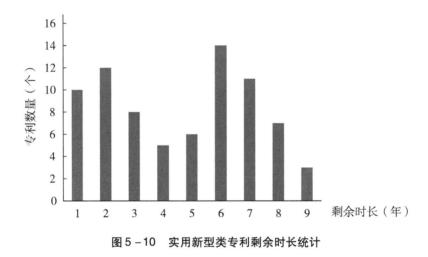

图 5 - 10　实用新型类专利剩余时长统计

时间较短，仅剩余 1~2 年的有效时长，占实用新型专利总数的 28.9%，这些专利在即将到期时用于专利权质押贷款业务，充分利用了专利的剩余价值。而有剩余时长在 5 年以上的（包括 5 年的），有 41 个专利，占实用新型专利总数的 54%。

最后，外观设计类专利中，截至 2019 年 3 月 15 日，共有 10 个专利，其专利的有效期为是 10 年。其中剩余时长最短的还有 3 年，而剩余时长最长的还有 8 年，具体分布如图 5 - 11 所示。

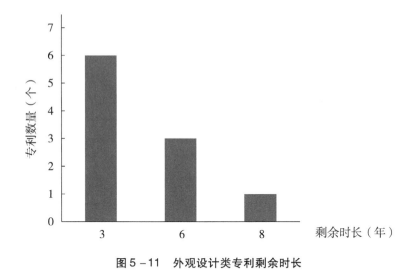

图 5 – 11 外观设计类专利剩余时长

通过图 5 – 9 ~ 图 5 – 11 这三类出质专利权剩余时长显示可以看出，发明专利由于具有有效时间长的特点，出质数量最多。而三类均有的特征就是所有的出质专利权质押时长均较长，剩余时长较短的专利出质，其出质人大部分为规模较大的企业。

5.3.4 打包出质专利权特征

根据统计结果显示，公司 226 个质押专利中，有 64 个专利为单独出质，而其余的专利均为打包出质。

打包出质专利是指出质人通过将自己拥有的数个专利同时一起出质给质权人，通过这种方式，出质人可以获得更多的质押贷款，更长的出质时间，更为稳定的出质人与质权人关系。因此，一些企业会将自己拥有的几个专利打包出质给质权人，以此获得更大的利益。

通过大量的数据收集，截至 2019 年 3 月 15 日数据显示，打包出质的专利数量共有 162 个，占比约为 71.68%，打包出质的出质人公司共有 42 个，约占出质人总数的 40.39%，其中打包出质数量最多的是北京宇航世纪超导技术有限公司及其子公司，分五次出质共 30 个专利，如图 5 – 12 所示。

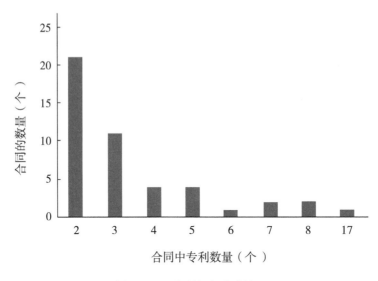

图 5－12　专利打包出质情况

图 5－12 中横轴为每个合同中包含专利权的个数，纵轴为合同的数量。根据图 5－12 可以得到以下结论：合同中包含的专利权数量主要为 2～3 个，大部分专利权出质人会将两个专利进行打包出质，有部分出质人能够将多个专利权打包出质。

本章小结

通过对北京海淀科技企业融资担保有限公司专利权质押业务的分析，可以看出，近几年，由于内部和外部的种种原因，公司的专利权质押业务数量逐年增长逐渐跃居成为该行业的翘楚。

从出质人行业类型、出质人税务评级、出质人公司特征、出质人拥有的专利数量四个方面来分析出质人的特征，通过 K－means 分析公司成立时长和注册资本的关系和分布情况。通过以上归纳整理和分析看出，公司的出质人基本上成立时间较长，各方面评级较高，注册资本较高。以出质专利为主题来看，主要从出质专利权类型、出质专利权质押次数、出质人专利权剩余时长、出质人打包出质专利统计归类四个方面归纳整理，发现专利权主要是发明专利和实用新型专利，这两类居多，出质的专利中多数剩余时间较长，价值较高。通过对公司专利权质押业务中出质人和质押物特征的分析，可以看出，公司虽然在努力扩大专利权质押的范围，降低专利权质押的门槛，让更多的中小企业能够拥有专利权融资的机会。但是，依旧可以看到，公司对于出质人和质押物有较为严格的选择和控制，这也是公司为了降低融资担保风险的必要手段。

本章通过对北京海淀科技企业融资担保有限公司专利权质押贷款业务的研究，分析影响专利权质押贷款业务的微观因素的特征：出质人和出质专利权。

从出质人这个角度来看，第一，出质人必须有良好的社会信用，积极承担社会责任，严守法律法规，履行企业义务；第二，专利权质押贷款需要出质人具有较强的创新能力，拥有较多的专利技术，以科技创新为核心竞争力；第三，高新技术产业认证的获取对于企业开展专利权质押贷款具有很大的帮助；第四，也是最重要的一点，企业需要有较强的经济实力，企业的注册资本越多，公司的资本实力越强，越容易获得专利权质押贷款；同时，出质人需要具有较为长久的经营历史，有一定的市场基础。出质人具有以上特征，就能轻易地申请到专利权质押贷款。

从出质专利权角度来看，第一，出质专利主要是以发明类专利居多，因为发明类专利有效期长，实用性强，能够获得较高的估价，尽管发明专利在北京地区的数量与实用新型专利相差不大，但是由于专利的固有特征，使得发明类专利更受质权人的喜爱；第二，质权人会重复质押同一专利权，获得专利权的最大质押价值；第三，专利权的剩余时长是专利估值的重要因素，大部分的出质专利权剩余有效期较长；第四，大部分企业会选择将几个专利打包同时出质，既方便又可将获得的利益最大化。

第三篇

计算性视角知识产权
质押融资信任机制

第六章　知识产权质押融资信任机制

6.1　信任机制概述

组织间信任的完整描述往往包含基于计算和基于关系两种类型的信任维度，它们具有不同的理论假设和决策规则。计算性信任假定行动者是"有限理性"和"机会主义"的，其核心逻辑建立在对结构良好的奖励与惩罚机制的理性评估之上，是指在不进行欺诈的前提下给予奖励性的激励。依此逻辑，计算性信任遵循前瞻性决策规则，即焦点组织在深思熟虑地权衡利弊或精确算计的基础上对每一次交易是否值得合作进行持续性评估。信任中双方都是精明的计算者，通过权衡自己的成本—收益来选择是否信任对方。一旦一方违约，可以动用停止合作的私人性惩罚、降低其声誉的社会性惩罚和规章明细的制度性惩罚等方式，对违约者进行惩罚。换言之，组织间信任中的计算性成分反映了焦点组织对交易伙伴行为的可靠性和可预测性的积极预期，即焦点组织相信背信弃义的高成本惩罚将会超过采取机会主义行为带来的收益。当组织间的计算性信任水平较高时，交易双方相信合作与绩效目标将会实现，因为由机会主义行为造成的交易失败会导致高成本的惩罚，包括长期潜在利益的损失与交易关系的终止，甚至业界声誉以及关系性资产等"抵押品"的没收。因此，在组织间长期的频繁交易中，计算性信任减少了机会主义行为，规范了交易流程，促成并保证了合作的顺利进行。

信任机制是建立、维持信任的根本与保障。因此，将此概念延伸至知识产权质押贷款中，本章认为知识产权质押贷款信任机制就是指在知识产

权质押贷款参与各方之间构成影响相互信任关系的约束与管理机制，是保证信任实现并存续的方法。

6.1.1 基于制度约束的信任机制

基于制度的信任是依据组织、中介机构及法规等非个人性质的社会规章制度作为保障而形成的信任。Zucker（1986）❶ 认为，建构信任的社会制度分两类：第一类用来确认社会成员的身份和能力，是对具有特定特征或能力的个人或组织的期望；第二类用以确保个人或组织行为符合期望的中介机制。制度信任是社会成员对他人会遵守制度规定的期待，并且制度信任来自于公众对制度规范普遍约束力的认同，也是对制度规范强制性的服从。Luhmann（1979）❷ 所定义的制度，在更复杂的社会中作为信任的基础条件或为信任产生提供支持，认为制度是信任的来源。他指出法律机构在受信人行为不可信的情况下发挥重要作用，从而可以支持人际信任关系。在不指定相关机制的情况下，制度信任被视为信任特定人和群体的基础。

制度信任是一种保障，由于在交往过程中的多环节，长时间很多情况下也不会是面对面的交往，大多数的人也无法从过去的交往经历中来衡量合作者的信用度，只能用一种契约和法律的手段来保障合约的进行，规章制度的制定能够使合作的进行更为规范，也为相互之间的合作带来更为规范的操作，人们不仅能够以此来衡量自己的行为同时也能够预测他人的行为以实现和他人的互动。如果同在一个制度下的群体能够以制度来规范自己的行为便能吸引制度外的陌生组织和人员参与其中，在制度信任的基础上可以减少社会行为中的不确定性，也增强了其他个体行动的预测性，使信任的风险降低扩大社会的普遍信任，以一种强制性的手段达到信任。制度背景下的信任，意味着交易的一方对其他方可能采取的行为策略是可预

❶ Zucker L. Production of trust：Institutional of the Economic Structure 1840 – 1920 [J]. Research in Organizational Behavior, 1986, 8（1）：53 – 111.

❷ Luhmann N. Trust and Power ［M］. Chichester：John Wiley & Sons Ltd., 1979：48 – 60.

期的或可信的，是施信者对情境安全性的信念。

制度通过两种方式来促进信任的形成和深化：一是在制度规定和法律框架下，人们行为受到约束，这需要人们将制度内化，并相信他人也会像自己一样严格遵守制度要求，从而人们的行动就会被限定在一定范围内，使对方行动具有可预测性，机会主义行为也会大大减少。即将制度作为信任他人、组织的基础、桥梁和保障，从而扩大信任的范围和对象。二是制度信任通过契约规定双方的权利和义务，对未能守信且未按照规章制度去做的给予惩罚措施，驱使人们做出维持信任的行为选择。这种即是通过制度对社会行为的约束、惩罚建立和维持的制度信任。

Zucker（1986）❶ 认为制度的信任有两种：一种是来自第三方的认证，例如许可证、执照、法律和法规等；另一种是有第三方保存的带有条件的契约，这样用来保障获得期望的结果。McKnight（1998）❷等提出了情境规范和结构保证。情境规范指由于情境正常、形势稳定、互动顺利，交易者相信交易会成功的信念。结构保证指特定交易环境下，因为结构清晰交易者相信合同协议、规则程序、担保书等诸如此类东西的存在，能保障交易成功的信念。巴赫曼和林肯探索了诸如制度等宏观因素是如何影响人际信任的，他们提出了法律法规（legal regulation）、声誉（reputation）和资质（certification）、社区规范（community norms）、结构和流程（structures and procedures）四种机制，通过这些机制，机构可以降低因信任而带来的风险，并促进组织间信任关系的建立（Bachmann and Inkpen，2011）❸。

6.1.2 基于信誉约束的信任机制

制度约束只能算是硬性约束。要想使信贷交易双方的信任关系能长期

---

❶ Zucker L. Production of trust：Institutional of the Economic Structure 1840 – 1920 [J]. Research in Organizational Behavior，1986，8（1）：53 –111.

❷ Mcknight D H，Cummings L L，Chervany N L. Initial Trust Formation in New Organizational Relationships [J]. Academy of Management Review，1998，23（3）：473 –490.

❸ Reinhard Bachmann. Understanding Institutional – Based Trust Building Processes in Inter – Organizational Relationships [J]. Organization Studies，2011，32（2）：281 –301.

维持，还需要软性约束——声誉约束。声誉约束能够弥补制度约束的缺陷，更深一步的降低借款者的违约风险，更好地维持信贷交易双方的信任关系。基于过程的信任是在过去交往经验的基础上来判断对方是否值得信任（Zucker，1986）❶。在信任发展的相关研究中发现，双方历史交往经验强烈影响个体对被信任方可信度的认知和采取信任行为的意愿（Dcutsch，1958）❷。相互作用的历史给决策者提供了评价对方性情、意图和动机等有用信息，个体会利用这些信息预测他人将来的行为，随即做出相应的信任决策。

由于过去经验中形成的声誉、品牌等因素反映了过去互动交往的反馈积累是促进或阻止进一步信任的形成，也是通过相互之间信息的传递和反复博弈获得的，往往通过外部的信息来建立，相对而言是一个理性认知的过程。企业声誉是一种无形的资产，这种无形的资产可以看成是借款者在贷款机构的抵押。因为如果借款者只要违约，那么借款者失去的不仅仅是保证金，而是自己的声誉，这对借款者来说是不能衡量的损失。所以说声誉提高了借款者在贷款机构的可信任度。在信贷交易过程中，声誉还能起到有效地传递信息的作用，一个好的声誉能让借款者获得更多的贷款，而不好的声誉将会使借款者失去以后借款的机会，是对借款者的不诚信给予的惩罚措施。建立良好的声誉是一项艰巨而长期的任务，需要在多次的交易中慢慢培养，但是要破坏它是一件很容易的事情。所以说，借款者只有在今后不断地保持诚信，才能维持自己辛苦建立起来的良好声誉，才能将这良好声誉转化成今后的利润。所以说，声誉是制度保障的一种软约束，能很好地约束借贷双方的行为，从而长期维持信贷交易双方的信任关系。

Ali 和 Birley（1998）❸ 提出双方来自交换的信任不是一下能够形成的，

---

❶ Zucker L. Production of trust：Institutional of the Economic Structure 1840 – 1920 [J]. Research in Organizational Behavior，1986，8（1）：53 – 111.

❷ Deutsch M. Trust and Suspicion [J]. Journal of Conflict Resolution，1958（2）：265 – 279.

❸ Ali H，Birley S . The Role of Trust in the Marketing Activities of Entrepreneurs Establishing New Ventures [J]. Journal of Marketing Management，1998，14（7）：749 – 763.

是在双方相互的交往过程中不断获得信息点滴积累形成的，是属于一种理性的认知的行为过程。将信任作为一个过程进行研究，是通过外部的信息来建立的（Mcknight，1998）❶ 而有用的知识和合理的理由是信任建立的基础。过程形成机制认为，行为的连接性决定了从前的行为对现在和以后的行为有着重要和深远的影响。信任不是静态的，而是双方由于互动与交往而慢慢形成，在交往关系形成的早期双方由于交往少信息的来往也少，所以双方的信任也比较低，但是随着双方关系的逐渐深入，信息的往来也慢慢增多，信任也随之增加或降低。

但是，简单的建立在相互信任基础上的信任关系毕竟是不牢靠的，所以说，这就需要交易双方的精心呵护，尤其在交易双方刚刚建立信任关系的时候，交易双方要充分表现出自己对对方的信任从而让对方充分了解自己的可信度，不断地培养和加强相互之间的信任。为了实现这个目标，交易双方必须在每次交易中，通过正式或非正式的交流提高双方的信息的透明度，这样做有两个目的：第一，交易双方都可以掌握对方各项策略行为的进度，并能通过了解到的对方的行为和能力来确定自己在交易双方中的地位和作用；第二，通过这些可以更好地理解对方的行为和策略，这样就可以很友好地处理知识产权质押融资交易双方不一致行为问题，防止这些不一致给交易双方带来不必要的麻烦和更深的误解。只要交易双方能不断地关注信任关系的改进和持久，必然会使交易双方的信任关系随着交易的不断进行而变得越来越牢固，双方之间的信任度也会越来越高。

人们在交易之前往往都会根据已有信息评价该次交易活动是否可靠，并且依据评价结果决定能否进行本次交易，而信任机制是指在交易中通过增加违约成本或减少损失等方式，维护和增强交易双方信任的措施。以往学者在建立信任机制时主要是通过交易全程的监督、完善法律法规、罚款

---

❶ Mcknight D H, Cummings L L, Chervany N L. Initial Trust Formation in New Organizational Relationships［J］. Academy of Management Review, 1998, 23（3）: 473 - 490.

以及建立长期合作等措施来约束交易双方的行为，减少违约现象；通过建设信息公示机制，减少信息不对称问题来激励交易双方的信任合作。

6.2 知识产权质押贷款信任机制设计

知识产权质押贷款现存的问题主要体现在知识产权价值不稳定、效力不确定、变现难，知识产权价值难评估、银行风险与收益不成正比，知识产权质押融资评估信息披露不足等几个方面，而究其根本主要为两点，即企业的违约成本低以及银企之间信息不对称。长期的合作本身就是一种保障机制。随着交易双方交易的不断实施，双方根据对方在每次交易中所表现出来的行为和自己预期相比较，从而会不断增加对对方的信任，不断地稳固交易双方建立的信任关系。知识产权质押融资交易双方长期扎实的相互关系往往会更深一步转化为相互间的信任和依赖。并且，一旦知识产权质押融资交易双方之间的关系得到进一步发展并使双方得到更多的利益，那么交易双方之间的信任关系也将得到更深层次的巩固。为促进银企的信任合作关系，在实际应用中，本章认为可以从以下两个方面构建知识产权质押贷款信任机制。

6.2.1 建立规范的知识产权质押融资约束机制

宏观层面上，政府可制定相应的法律、法规，强化市场监管，一旦发现有不良信用记录的企业，及时进行惩戒，使知识产权融资双方处于较完善的对等监督机制的约束之中。这些正式制度（包括法律、法规）的强制性作用在于改变博弈的预期收益，从而形成稳定的纳什合作均衡解。中观层面上，引入中介机构在知识产权质押贷款中为企业提供担保，并按照一定比例向企业收取一定数额的保证金。若企业按时还款则退还保证金，若企业违约则没收保证金。中介机构在双方的博弈中起到了重要的协调作用，一方面中介机构向银行提供担保，这使银行的利益得到了保障，另一方面向贷款企业收取保证金使企业的违约成本增加、不还款的期望支付减少。相关研究发现，保证金的数额越高，对企业行为的约束就越强，企业选择不还款的动机就越小。在实际应用中，美国采取保证资产收购价格机制——CAPP 模式来降低知识产权质押贷款中银行风险。该机制的运作模式为建立知识产权分析和评估机构，并与银行共同估计知识产权价格，如果企业无法还款，那么该机构就按照预先估计的价格收购该知识产权，在贷款开始之前，收取企业 8% 的融资金额作为保证金，贷款过程中机构对知识产权进行监督和保护，并收取 1% ~5% 的服务费，这一模式能够降低银行的风险，加强银企的信任合作关系。日本采取信用担保协会模式，企业向信用保证协会请求担保，然后由该协会向银行缴纳保证金，最后银行发放贷款。CAPP 模式增加了企业违约成本，减少了银行的贷款风险，保障了双方的信任合作关系（马骉，2018）❶。

微观层面上，合同是信贷借贷双方信任关系的主要保障，通过制定保护合同来遏制机会主义行为，也就是说合同上可以规定对那些到时违约欺骗行为进行额外的惩罚，这样可以使交易双方清楚地认识到违约欺骗所带来的后果，根除投机心理。一方面可以通过制定动态合同来约束借贷双方。动态合同就是通过每次交易的完成，看情况修改或重新制定合同，这样动态合同就能最大限度地保持小额信贷交易双方信任关系的稳定性和持久性。通过动态合同的制定，借贷双方都不能钻合同的漏洞。即使这次交易可能因为合同不完善而使某方获超额收益，那么下次就会通过动态合同来限制这种行为的发生。另一方面合同约定企业到期不还本付息，就会受到来自金融机构的惩罚，例如拍卖质押品、没收保证金、下次贷款的门槛提高、需要缴纳更高的备用金等。从而提升企业的违约成本，增加金融机构的收益。银行采取有形资产加知识产权联合贷款方式向企业提供贷款。知识产权质押贷款是指债务人向债权人或者第三人转移知识产权的所有权，从而取得贷款的一种贷款融资方式。另外还可以将对有形资产抵押的要求加入知识产权质押的贷款合同当中，一方面可以增加企业不还款时候的违约成本，减少违约收益，对企业行为形成约束；另一方面加入有形资

❶ 马骉. 科技型中小企业知识产权质押融资的风险防范研究［D］. 绵阳：西南科技大学，2018.

产抵押可以在知识产权变现难等问题上减少银行的风险，使银行的权益得到更好的保障。

6.2.2 建立有效的知识产权质押融资激励机制

信息不对称的例子在市场经济活动中比比皆是，信息不对称也对市场经济产生着重要的影响。在知识产权质押贷款中，信息结构和信息透明度对银行及贷款企业的战略选择至关重要。结合知识产权质押贷款的特点，本节将从两方面入手，一方面是改善知识产权价值评估过程中的信息不对称问题；另一方面是改善贷款过程中的信息不对称问题。

在实际应用中，本节认为可以从以下两个方面构建知识产权质押贷款信任激励机制：

6.2.2.1 建立适当的知识产权质押贷款评估机制

在知识产权质押贷款信用评估指标体系设计、评价方法选择上有别于其他贷款，可对企业还债能力、知识产权价值、历史贷款行为、企业信用度、社会资本等多个方面进行评估，进而帮助贷款者做出科学判断。

6.2.2.2 建立知识产权信息公示机制

目前我国知识产权价值评估的相关法律法规不健全，规范不够细致等原因导致知识产权价值虚高，知识产权信息不够公允等问题。因此建立知识产权信息公示平台，在不损害知识产权所有企业的知识产权相关权益的情况下公示知识产权价值评估报告、知识产权权属等全部必要信息，增加知识产权价值评估的公允性以及减少知识产权价值评估过程中的信息不对称问题。知识产权信息公示可以建立专业的网站以方便相关利益团体以及有关部门查阅参考。

6.2.2.3 建立信用评分制度

信用评分制度主要是指对企业以往交易活动进行记录，并根据企业的违约和履约状况、按照一定的标准对企业信用进行评分，使银行对企业理性动机的判断更加准确。通过信用评分反映参与主体的历史行为，有助于成员树立声誉观念，降低信息不确定带来的风险，从而促进成员间的相互信任。该制度可以建立专业网站、建立登记簿等信息平台对企业行为的记录和评估结果进行公示，让其他放款者能获得借款者违约的消息，这样借款者以后很难再贷到款；而按时还款的借款者将得到贷款机构的青睐。企业声誉的建立是一个长期的过程，但其破坏则是一次性的。建立信用评分制度会使企业的战略选择更加透明，强化参与主体历史声誉对信任的影响，使企业更加重视自身声誉的建设和维护，激励低信用评分的企业通过守约行为提高信用评分，高信用评分的企业为维持信用评分而不愿轻易违约，激励企业按时还款，从而促进银企之间的信任合作关系。

本章小结

信任机制是建立、维持信任的根本与保障，组织间信任包括基于计算和基于关系两种类型。制度约束只能算是硬性约束。要想使信贷交易双方的信任关系能长期维持，还需要软性约束——声誉约束。首先应建立规范的约束机制。宏观层面上，政府可制定相应的法律、法规，强化市场监管，一旦发现有不良信用记录的企业，及时进行惩戒，使知识产权融资双方处于较完善的对等监督机制的约束之中。中观层面上，引入中介机构在知识产权质押贷款中为企业提供担保，并按照一定比例向企业收取一定数额的保证金。微观层面上，通过制定保护合同来遏制机会主义行为。其次应该建立有效的知识产权质押贷款激励机制。具体可以通过建立适当的知识产权质押贷款评估机制、知识产权信息公示机制和信用评分制度。

第七章 知识产权质押融资信任博弈分析

在研究信任机制在知识产权质押贷款中所发挥的作用时，首先要对双方参与者在不同策略下的获益进行比较，因此本章引进博弈理论。将金融机构和企业看作博弈的双方，进行一系列博弈分析。本章基于 KMRW 声誉模型，分析在不完全信息和非理性假设前提下，利用博弈的分析方法，分别建立无信任机制和有信任机制下的博弈模型，分析并比较这两种情况下信任行为的动态演化机理。

7.1 基于 KMRW 声誉模型的知识产权质押融资信任行为静态博弈分析

1982 年 Kreps、Roberts、Milgrom 和 Wilson 四人提出了 KMRW 声誉模型，该模型内容如下：在 T 阶段重复博弈中，假定每个囚徒为非理性囚徒的概率 p 均大于 0，那么就存在 $T_0 > T$（假如 T 足够大），使得以下战略能够构成一个精练贝叶斯均衡：在 $t \leq T_0$ 阶段所有的理性的囚徒选择抵赖（合作），在 $t > T_0$ 阶段选择坦白（不合作）；同时非合作阶段（$T - T_0$）的数量只与 p 有关而与博弈期数 T 无关。该模型将不完全信息引入多阶段动态博弈当中，这个模型证明参与人对其余参与人在支付函数和战略空间方面信息的不完全性对博弈的均衡结果有重要影响，只需博弈的期数 T 够长，合作行为就最终会出现。

KMRW 声誉模型是将不完全信息引入重复博弈中，并且证明参与人对其他参与人支付函数或战略空间的不完全信息对均衡结果有重要影响。即只要博弈重复次数够长，合作行为则在有限次博弈中会出现。在 KMRW 模型下，通过设计保障和激励机制，可以有效降低机会主义的风险，促进参与双方建立长期的信任合作关系。

信息不是对称的，这是经济学中一个普遍的现象，它是指不同的人在市场经济活动中掌握着不同程度的交易信息，有的人掌握的交易信息多，有的人少，而前者在交易中更占优势。同样，专利权质押贷款时银行和企业持有的信息也是不对称的。专利权质押贷款中，在质押专利的信息、企业的战略信息等问题上，贷款企业拥有更多信息，而银行拥有的信息较少，相对不占优势。在不完全信息下，专利权质押贷款静态博弈中，因为博弈是单阶段的，该阶段的战略选择不会对下一阶段的结果产生影响，所以博弈双方即银行与贷款企业的战略不需要考虑声誉因素，其战略选择主要取决于每种战略选择的预期收益，即博弈参与方根据预期收益的大小来决定自己的战略。针对上述情况，构建专利质押贷款的静态博弈分析如下。

①企业及银行的行为及每种行为的概率如表 7 - 1 所示。

表 7 - 1　银企行为及发生概率

企业		银行	
		信任	不信任
	还款	(p, q)	$(p, 1-q)$
	不还款	$(1-p, q)$	$(1-p, 1-q)$

其中不信任是指银行会采取一些手段降低贷款过程中的风险，包括两种情形：①采取专人评估、保险等方式对企业进行评估以及减少合作失败时自己的损失；②确定企业为理性企业时终止合作，停止发放贷款。

②双方博弈支付矩阵如表 7 - 2 所示。

表 7 - 2　专利质押贷款静态博弈支付矩阵

企业		银行	
		信任	不信任
	还款	$(V1, W1)$	$(V3, W3)$
	不还款	$(V2, W2)$	$(V4, W4)$

其中 $V2 > V4$，$V2 > V1$，$V4 > V3$，$V1 > V3$；$W1 > W3 > W4 > W2$。

企业与银行的期望收益分别如下：

$$E_{企} = qpV1 + q（1-p）V2 + 0 + 0 = pq（V1 - V2）+ qV2 \qquad (7-1)$$

$$E_{银} = qpW1 + q（1-p）W2 + 0 + 0 = q[W2 + p（W1 - W2）] \qquad (7-2)$$

$E_{企}$ 对 p 求导结果为 $q（V1 - V2）$，已知 $V1 < V2$，$q > 0$，$E_{企}$ 与 p 为负相关关系，所以不还款时企业的期望支付最大。

$E_{银}$ 对 q 求导得 $[W2 + p（W2 - W1）]$，已知 $W2 < 0 < W1$，所以 $E_{银}$ 与 q 为负相关关系，即银行不信任的收益最高。

通过专利质押贷款静态博弈分析发现，在进行专利质押贷款静态博弈时，由于合作期限、信息不对称问题的限制，双方出于自身利益的考虑均会选择不信任战略，此时博弈均衡为（不还款，不信任），合作无法进行。导致道德风险和逆向选择，无限次重复博弈无法进行，而有限次重复博弈的最优解反映的是参与方短期利益的"囚徒困境"（不贷款，不还款）。

7.2　增加约束机制的知识产权质押融资信任行为动态博弈分析

通过专利质押贷款静态博弈分析可知，银企双方进行单次博弈时会很容易陷入囚徒困境（不还款，不信任），因此本节在 KMRW 声誉模型中引入信任约束机制进行博弈分析，以改善上述困境。信任约束机制主要考量博弈中收益（支付）对于企业行为的约束作用，分别剖析博弈两期和三期的情况，从而推广至博弈 T 期的情形，本节模型分析如下。

首先做出如下假设：

①银行和企业均有理性和非理性两种类型。企业及银行为非理性的概率为 p，为理性的概率为 $1-p$。企业的贴现因子为 δ。

②银行采用"冷酷战略"，即不给对方改正的机会，一旦企业不还款，银行就终止与企业合作。银行有信任和不信任两种战略选择，其中不信任包含两种策略，即在不能确定企业为理性时银行会采取一定的手段降低贷款风险和在确定企业为理性企业之后不发放贷款。

③企业和银行的还款及放贷行为用 C 表示，不还款、不信任行为用 B 表示。

④增加信任约束机制 H，假设专利质押贷款中银行信任、企业按时还款时的收益为（V1，A1），银行信任、企业不还款时的收益为（V2 − H，A2 + H），银行不信任、企业还款时的收入为（V3，A3），银行不信任、企业不还款时的收入为（V4 − H，A4 + H），各收益的大小关系与 7.1 节中假设相同；只有 H > V2 − V1 时，信任合作策略才会成为企业的占优策略。

约束机制下银企双方的收益支付矩阵如表 7 − 3 所示。

表 7 − 3　约束机制下银企博弈收益矩阵

企业		银行	
		信任	不信任
	还款	（V1，A1）	（V3，A3）
	不还款	（V2 − H，A2 + H）	（V4 − H，A4 + H）

7.2.1　均衡结果

首先讨论博弈重复 2 次的情况（即 T = 2），根据假定可知银行与企业在第二阶段均会选择不合作，即（不还款，不信任），非理性的银行在第一阶段会选择信任，第二阶段是否信任取决于企业第一阶段的选择 X，即企业第一阶段还款，则非理性银行第二阶段信任，否则不信任。博弈重复两次的情况如表 7 − 4 所示。

表 7 − 4　T = 2 时的两种战略

属性	t = 1	t = 2
非理性银行	C	X
理性银行	B	B
理性企业	X	B

注：T——代表博弈几次的情况，t——各种博弈情况下的各期数。

当 X = C 时，理性企业的期望支付为：

$$E1 = [p \times V1 + (1 − p) \times V3] + [p \times (V2 − H) + (1 − p) \times (V4 − H)]$$

$$= p \times (V1 + V2 - V3 - V4) + V3 + V4 - H \qquad (7-3)$$

当 $X = B$ 时，理性企业的期望支付为：

$$E2 = [p(V2 - H) + (1-p) \times (V4 - H)] + [p(V4 - H) + (1-p) \times$$
$$(V4 - H)]$$

$$= p \times (V2 - V4) + 2 \times V4 - 2H \qquad (7-4)$$

所以，在满足 $E1 > E2$ 时，企业会选择还款，即：

$$p \times (V1 + V2 - V3 - V4) + V3 + V4 - H \geqslant p \times (V2 - V4) + 2 \times V4 - 2H$$

解得 $p \geqslant \dfrac{V4 - V3 - H}{V1 - V3}$

通过上述分析可知，当非理性的概率 $p \geqslant \dfrac{V4 - V3 - H}{V1 - V3}$ 时，理性企业将在第一阶段时选择还款，第二阶段时选择不还款。

在给定银行非理性的概率 $p \geqslant \dfrac{V4 - V3 - H}{V1 - V3}$ 时，考虑博弈重复三次时的情形（即 $T = 3$）。首先通过上述分析可知，在专利质押贷款博弈进行三次的时候，银行第一阶段的最优选择是信任战略 C。此时理性的企业有三种战略选择 (C, C, B)、(B, B, B)、(B, C, B)，战略 (C, B, B) 已在上述分析中被证明不是占优策略，所以此处不再考虑。此时博弈如表 7-5 所示。

表 7-5 $T = 3$ 时的三种战略

战略	战略 I			战略 II			战略 III		
属性	$t=1$	$t=2$	$t=3$	$t=1$	$t=2$	$t=3$	$t=1$	$t=2$	$t=3$
非理性银行	C	C	C	C	B	B	C	B	C
理性银行	C	B	B	C	B	B	C	B	B
理性企业	C	C	B	B	B	B	B	C	B

当理性企业选择战略 I (C, C, B) 时，它的期望支付为：

$$E1 = V1 + [p \times V1 + (1-p) V3] + [p \times (V2 - H) + (1-p) \times (V4 - H)]$$

$$= p(V1 + V2 - V3 - V4) + V1 + V3 + V4 - H \qquad (7-5)$$

当理性企业选择战略Ⅱ（B，B，B）时，其期望支付为：

$$E2 = (V2 - H) + (V4 - H) + (V4 - H) = V2 + 2 \times V4 - 2H \qquad (7-6)$$

当理性企业选择战略Ⅲ（B，C，B）时，其期望支付为：

$$E3 = (V2 - H) + V3 + [p \times (V2 - H) + (1 - p) \times (V4 - H)]$$

$$= p \times (V2 - V4) + V2 + V3 + V4 - 2H \qquad (7-7)$$

比较理性企业在上述三种战略中的期望支付可知，在银行非理性的概率 $p \geqslant \dfrac{V4 - V3 - H}{V1 - V3}$ 时，战略Ⅰ为一个精练贝叶斯均衡：理性银行在博弈的第一阶段时选择战略 C，在第二和第三阶段时选择 B；理性企业在第一和第二阶段时选择战略 C，在第三阶段时选择 B。根据 KMRW 声誉模型可知，在上述给定的银行非理性概率的范围内，在所有 $T > 3$ 的情况下，下列的战略组合形成了一个精练贝叶斯均衡：在 $t = 1$ 到 $t = T - 2$ 阶段，理性的银行选择信任贷款企业，在最后两阶段选择不信任贷款企业；在 $t = 1$ 到倒数第二期（$t = T - 1$）阶段，理性企业选择还款，最后一期选择不还款。只要 $T > 3$，非合作阶段（任何一方选择 B 战略的阶段称为非合作阶段）的总数量等于 2，只与 p 有关，与 T 无关。

在第三阶段选择 B，p 对 H 求偏导得 $\dfrac{\mathrm{d}p}{\mathrm{d}H} = -\dfrac{1}{V1 - V3} < 0$，所以银行非理性的概率与违约成本多少呈负相关关系，也即违约成本越高，银行非理性的概率越小，也就越能避免理性企业的不还款行为。

7.2.2 模型结论

通过基于 KMRW 声誉模型的信任约束机制分析，本节得出如下结论：

①专利质押贷款中引入约束机制，影响贷款企业的收益对于企业的战略选择有一定的影响。违约成本的数额与双方选择不合作的可能性呈负相关关系，即违约成本越高，银企选择非信任合作的概率就越小，也就越能够避免企业的不还款行为。

②在不完全信息的情况下，引入 KMRW 声誉机制能够保障银企双方的信任合作关系，银企双方会在短期内将自己伪装为非理性主体，维持自身

非理性的好声誉，以便获得更加长期的利益。另外，长期的合作关系中，企业每阶段的战略选择要考虑对下阶段博弈的影响，因此长期的合作也能约束企业行为，可以保障银企的信任合作。

7.3 增加激励机制的知识产权质押融资信任行为动态博弈分析

引入激励机制的目的在于，调整专利质押贷款中的信息结构，改善信息不对称问题对合作结果的影响。本节借鉴 Barro（1986）❶ 的分析，考虑 t 期和 $t-1$ 期银企双方的战略选择，推广至第一期的战略选择，本节构建如下模型。

首先做出如下假设：

①企业有两种类型，理性和非理性，用 m 代表企业的类型，$m=0$ 表示企业为非理性，$m=1$ 代表企业为理性。p_0 为企业在第 0 期为非理性的先验概率，p_t 为企业在第 t 期为非理性的先验概率。

②理性企业有两种行为，还款和不还款，y_t 为 t 期理性企业还款的概率，x_t 为银行认为 t 期理性企业不还款的概率，在均衡的情况下 $x_t = y_t$。

③用 v 代表企业不还款时所带来的利润，V^e 为银行对企业不还款时收益的预期。为了方便讨论，假设 v 只有 0，1 两个取值，$v=0$（$v<0$ 时也用 $v=0$ 表示）代表企业不还款时收益小于等于 0；企业选择还款，$v=1$ 代表企业选择还款时收益大于 0。

构建贷款企业单阶段效用函数：

$$W = -\frac{1}{2}v^2 + m(v - V^e) \tag{7-8}$$

效用 W 对 v 求导得 $\frac{\partial W}{\partial v} = -v + m$，已知企业为理性，所以最优选择为 $v = m = 1$，此时单阶段企业效用函数的最大值为 $W = 1/2 - V^e$。若理性企业选择还款，则 $v = 0$，$m = 1$，效用为 $-V^e < 1/2 - V^e$。所以可知单阶段博弈

❶ Barro R J. Reputation in A Model of Monetary Policy with Incomplete Information [J]. Journal of Monetary Economics, 1986, 17（1）：3-20.

中企业没有动机选择还款。

假设博弈共重复 t 阶段，假如企业在 t 期选择还款，则根据贝叶斯法则，$t+1$ 期银行认为企业为非理性的后验概率是：

$$P_{t+1}(m=0/v=0) = \frac{p(v=0, m=0) \times p(m=0)}{p(v=0)}$$

$$= \frac{p_t \times 1}{p_t + (1-p_t) \times x_t} \geq p_t \qquad (7-9)$$

也即若企业选择还款，银行认为企业是非理性的概率增加。

如果企业在 t 期未还款，则 $t+1$ 期银行认为企业为非理性的后验概率为：

$$P_{t+1}(m=0/v=1) = \frac{p(v=0, m=0) \times p(m=0)}{p(v=0)}$$

$$= \frac{p_t \times 0}{p_t + (1-p_t) \times x_t} \geq 0 \qquad (7-10)$$

即企业不还款，银行就认为企业是理性的。

建立 t 期和 $t-1$ 期的 KMRW 声誉模型。

在最后阶段（t 阶段），建立会还款的声誉已然没有意义了，所以企业的最优选择是 $m=v=1$，银行预期企业的不还款收益为 $V_t^e = 1 - p_t$，理性企业的效用水平为：

$$W_t = -\frac{1}{2}v_t^2 + m(v_t - V_t^e) = -\frac{1}{2}v_t^2 + v_t - 1 + p_t = -\frac{1}{2} + p_t \quad (7-11)$$

W_t 对 p_t 求偏导得 $\frac{\partial W_t}{\partial p_t} = 1 > 0$，所以企业的效用为 p_t 的增函数，这也就是非理性企业愿意建立积极还款声誉的原因。

假定企业在 $t-1$ 期之前都按时还款，则 $P_{t-1} > 0$，此时银行对于企业不还款收益的预期为：

$$V_{t-1}^e = (1 - P_{t-1}) \times (1 - x_{t-1}) \times 1 + 0 = (1 - P_{t-1}) \times (1 - x_{t-1})$$

$$(7-12)$$

δ 为企业的贴现因子，为方便计算，只考虑纯战略 $y_t = 0$ 和 $y_t = 1$ 的情形。如若企业在 $t-1$ 期选择不还款，那么 t 期企业为非理性的先验概率 p_t

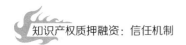

为 0。已知银行对企业不还款收益的预期为 V_{t-1}^e。那么企业在 $t-1$ 期和 t 期的效用总和为：

$$W_{t-1} + \delta W_t$$

$$= -\frac{1}{2} v_{t-1}^2 + m(v_{t-1} - V_{t-1}^e) + \delta \left[-\frac{1}{2} v_t^2 + m(v_t - V_t^e) \right]$$

$$= -\frac{1}{2} + 1 - V_{t-1}^e + \delta \left[-\frac{1}{2} + p_t \right]$$

$$= \frac{1}{2}(1 - \delta) - V_{t-1}^e \tag{7-13}$$

若 $t-1$ 期企业还款，$v_t = v_{t-1} = 0$，理性企业（$m=1$）的效用水平为 $W_t = -\frac{1}{2} + p_t$，那么最后两期的总效用为：

$$W'_{t-1} + \delta W_t$$

$$= -\frac{1}{2} v_{t-1}^2 + m(v_{t-1} - V_{t-1}^e) + \delta \left[-\frac{1}{2} v_t^2 + m(v_t - V_t^e) \right]$$

$$= 0 - V_{t-1}^e + \delta \left(-\frac{1}{2} + p_t \right)$$

$$= -V_{t-1}^e + \delta \left(p_t - \frac{1}{2} \right) \tag{7-14}$$

$t-1$ 期还款的条件为还款收益大于不还款收益，即 $W_{t-1} + \delta W_t \geq W'_{t-1} + \delta W'_t$，解得 $p_t \geq \frac{1}{2\delta}$

在均衡的情况下，$x_t = y_t = 1$，因此

$$P_t(m = 0 / v = 0) = \frac{p_{t-1} \times 1}{p_{t-1} + (1 - p_{t-1}) \times x_t} = \frac{p_{t-1} \times 1}{p_{t-1} + (1 - p_{t-1}) \times 1} \geq p_{t-1} \tag{7-15}$$

即 $p_{t-1} \geq \frac{1}{2\delta}$。

由以上结果可以看出，如果银行在 $t-1$ 阶段认为企业是非理性的概率大于等于 $\frac{1}{2\delta}$，则理性企业会伪装成非理性企业，选择按时还款，维护自己的声誉。也就是说企业的声誉越好，越愿意保持自己的良好声誉按时还

款。将结果推广到 $t-2$，$t-3$，…，1 期，可以得到理性企业在该博弈的均衡结果为：

$$v_0 = v_1 = \cdots = v_{t-1} = 0, \quad v_t = 1.$$

银行对理性企业不还款收益预期和不还款的后验概率为：

$$V_0^e = V_1^e = \cdots = V_{t-1}^e = 0,$$

$$V_t^e = 1 - p_t = 1 - p_0,$$

理性企业总效用水平贴现值为：

$$W = \sum_{t=0}^{t} \delta W_t = 0 + 0 + 0 + \cdots + 0 + \delta^t \left(p_0 - \frac{1}{2} \right) = \delta^t \left(p_0 - \frac{1}{2} \right)$$

$$(7-16)$$

当 $p_t < \dfrac{1}{2\delta^t}$，即理性企业 $t-1$ 期不还款时最后两期的贴现收益大于 $t-1$ 期还款时最后两期的贴现收益时候，理性企业会选择在最开始就利用 $p_0 > 0$ 的声誉从中谋利，此时理性企业的精练贝叶斯均衡为：

$$v_0 = v_1 = \cdots = v_{t-1} = v_t = 1,$$

理性企业的总效用贴现值为：

$$W_t = \sum_{t=0}^{t} \delta W_t = \left(p_0 - \frac{1}{2} \right) + \left(-\frac{1}{2}\delta \right) + \left(-\frac{1}{2}\delta^2 \right) + \cdots + \left(-\frac{1}{2}\delta^t \right)$$

$$= p_0 - \frac{1-\delta^t}{1-\delta} \times \frac{1}{2} \qquad\qquad (7-17)$$

对于理性企业，$p_0 \geqslant \dfrac{1}{2\delta}$ 的效用水平远大于 $p_0 < \dfrac{1}{2\delta}$ 时的效用水平。信息结构的微小变动也会对理性企业的行为产生巨大的影响。

引入激励机制之后，企业相关信息的公开度更高、企业的违约收益 v 相应减少，$v \in [0, 1]$。假设引入激励机制之后企业为非理性的先验概率为 $p_{0'}$，根据以上分析可知，在均衡的条件下 $p_{0'} = p_{1'} = p_{2'} = \cdots = p_{t-1'} = p_{t'}$，则企业 $t-1$ 期不还款时，最后两期的总收益为

$$W_{t-1} + \delta W_t$$

$$= -\frac{1}{2} v_{t-1}^2 + m(v_{t-1} - V_{t-1}^e) + \delta \left[-\frac{1}{2} v_t^2 + m(v_t - V_t^e) \right]$$

$$= -\frac{1}{2}v_{t-1}^2 + v_{t-1} - V_{t-1}^e + \delta\left(-\frac{1}{2}v_t^2 + v_t - 1\right) \qquad (7-18)$$

企业 t−1 期还款时，最后两期的总收益为：

$$W'_{t-1} + \delta W'_t$$

$$= -\frac{1}{2}v_{t-1}^2 + m(v_{t-1} - V_{t-1}^e) + \delta\left[-\frac{1}{2}v_t^2 + m(v_t - V_t^e)\right]$$

$$= 0 - V_{t-1}^e + \delta\left[-\frac{1}{2}v_t^2 + m(v_t - 1 + p_t)\right]$$

$$= -V_{t-1}^e + \delta\left[-\frac{1}{2}v_t^2 + m(v_t - 1 + p_t)\right] \qquad (7-19)$$

此时企业还款的条件为 $W'_{t-1} + \delta W'_t > W_{t-1} + \delta W_t$，

解得 $p'_t > \dfrac{2v_{t-1} - v_{t-1}^2}{2\delta}$，

而 $\dfrac{2v_{t-1} - v_{t-1}^2}{2\delta} < \dfrac{1}{2\delta}$ 在 $v \in [0, 1]$ 内恒成立。

引入激励机制，改善专利质押贷款活动中的信息结构，可以激励企业还款。

通过基于 KMRW 声誉模型的信任激励机制分析，本节得出如下结论：

①通过基于 KMRW 声誉模型的信任激励机制研究分析发现，银企之间的信息结构对于企业的还款行为有重要影响，改变信息结构能够使理性企业乐意伪装成非理性企业，积极还款以维持自身声誉。当企业为非理性的先验概率为 $\dfrac{1}{2\delta}$ 时，信息结构的变化对于企业行为的影响最大。引入信任激励机制可以改变银企合作中的信息结构，激励银企间的信任合作关系。

②声誉越好的企业越愿意按时还款以维持自己的良好声誉，因此，建立激励机制，减少信息不对称问题，在不影响企业相关正当权益的情况下增加企业战略选择的透明度，不仅可以减少银行的风险也可以约束企业的不还款行为，促进双方的信任合作。

本章小结

在各方面因素的影响下，我国科技型中小企业发展迅速，解决这类企业资金问题的专利质押贷款业务也在逐渐兴起。但是目前我国的专利质押贷款仍处于起步阶段，专利质押贷款中企业自身特点、专利权特点等一系列问题都对专利质押贷款的顺利进行产生影响。本章在首先基于对专利质押贷款做了无信任机制下的静态博弈分析，得出结论：在单阶段博弈中，无信任机制影响下，银企之间的合作会陷入囚徒困境（不还款，不信任），发现专利质押贷款的健康发展需要长期合作或信任机制的保障和激励作用。接下来本书基于 KMRW 声誉模型进行了专利质押贷款信任约束机制和信任激励机制的动态博弈分析，揭示了增加违约成本对于企业的不还款行为具有约束作用，且当违约成本高于不还款的超额收益时，企业无不还款动机；改变信息结构对于银企的战略选择有影响，改善信息结构通过影响银行非理性的先验概率激励企业的还款行为，同时也激励银企双方的信任合作。通过对比静态博弈分析结果和动态博弈分析结果发现声誉效应、长期合作对于企业行为具有约束和激励作用。

第八章　知识产权
质押融资信任影响因素分析

8.1　构建概念模型和研究方法

8.1.1　基于不同主体要素构建模型

本章基于影响知识产权质押融资信任的四个主体构建模型：资金需求方（创新企业）、资金供应方（债权人）、中介市场和环境制度（政府）。

8.1.1.1　创新企业

资金需求方就是指拥有大量无形资产、但是缺少资金的创新企业。一方面创新企业实力和信誉是过去商业行为的反应，是影响组织间信任的重要因素。贷款人的实力和信誉不是在短期内建立起来的，这个过程需要长期积累。科技型中小企业的实力体现在企业的硬件、软件两个方面。硬件方面多为企业的财务状况、团队建设、专业性以及机械化程度，这些硬件实力能降低贷款风险；软件方面多指企业是否拥有完善的管理体系和系统。软件实力在一定程度上反映了企业的商业模式、管理能力、创新能力以及企业信誉程度。企业实力不仅表示其有实现企业之间承诺的实力，也代表了其资源投入水平的高低。交易者之间所建立起来的遵守合约的声誉、信誉是解决市场中由于信息不对称而导致市场失效的有效机制之一。科技型中小企业在信贷市场中建立信誉不是一蹴而就的，而是一个聚沙成塔的漫长过程。信誉的高低是影响金融机构对企业是否有信心的重要因素。另一方面创新企业所拥有的知识产权数量和质量是其想要或者能够获得知识产权质押融资的基础。与劳动力密集型的中小企业相比，科技型中小企业以拥有商标权、专利权、版权、技术秘密等知识产权作为生存和发展的基础，多从事技术的研发、转让、咨询与服务等活动，自主知识产权是企业财产的主要甚至全部组成部分。但是很多企业在投入大量研发费用的同时，并不一定会以申请专利的形式来对自己的无形资产进行保护，也就难以利用知识产权开展融资业务（鲍新中，2019）❶。沙蔚和徐炜（2015）❷ 运用层次分析法确定了中小企业自身经营能力的重要性。陈朝晖和周志娟（2019）❸ 依据专利价值、企业经营状况和外部融资环境构建相关指标体系，运用模糊网络分析法得出专利价值和企业经营状况是知识产权质押融资信任的两大关键因素。由此可以看出，企业的经营情况、企业所拥有的专利数量和价值往往直接决定了银行是否选择贷款给融资企业。

8.1.1.2　金融机构

知识产权融资方式多种多样，涉及银行、证券公司、保险公司、信托机构、投资公司等金融机构。知识产权融资的发展离不开各类金融机构的参与和创新。所以金融机构往往除了要求企业提供专利权质押外，还要求提供如担保人保证等其他担保。商业性担保公司、保险公司提供融资担保，将经过评估的知识产权在知识产权中心进行质押登记，作为反担保来获得资金。商业银行等金融机构根据规定的贷款标准，从中选择知识产权法律风险低、价值相对明确、信用优良的企业发放贷款资金。证券机构以创新企业拥有的知识产权或其衍生权利作为担保，经过资产打包、信用评价和信用增级后，在市场上发行可流通的标准化证券，以此为发起机构融资。信托机构、租赁公司也在不断尝试金融创新，知识产权信托和租赁业务。

8.1.1.3　中介机构

在知识产权担保融资业务中，专利和商标事务所、版权交易所等知识

---

❶　鲍新中. 知识产权融资：模式、障碍与政策支持［J］. 科技管理研究，2019，39（4）：136–141.

❷　沙蔚，徐炜. 中小高新技术企业知识产权融资影响因素分析［J］. 财会通讯，2015（32）：13–15.

❸　陈朝晖，周志娟. 高新技术企业专利融资能力评价模型构建与实证研究［J］. 中国科技论坛，2019（9）：56–66.

产权代理服务机构，律师事务所、会计师事务所、技术产权交易所等中介服务机构均发挥着举足轻重的服务功能和桥梁纽带作用。它们为知识产权担保融资各方提供咨询、评估、调查等知识产权服务，同各方一道，共同推动知识产权担保融资业务的开展（聂洪涛，2014）❶。知识产权特有的权利属性不确定性和价值的不确定性造成了知识产权担保价值利用的特殊困难，银行难以从契约角度对借款人的行为进行约束，控制风险。知识产权融资过程中，评估机构和律师事务所分别对质押的知识产权进行价值评估与法律风险评估，然后企业再将经过评估的知识产权质押给商业银行等金融机构获得资金；另外在此基础上成立托管机构，专门从事知识产权质押融资业务，凭借其对相关行业的熟知和专业评估能力，帮助金融机构鉴别风险，提供评估师责任险机制，保障金融机构债权的实现。商业性担保能力提升和中介与银行合作程度提升可以有效地解决中小企业贷款难的问题（李明星等，2019）❷。健全的交易市场将增加知识产权资产的流动性，这样，即使利用知识产权开展质押融资的企业破产或出现财务危机，资金供应方也可以对知识产权进行有效处置，从而降低投资者的风险。以知识产权中介机构和交易市场为代表的知识产权市场生态系统的建设将有效促进知识产权资产的流动性。

8.1.1.4 政府

在知识产权担保融资中，政府扮演着政策制定、环境优化、平台建设、信息披露、法律监管以及服务提供等不同角色。地方政府在支持中小企业发展中，积极推动知识产权质押融资，其典型模式有四种：一是政府创造环境推动型，政府部门为银行推荐优质的科技企业，由银行遴选接受知识产权质押，并承担贷款风险；二是政府补贴融资成本型，政府主要提供贷款贴息支持，贷款风险主要由商业性担保公司承担；三是政府出资分担风险型，主要以政府为背景的中介机构行使担保职能，引导银行贷款；

---

❶ 聂洪涛. 知识产权担保融资中的政府角色分析［J］. 科技进步与对策，2014，31（24）：104－108.

❷ 李明星，苏佳璐，胡成，贾敬远，李泽宇. 南京市科技型小微企业知识产权质押融资主体职能演化分析［J］. 科技进步与对策，2019，36（11）：46－53.

四是政府行政推动型，受贷企业与放贷银行均由政府指定，贷款行为完全是政府指令行为（李明发，2012）❶。向军和方厚政（2016）❷ 研究了政府部门对专利质押贷款业务的影响，使用上海浦东发展银行数据进行了实证分析，得出如下结论：政府的风险分担和补偿政策对专利质押贷款有正面促进作用。如果政府能够选择与银行合作，作用效果会更加突出。陶丽琴等（2014）❸ 的研究进一步指出政府推动知识产权质押融资的路径为：深化知识产权综合管理体制改革、健全知识产权质押融资制度、优化质押融资的地区政策环境和构建符合现代市场经济体系的融资制度。

综合来看，在实践中解决中小企业知识产权质押融资难题，涉及政府部门、金融机构、中介机构和企业等相关主体的协同合作，这样更有利于发挥资金融通功能（马彧崧和齐天凤，2018）❹。基于理论分析，建立知识产权质押融资信任影响因素概念模型如图 8 - 1 所示。

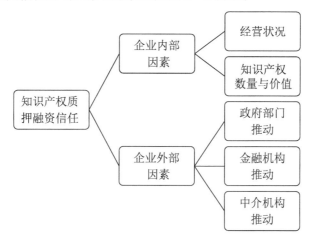

图 8 - 1 知识产权质押融资信任影响机制模型

❶ 李明发. 论科技型中小企业知识产权质押融资的政策支持 [J]. 江淮论坛，2012（6）：115 - 120.

❷ 向军，方厚政. 政府激励对银行专利质押贷款业务影响的实证分析——以上海浦东发展银行为例 [J]. 武汉金融，2016（9）：46 - 48，12.

❸ 陶丽琴，项珍珍，李旭. 金融机构参与知识产权质押融资的实证分析——以专利权、商标权质押数据为依据 [J]. 浙江金融，2014（1）：40 - 43.

❹ 马彧崧，齐天凤. 科技型中小企业知识产权融资服务体系探究 [J]. 学术交流，2018（8）：93 - 97.

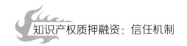

8.1.2 模糊集定性比较分析研究方法

定性比较分析（Qualitative Comparative Analysis，简称 QCA）应该与"统计方法"区分开来，因为后者是基于大样本、最大限度的随机过程以及相对少数变量的方法。尽管两类方法各有优点和局限性，但是 QCA 技术并不仅仅是基于大样本定量研究或是简单地增加样本量的思想，它有自身的独特性。QCA 力求整合"定性"（案例导向）和"定量"（变量导向）两种分析方法的长处，即兼顾定量（定义关键变量）和定性（保持整体性视角）研究方法的优势。QCA 技术关注跨案例的"并发因果关系"。这意味着要素的不同组合会产生同样的结果。更进一步讲，它发展出了关于因果关系的新概念，并能保留一定的复杂性，称为"多重并发因果关系"。多重并发因果关系简单来说分为三部分。第一部分最常见，是指多个影响因素的组合引起结果（A 和 B 导致结果 Y）；第二部分是指多个不同影响因素组合可能产生同样的结果（A 和 B 或者 C 和 D 导致 Y）；第三部分是指不同情形下，当特定结果出现时，某个影响因素可能出现也可能不出现（A 和 B 导致结果 Y，同样可能是 A 和 C 导致结果 Y）。QCA 有两个关键规律被称为"必要性"（"必要条件组合"）和"充分性"（"充分条件组合"）。

模糊集背后的基本思想是允许集合分数刻度化，它允许部分隶属。模糊集定性比较分析方法（fsQCA）是一种借助数学模糊集合论，通过联系因果的充分性和必要性研究模糊子集关系的研究方法。有了模糊集，就有可能获得两全其美的好处，即既能拥有定量人员所重视的精确度，又可以使用定性研究中的理论知识来校准测量。有了模糊集，精确度以集合隶属度的量化评估形式出现，其范围可以介于 0.0（完全排除在外）到 1.0（完全包含）之间。

模糊集定性比较分析法使用一致性（Consistency）和覆盖度（Coverage）这两个指标来检验自变量与因变量间的关系，可以用回归分析中的显著性水平和决定系数与之类比。模糊子集关系的一致性，简单说就是某一集合被包含于另一集合的程度（所有 X_i 小于或等于对应的 Y_i）。当 X_i 值超过 Y_i 值时，并非所有 X_i 被包含于 Y_i。考虑到这种情况，模糊集一致性的计算公式通过在公式分母中简单的加总在 X 中的隶属分数（而不是在分子中）计算 X_i 值超过对应 Y_i 值的比例。求一致性的公式是

$$\text{Consistency}(X_i \leq Y_i) = \Sigma[\min(X_i, Y_i)] / \Sigma(Xi)$$

一致性表示与完全子集关系的趋近程度，一致性的评分应尽可能地接近 1.0（完全一致性）。相比之下，覆盖度评估了前因条件组合对结果中案例的解释程度。

由于本节所研究的专利质押贷款需要用整体的认识和组合的思维，且重点不在于研究各部分之间的相关关系，而是对必要和充分条件关系的分析，因此模糊集定性比较分析是非常合适的方法。

8.2　变量定义与数据收集

8.2.1　变量定义

知识产权质押融资信任关系的建立受企业自身实力、拥有的知识产权、政府部门、金融机构、中介机构的推动等各方面因素的影响。知识产权质押融资信任关系的建立意味着贷款企业得到贷款，因变量重点放在专利质押融资所得资金额的大小，因此因变量的数据选取各企业知识产权质押融资公告中企业向银行贷款额度或银行的授信额度。自变量分别为企业自身实力、拥有的知识产权、政府部门、金融机构、中介机构的推动。对创新型中小企业来说，首先要保证能够在竞争市场中生存，那么净利润大小是相当重要的，又考虑到企业规模的影响，最终选用企业专利质押贷款公告日期前三年净利润/营业总收入这个比值的平均值作为经营能力的数据；专利价值量应由数量和质量共同决定，质量是由专业评估机构估值大小确定，但在查阅各企业关于专利质押贷款公告发现估值不仅与实际融资额出入较大，而且绝大多数质押的专利没有估值的信息，最终决定选择企业专利质押贷款公告日期前所有国家授权专利数量作为专利价值量的数据；借鉴他人关于知识产权融资政策测量的研究成果，本章对 2009—2019年知识产权融资政策文本进行量化分析，从政策力度、政策措施以及政策

目标三方面计算各地区知识产权融资政策总效力值❶；银行机构推动力度的数据选用贷款企业所在省份银行业金融机构网点的数量；中介机构推动力度的数据为贷款企业所在省份中介机构的数量。变量的内容如表8-1和8-2所示。

表8-1　自变量与对应观测计量的变量

自变量	变量名称	对应的观测计量的变量
经营能力	SO	企业贷款日期前三年净利润/营业总收入的平均值
专利价值量	PV	企业贷款日期前所有国家授权的专利数量
政府部门推动力度	G	知识产权融资政策总效力
银行机构推动力度	B	企业所在省份金融机构网点数量
中介机构推动力度	I	企业所在省份评估、法律等中介机构数量
因变量	变量名称	对应的观测计量的变量
企业专利质押贷款额	A	企业专利质押融资公告中企业向银行贷款额度或银行的授信额度

8.2.2　数据收集

本章选取湖北京豪迈生物工程股份有限公司、广东道生科技股份有限公司、武汉芳迪环保股份有限公司等都在新三板上市的创新型中小企业作为本节研究对象。一方面，这些企业与同行业其他企业对比拥有较强的创新研发能力，都用自己所拥有的专利进行质押贷款；另一方面，这些企业专利质押贷款的效果参差不齐，所涉及领域广泛。样本共包括37家企业，其中来自北京3家、广东10家、湖南1家、江西1家、江苏6家、山东1家、陕西4家、湖北3家、河南1家、安徽1家、浙江5家、广西1家。

表8-2　数据矩阵：原始变量

公司代码	公司名	A	SO	PV	G	B	I
871983	豪迈生物	300	13.44	20	46919	4540	19
430242	蓝贝望	200	43.45	8	46919	4540	19

---

❶　详见第14章知识产权融资政策量化分析及效应评价。

续表

公司代码	公司名	A	SO	PV	G	B	I
871461	道生科技	200	5.46	7	53243	533	53
832871	地球村	600	3.69	1	53243	533	53
872265	珠江燃气	500	2.06	29	53243	533	53
871310	汇湘轩	500	4.18	4	8225	8013	41
835723	宝海微元	800	7.00	18	2525	2845	76
871003	卓力昕	200	5.14	2	41988	3907	132
832298	菲缆股份	800	-1.19	20	20327	2856	353
837281	诺维北斗	200	13.51	11	8884	370	261
870123	安邦电气	400	10.05	36	41988	3907	132
839830	晶晟股份	500	7.80	19	41988	3907	132
430724	芳笛环保	3000	31.20	23	11385	7559	37
836783	华商低碳	500	-3.16	12	11385	7559	37
833041	网信安全	1000	11.22	13	11385	7559	37
836915	西瑞控制	500	-1.14	21	8884	370	261
833622	正昌电子	300	3.43	18	8884	370	261
835476	金科资源	1000	14.48	92	8333	11545	45
831750	华明泰	200	2.85	12	53243	533	53
839240	江河海	700	18.55	25	53243	533	53
831386	风华环保	400	10.43	14	53243	533	53
832864	协力仪控	1200	7.82	51	14842	1924	174
833941	伊悦尼	450	1.85	5	32547	10353	353
831108	茶乾坤	500	0.21	21	32547	10353	353
871433	捷佳润	500	8.73	10	4332	5029	34
835401	浙江杭摩	1000	0.20	4	32547	10353	353
838593	大唐科技	1000	17.56	48	8884	370	261
870535	江苏感创	800	14.00	25	41988	3907	132
870361	飞力富	300	2.23	79	32547	10353	353
831992	嘉得力	1000	1.80	17	53243	533	53

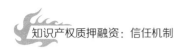
续表

公司代码	公司名	A	SO	PV	G	B	I
837741	诚进科技	300	3.19	6	53243	533	53
833197	天晟股份	900	2.27	21	32547	10353	353
833434	博锐思	957	6.54	14	53243	533	53
870679	森源达	100	3.85	8	46919	4540	19
838365	沃格股份	299	2.81	9	41988	3907	132
831640	碧沃丰	1000	12.01	10	53243	533	53
837845	天驰新材	400	1.95	13	41988	3907	132

8.2.3　数据来源

上述数据中因变量 A 直接获取于企业专利质押贷款公告中的贷款或授信额度；自变量 SO 从 Wind 金融终端获取了企业专利质押贷款公告日期前三年净利润/营业总收入比值，最后求得平均值（其中公司代码为838365的沃格股份因缺少数据做了前两年的平均值）；自变量 PV 数据从国家知识产权局官网——中国及多国专利审查信息查询网页获取，是自融资公告日期前各企业国家授权的专利数量（其中公司代码为839249的江河海和835401的浙江杭摩未找到融资公告日期前国家授权的专利，由融资公告中的数量代替）；变量 G 来源于《知识产权融资政策测量及效应评价研究》中的结论；变量 B 来源于中国银行保险监督管理委员会金融许可证信息网页；变量 I 是使用天眼查筛选搜索得到融资、担保等公司信息，然后进行数量统计得到结果。由于企业所在省份银行业金融机构网点数量和融资、担保等中介机构数量十分稳定，变量 B 和 I 的数据用 2020 年 4 月 23 日在网页中现有数量代替企业融资公告日期前的数量。

8.3　模糊集定性比较分析结果

大多数社会科学家使用未经校准的测量，这些测量只显示案例相对于彼此的位置。然而，未经校准的测量显然不如已校准的测量，因为经过校准的数据，不仅能够评估"多与少（未校准）"，而且能评估"很多与很少"（已校准）。

模糊集合使用数据外部的理论和实质标准进行校准，其必须依次遵循并符合研究者对研究中集合的概念化、定义以及标记过程。本节采用直接法进行校准，该方法指定某一定距尺度的值，该定距尺度值对应三个定性断点构成一个模糊集的标准，以及完全隶属、不完全隶属和交叉点。为方便以下分析，给出原始数据相对应模糊集分数（参见表 8 - 3）。

该模糊集分数以"FZ"为后缀表述，模糊集分数采用 Ragin（2008）介绍的程序校准而得。

各变量模糊集的三个定性断点分别用数组表示如下：A（1100，500，200）；SO（20，5，－1）；PV（60，14，2）；G（50000，33000，4300）；B（10000，3800，600）；I（325，50，35）。第一项为完全隶属度（隶属分数 = 0.95）的阈值，第二项为交叉点（隶属分数 = 0.5）的阈值，第三项为完全非隶属（隶属分数 = 0.05）的阈值。

表 8 - 3　数据矩阵：原始变量对应的模糊隶属分数

公司代码	公司名	A - FZ	SO - FZ	PV - FZ	G - FZ	B - FZ	I - FZ
871983	豪迈生物	0.12	0.84	0.6	0.92	0.59	0
430242	蓝贝望	0.05	1.00	0.18	0.92	0.59	0
871461	道生科技	0.05	0.52	0.15	0.97	0.04	0.51
832871	地球村	0.62	0.34	0.04	0.97	0.04	0.51
872265	珠江燃气	0.5	0.19	0.73	0.97	0.04	0.51
871310	汇湘轩	0.5	0.40	0.08	0.07	0.88	0.14
835723	宝海微元	0.82	0.60	0.56	0.04	0.29	0.57
871003	卓力昕	0.05	0.51	0.05	0.83	0.51	0.71
832298	菲缆股份	0.82	0.04	0.6	0.21	0.29	0.96
837281	诺维北斗	0.05	0.85	0.32	0.07	0.04	0.91
870123	安邦电气	0.27	0.73	0.81	0.83	0.51	0.71
839830	晶晟股份	0.5	0.64	0.58	0.83	0.51	0.71
430724	芳笛环保	1	0.99	0.64	0.09	0.86	0.07
836783	华商低碳	0.5	0.02	0.38	0.09	0.86	0.07
833041	网信安全	0.92	0.78	0.44	0.09	0.86	0.07

公司代码	公司名	$A-FZ$	$SO-FZ$	$PV-FZ$	$G-FZ$	$B-FZ$	$I-FZ$
836915	西瑞控制	0.5	0.04	0.61	0.07	0.04	0.91
833622	正昌电子	0.12	0.31	0.56	0.07	0.04	0.91
835476	金科资源	0.92	0.87	0.99	0.07	0.98	0.27
831750	华明泰	0.05	0.25	0.38	0.97	0.04	0.51
839240	江河海	0.73	0.94	0.67	0.97	0.04	0.51
831386	风华环保	0.27	0.75	0.5	0.97	0.04	0.51
832864	协力仪控	0.97	0.64	0.92	0.13	0.15	0.79
833941	伊悦尼	0.38	0.17	0.1	0.49	0.96	0.96
831108	茶乾坤	0.5	0.08	0.61	0.49	0.96	0.96
871433	捷佳润	0.5	0.68	0.27	0.05	0.64	0.04
835401	浙江杭摩	0.92	0.08	0.08	0.49	0.96	0.96
838593	大唐科技	0.92	0.92	0.9	0.07	0.04	0.91
870535	江苏感创	0.82	0.86	0.67	0.83	0.51	0.71
870361	飞力富	0.12	0.20	0.99	0.49	0.96	0.96
831992	嘉得力	0.92	0.17	0.55	0.97	0.04	0.51
837741	诚进科技	0.12	0.29	0.12	0.97	0.04	0.51
833197	天晟股份	0.88	0.20	0.61	0.49	0.96	0.96
833434	博锐思	0.91	0.58	0.5	0.97	0.04	0.51
870679	森源达	0.02	0.36	0.18	0.92	0.59	0
838365	沃格股份	0.12	0.25	0.22	0.83	0.51	0.71
831640	碧沃丰	0.92	0.80	0.27	0.97	0.04	0.51
837845	天驰新材	0.27	0.18	0.44	0.83	0.51	0.71

本节中使用 fsQCA 软件分析我国 37 家企业知识产权质押融资相关数据，做了以下两方面工作：一是将可得性作为结果，一致性门槛值都设定为不小于 0.8，求出复杂解和中间解，识别出知识产权质押融资信任的前因条件构型；二是针对以上的解，结合理论知识对有指导意义的核心要素组合做总结分析。

8.3.1 知识产权质押融资信任机制复杂解分析

构造真值表，见表 8 - 4。

表 8 - 4 模糊数据集中创建的真值表以及一致性程度

SO - FZ	PV - FZ	G - FZ	B - FZ	I - FZ	number	A - FZ	raw consist.	PRI consist.	SYMc
1	1	0	1	0	2	1	0.96861	0.930693	0
0	0	0	1	1	2	1	0.929578	0.765625	0
1	0	0	1	0	2	1	0.90676	0.714285	0
0	1	0	1	1	3	1	0.892086	0.637097	0
1	1	0	0	1	3	1	0.886918	0.786611	0
0	0	0	1	0	2	1	0.88665	0.407895	0
1	1	1	1	1	3	1	0.885333	0.574257	0
0	1	1	0	1	2	1	0.861217	0.582857	0
1	1	1	1	1	1	1	0.843806	0.618421	0
0	1	0	0	1	3	1	0.841629	0.583333	0
1	0	1	1	1	1	1	0.827485	0.372341	0
0	0	0	1	0	2	0	0.76998	0.394872	0
1	1	1	1	0	1	0	0.757576	0.260504	0
1	0	1	0	1	2	0	0.73851	0.43299	—
1	0	0	0	1	1	0	0.717949	0.28777	—
0	0	1	1	0	1	0	0.698551	0.0630634	0
0	0	1	1	1	3	0	0.660844	0.308605	0
1	0	1	1	0	1	0	0.623153	0.145251	0

真值表构造的目标是明确前因条件构型和结果之间的显式关系。可以通过充分性检验的组合以自下而上的方式在逻辑上进行简化。真值表有 2^5 行（5 为前因条件的数量），反应前因条件的所有可能组合。其中 raw consist（原始一致性）表示向量空间角的隶属度是结果隶属度的子集的一致性程度。PRI 和 SYM 是另一种一致性的计算方式。

下面使用 fsQCA 的指定分析来计算复杂解如图 8 - 2 所示。

SO-FZ	PV-FZ	G-FZ	B-FZ	I-FZ	number	A-FZ	raw consist.	PRI consist.	SYM consist
1	1	0	1	0	2	1	0.96861	0.930693	0.930693
0	0	0	1	1	2	1	0.929578	0.765625	0.765625
1	0	0	1	0	2	1	0.90676	0.714285	0.793651
0	1	0	1	1	3	1	0.892086	0.637097	0.642276
1	1	0	0	1	3	1	0.886918	0.786611	0.786611
1	1	1	0	0	2	1	0.88665	0.407895	0.574074
1	1	1	1	0	3	1	0.885333	0.574257	0.58
0	1	1	0	1	2	1	0.861217	0.582857	0.586207
1	1	1	0	1	1	1	0.843806	0.618421	0.618421
0	1	0	0	1	3	1	0.841629	0.583333	0.624204
1	0	1	1	1	1	1	0.827485	0.372341	0.372341
0	0	1	1	1	2	0	0.76998	0.394872	0.394872
1	1	1	1	0	1	0	0.757576	0.260504	0.260504
1	0	1	0	1	2	0	0.73851	0.43299	0.43299
1	0	0	0	1	1	0	0.717949	0.28777	0.28777
0	0	1	1	0	1	0	0.698551	0.0630634	0.0630633
0	0	1	0	1	3	0	0.660844	0.308605	0.308605
1	0	1	1	0	1	0	0.623153	0.145251	0.145251

图 8 - 2　使用 fsQCA 指定分析的复杂解

输出结果显示了真值表解决方案。首先列出的是频率和一致性的截点值。接下来是复杂解。产生的五个前因构型组合为 $PV-FZ*$ [1] $\sim B-FZ*$ $I-FZ$、$\sim SO-FZ*\sim PV-FZ*\sim G-FZ*B-FZ$、$SO-FZ*\sim G-FZ*B$ $-FZ*\sim I-FZ$、$\sim SO-FZ*\sim G-FZ*B-FZ*I-FZ$ 和 $SO-FZ*G-$ $FZ*B-FZ*I-FZ$。

在第一个组合中可以发现，此时在银行推动力度较小的情况下，凸显了专利价值量和中介机构推动力度的重要性。在实践中，国内资本规模较大的商业银行，放贷的合作对象绝大多数是能够保底还贷的国有企业或偿债能力较强的大型民营企业，而认为创新型中小型企业专利价值不容易确定，风险较大，还需要监督费用等，因此贷款审批程序严格而且放贷的意愿度较小。银行推动力度小，中小企业无法求助于银行等金融机构。此时，企业需要更加注重专利价值量，将大部分拥有的专利转化为现实生产力，这样才能更好地预判专利的未来价值，使企业容易获得较大贷款额度。同时与针对性、专业性强的融资担保机构合作，对企业的技术和项目进行估值和担保，这样对中小企业专利质押贷款是非常有帮助的。

---

[1]　*——组合连接符号，-FZ 为后缀表述，本章下同。

在第二个组合中，企业内部问题较大，经营状况不佳并且专利价值较小，企业外部政府推动力度小，银行机构推动力度大。在政策方面，这种类型中小企业很难享受到政府的优惠政策和入围政府的重点扶持名单，这时企业应该加强与银行机构合作，了解银行开展此业务的流程，积极配合银行方面的要求等，也可以提高专利质押贷款额度。

在第三个组合中，企业内部的经营状况良好，企业外部政府推动力度和中介机构推动力度较小，但银行机构推动力度较大，企业应该积极与银行机构保持密切沟通与合作，趁着企业正在上升期，顺利获得最佳的专利质押贷款额度。

最后两个组合导致专利质押获得最佳效果贷款额度的路径都有银行机构推动力度和中介机构推动力度。第四个组合是在企业经营状况欠佳并且政府推动力度较小的情况下，企业内部环境处于劣势，此时要保证企业与银行机构、中介机构形成联动的利益集合体。第五个组合企业外部环境处于很大优势，再加上企业经营状况良好，此时想要获得银行最高授信额度是很容易的。

8.3.2　知识产权质押融资信任机制中间解分析

中间解分析，如图 8 - 3 所示。

此次导出了介于复杂解与简约解之间的中间解。过程中出现质蕴涵窗口（Prime Applicant Window），质蕴涵是使用最小化规则生成的产品术语（例如，前因组合行中只有一个因素不同但结果相同的规则）。当选择质蕴涵算法无法减少真值表时，用户必须基于自身理论和实践知识选择应用的质蕴涵，见图 8 - 4。

中间解如下：$\sim G-FZ*B-FZ$、$PV-FZ*I-FZ$ 和 $SO-FZ*B-FZ*I-FZ$。第一个组合说明在外部环境中，银行机构推动力度大产生的有利效果可以抵消政府推动力度小产生的不利因素，指导对于处在政府效力低环境下的中小企业，银行在推广此类业务时要把握契机。

第二个组合说明在专利价值量大的情况下，经过专业中介机构进行价值评估、担保，降低了贷款的风险，更有利于获得贷款。

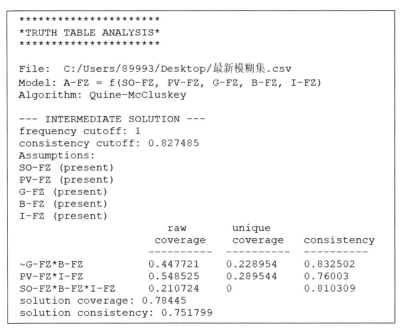

```
***********************
*TRUTH TABLE ANALYSIS*
***********************

File:  C:/Users/89993/Desktop/最新模糊集.csv
Model: A-FZ = f(SO-FZ, PV-FZ, G-FZ, B-FZ, I-FZ)
Algorithm: Quine-McCluskey

--- INTERMEDIATE SOLUTION ---
frequency cutoff: 1
consistency cutoff: 0.827485
Assumptions:
SO-FZ (present)
PV-FZ (present)
G-FZ (present)
B-FZ (present)
I-FZ (present)
                        raw         unique
                        coverage    coverage    consistency
                        ----------  ----------  ----------
~G-FZ*B-FZ              0.447721    0.228954    0.832502
PV-FZ*I-FZ             0.548525    0.289544    0.76003
SO-FZ*B-FZ*I-FZ        0.210724    0           0.810309
solution coverage: 0.78445
solution consistency: 0.751799
```

图 8-3　使用 fsQCA 标准分析的中间解

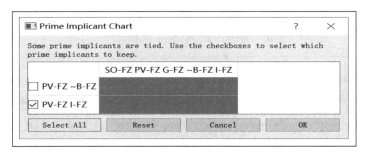

图 8-4　质蕴涵选择

第三个组合可以看到银行和中介机构共同推动此类业务，在企业经营良好的情况下，银行和中介机构会看好企业未来的发展，企业容易获得最佳效果的贷款额度。

8.3.3　知识产权质押融资信任机制精简组态分析

由以上复杂解和中间解精简后获得了四种由核心影响因素组合且最具解释力的前因条件组合。下面对此进行详细阐述，总结如图 8-5 所示

（其中企业内外部因素全部占有作用为大）。

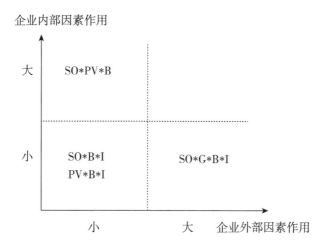

图8-5　企业知识产权质押融资信任机制前因条件组合

8.3.3.1　SO＊G＊B＊I型

在这一组合中，核心条件包括企业经营能力、政府部门推动力度、银行机构推动力度和中介机构推动力度四个影响因素。这一组合说明，在企业经营状况良好、政府根据当地实际情况制定相关引导性政策，同时专业评估机构和银行形成联动合作的情况下，可以降低贷款成本，形成一种积极、协调的集合利益关系体，将潜在的风险化为提升专利利用率的动力。因此，在这四个要素的协同作用下，企业能够最大限度获得专利质押贷款额度，集体利益也会出现最佳效果。

8.3.3.2　SO＊B＊I型

在此组合中，核心条件包括企业经营能力、银行部门推动力度和中介机构推动力度三个影响因素。这说明如果企业经营状况良好，现有的中介机构实力强大（如评估机构专业性和权威性足够强，能够按照资产评估流程进行准确的估值，有针对性的技术交易机构，有公信力的担保机构等），银行对其价值评估认可，愿意信任企业和担保机构，在整体作用的推动下，不需要施加额外力量，也可以获得最佳的专利质押贷款额度。

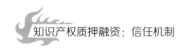

8.3.3.3　PV＊B＊I型

在此组合中，核心条件包括专利价值量、银行部门推动力度和中介机构推动力度三个影响因素。这一组合与上一组合的区别在于PV这一影响因素替代了SO这一影响因素，这是合理的。如果实力强大的中介机构通过观察企业的经营情况、评估专利价值，以及专利转化生产力所需时间等判断出企业的专利价值量较大，银行对中介机构的价值评估认可度较大。因此，企业经营状况就显得不再那么重要，或者说，即使企业目前经营状况欠佳，企业仍然能够获得较大的专利质押贷款额度。

8.3.3.4　SO＊PV＊B型

在此组合中，核心条件包括企业经营能力、专利价值量和银行部门推动力度三个影响因素。这一组合处于企业内部因素作用大的情形，这说明如果企业经营状况良好，专利价值量大的情况下，只需要有银行机构推动力度这一要素，就能够保证企业获得可观的专利质押贷款额度。显然，这一前因构型更加简明阐述了企业内部影响因素的重要性，企业内部实力足够强大，可以直接与银行机构合作，节省与中介机构合作的费用，降低融资成本，也能够抵消政府部门推广力度不足对于专利质押贷款带来的负面影响。

本章小结

本章采用模糊集定性比较分析（fsQCA），从企业内部影响因素和外部影响因素两个角度来分析我国知识产权质押融资信任影响因素的问题，最终获得了四种有价值的前因条件组合，具体组合为SO＊G＊B＊I型、SO＊B＊I型、PV＊B＊I型和SO＊PV＊B型，并结合企业专利质押融资可得性对每一种组合进行了系统分析。研究发现，一方面，银行机构和中介机构推动力度大是企业获得专利质押贷款最佳效益的前提条件，这说明，在如今市场环境中如何与出资方银行机构和评估担保方中介机构更好的合作是决定企业专利质押贷款成功与否的先决条件。另一方面，企业在获得专利质押贷款之前，要注重自身的经营状况和研发的专利价值。经营良好，专利价值大，企业才能解决贷款难的问题，进而实现专利利用的最大化、长期经营发展的目标，最终提高我国整体创新水平。

当然，本章的研究仍然存在以下一些不足之处。首先，影响企业专利质押贷款额度的因素还包括专利的估值与质押期限、与企业合作银行对本业务的意愿度和了解程度以及中介机构与相关部门的合作程度等，本章的变量中未能体现这些影响因素。其次，本章的样本都是新三板上市的创新型中小企业，研究结论能否推广到大型企业，需要未来进一步研究。

第四篇

关系性视角知识产权
质押融资信任机制

第九章　从众心理与知识产权
质押信用意愿

社会关系视角聚焦于基于频繁社会互动且不断演化的组织间关系，其假定交易各方具有美好的人性并倾向于以真诚善意的方式行事。所以，按社会关系视角的逻辑，人们所从事的一切经济交换活动都嵌入在更为广泛的互惠性社会关系当中，组织间信任正是通过交易伙伴之间持久的社会互动和成功的交换而逐渐建立起来的。社会关系视角更多地关注驱动组织间信任的社会性动机以及社会性取向，并把基于社会互动的关系质量（关系长久度和关系强度）认为是组织间信任产生的基础，把交易伙伴对制度化规则和行为方式的规范性或认知性承诺认为是解释彼此诚信的关键。

从社会网络理论视角出发，分析知识产权质押贷款社会网络信任特征，构建影响识产权质押贷款社会网络信任的三维结构模型，以直接信任度、间接信任度及信任感知风险度三个维度为核心搭建总体运行框架。在此基础上，构建社会网络动态信任评估模型，采用 MATLAB 进行仿真模拟，并分析时间衰减、失信惩罚、推荐可信及风险感知等要素的影响性，通过实验加实证的研究分析，从多角度全面准确地刻画知识产权质押贷款社会网络信任动态性、复杂性及不确定性。结果表明，该信任模式可以约束并遏制恶意失信行为的发生，可以更好地分析知识产权质押企业的可信任度，对银行选择合作伙伴、提高合作成功率具有较好的效果。

9.1　理论分析

所谓意愿，用社会学观点解释，即人发挥主观能动性的愿望和动机；而从信用角度解释，即是受信人履行对授信人义务、诚实守信的主观意

愿。对个人而言，信用意愿的养成主要源于个人的修养、道德品质及人品，同时也离不开外部环境条件的约束；对于企业而言，信用意愿（偿债意愿）受企业内外各因素的影响。

借贷方的偿债意愿会受到其周围人的影响，这是因为在与他人交往的过程中，不同的人之间会存在着一定的关系，如果其他人出现违约现象，那么与其交往的人可能会效仿。心理学中有一个相关概念称之为"从众心理"。在处于同一地域或者供应链上下游中有紧密联系的中小企业圈内，往往会出现多家中小企业采取一致抱团偿债的行为。

从众心理是个体受到外界群体的压力或影响，进而表现出符合公众舆论或者大多数人的行为特征。Shleifer 等（2006）[1] 的研究中说明个体会通过模仿其他人的投资策略来减少环境中不确定性带来的风险。影响个体决策的关键因素之一是从众心理，它是羊群行为产生的首要根源。社会影响理论指出，由于社会规范和信息的存在，个人的观点容易受到其他人观点的影响。社会规范是个人采取决策策略的重要影响因素；而信息则是个人进行决策时的重要保障，是影响交易活动双方信任度的重要因素。在决策者无法掌握完全信息的情况下，决策的有效性便会大打折扣。为了尽可能地维护自己的利益，决策者往往会忽略自己通过观察或者其他途径所获得的私有信息，转而效仿其他决策者，与其采取相同的行为，即决策具有从众心理。陈红艳（2012）[2] 从实证的角度验证了我国商业银行贷款的"羊群效应"。张科等（2016）[3] 以"人人贷"平台数据，对网络借贷平台上贷款人"羊群效应"及其影响因素进行了实证研究。

Banerjee 等（1992）[4] 指出了基于贝叶斯推断的不完全信息条件下的

　❶ Sendhil Mullainathan, Joshua Schwartzstein, Andrei Shleifer. Coarse Thinking and Persuasion [J]. Nber Working Papers, 2006, 123 (2): 577–619.

　❷ 陈红艳. 我国商业银行信贷集中及其风险研究 [D]. 南京：河海大学，2007.

　❸ 张科，裴平. 信息不对称、贷款人类型与羊群效应——基于人人贷网络借贷平台数据的研究 [J]. 经济管理，2016，38（6）：125–137.

　❹ Banerjee, Anindya, Robin, et al. Recursive and Sequential Tests of the Unit – Root and Trend – Break Hypotheses: Theory and International Evidence [J]. Journal of Business & Economic Statistics, 1992: 271–285.

理性羊群行为模型，指出决策者在观察模仿先前决策者的决策行为时，不是单纯的模仿决策行为，而是会充分地利用自己所拥有的信息及其他信息，这不单纯是一种信息分析行为，还代表着理性分析过程。因为对于一般的决策者而言，他们很难依靠自身掌握的私有信息来做出违背形势的决策，原因在于如果他们仅仅依靠私有信息便实施逆势的决策，那么一旦决策失败，便会使他们辛苦建立起来的声誉遭到破坏。

借贷方的偿债意愿还依赖于其自身可能获得的绝对收益和损失，也依赖于相对某一参考目标下的相对收益与损失。值得注意的是，不同的中小企业在衡量自身收益时，可能有不同的参考目标，履约与违约情形下的收益情况均可能被选择作为参考点。另外企业的偿债意愿还必然受到诸如银行、政府等债权方监管和惩戒的影响。对违约的中小企业进行惩罚，惩罚包括直接的经济惩罚或间接的惩罚，如提高借贷的成本，甚至列入黑名单。

9.2 基于前景理论建立知识产权融资信用意愿模型

前景理论首先由国外学者 Kahneman 和 Amos Tversky 明确地提出，人的理性是有限的，认为人们通常不是从财富的角度考虑问题，而是从输赢的角度考虑，关心收益和损失的多少。前景理论指出：人在面临获利时，大多数人会下意识地倾向于接受那些出现概率较大的盈利，而不愿冒风险选择那些出现概率较小的盈利；但是如果人们处于受损的情况之下，他们在进行决策的时候，大多数人都会赌一把，这是由人们相关的心理因素所造成的。实际情况之下，人们对小概率事件的迷恋处于一种对高回报的期待；人们对于相关事物的评价是根据参照点而言的，如果在评价的过程中参照点发生了改变，相应地，人们对于风险的态度也会改变，所以说，进行决策时，对于结果与预期之间的差距往往也会影响选择。魏晓蕾（2014）❶ 在分析影响中小企业偿债意愿的因素基础上，利用前景理论和多智能仿真对中小企业的偿债意愿进行了刻画。目前，鲜有文献将前景理论应用到知识产权融资风险研究

---

❶ 魏晓蕾．基于前景理论的我国中小企业偿债意愿研究［D］．成都：电子科技大学，2014.

中。事实上，借款人理性程度和认知能力有限，在偿债决策中往往会产生异质性。前景理论可以很好地解释非理性行为决策，借鉴前景理论对信贷偿债行为模式进行探索是可行的。

9.2.1 前景理论的价值函数

前景理论可以引申出三个基本结论：第一，大多数人在面临获利的时候是风险规避的；第二，大多数人在面临损失的时候是风险喜好的；第三，大多数人对得失的判断往往根据参照点决定。简言之，人在面临获利时，不愿冒风险；而在面临损失时，人人都成了冒险家。而损失和获利是相对于参照点而言的，改变评价事物时的参照点，就会改变对风险的态度。

前景理论在不完全理性假设下，在决策中考虑了心理学上的认知，使决策者的选择更加贴合现实，更加贴合人类的思考和决策模式。前景理论的核心是期望的价值，它是由价值函数和决策权重函数共同决定的。其期望价值的一般形式如式9-1所示。

$$V = \sum_{i=1}^{n} \pi(p_i) \cdot v(\Delta x_i) \tag{9-1}$$

其中，$\pi(p_i)$ 为决策权重函数，它是一种概率性的单调递增的函数；$v(\Delta x_i)$ 为价值函数，是投资者主观感受形成的价值。

决策权重函数公式如式9-2所示，其函数图形如图9-1所示。

$$\pi(p_i) = \begin{cases} \dfrac{p_i^{\gamma}}{\left[p_i^{\gamma} + (1 - p_i)^{\gamma} \right]^{\frac{1}{\gamma}}}, \text{在获益时} \\[4ex] \dfrac{p_i^{\delta}}{\left[p_i^{\delta} + (1 - p_i)^{\delta} \right]^{\frac{1}{\delta}}}, \text{在受损时} \end{cases} \tag{9-2}$$

价值函数公式如式9-3所示，其函数图形如图9-2所示。

$$v(\Delta x_i) = \begin{cases} \Delta x_i^{\alpha}, \text{如果} \Delta x_i \geq 0 \\[2ex] -\lambda(-\Delta x_i)^{\beta}, \text{如果} \Delta x_i < 0 \end{cases} \tag{9-3}$$

其中，α、β 是风险态度系数，反映了价值曲线收益部分和损失的弯曲程度，$\alpha > 1$ 和 $\beta > 1$ 表示基于前景理论的价值函数呈敏感性递减，风险态度系数越大，越冒险；γ 是损失规避系数，若 $\gamma > 1$，对损失更敏感，表示损失厌恶。

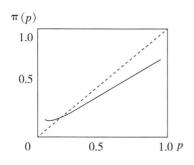

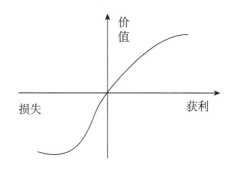

图 9 - 1 决策权重函数

图 9 - 2 价值函数

9.2.2 建立仿真模型

9.2.2.1 前景理论的价值函数

根据前文所述的前景理论，可将知识产权融资的信用意愿期望价值函数定义为 $Willingness$ ，则可写出具体形式如下：

$$Willingness = \sum_{i=1}^{n} \omega_i \cdot v(\Delta x_i) \qquad (9-4)$$

其中，$v(\Delta x_i)$ 表示在前景理论下的知识产权融资借款人信用意愿影响因素 x_i 相对于某一参考水平 T_i 的价值函数；ω_i 为各影响因素价值函数的权重，i 为信用意愿影响因素的个数。

9.2.2.2 仿真模型的建构思路

通过上述分析，本小节综合考虑现实中影响企业偿债意愿的三类主要因素：其他中小企业履约情况、自身相对收益情况以及银行的监管情况，构建基于前景理论的知识产权融资企业偿债意愿仿真模型，重点分析从众心理因素的影响机制。为了构建此模型，我们做出下面几个假设：

净利收入为 R ，相应的贷款率为 r ，相关人员的违约率为 q 。其中贷款方对于不还款人员采取相应惩处措施的概率 q ，K 表示违约之后所付出的代价。其他企业履约情况、自身相对收益情况以及银行的监管情况的参照点分别表示为 T_1 、T_2 、T_3 。

基于"还款"与"不还款"的策略选择，借款人还款意愿的主要影响因素及相应策略如表 9 - 1 所示。

表 9 - 1　借款人还款意愿的主要影响因素及相应策略

项目	社会网络圈内其他人的行为	相对收益	信贷机构的监管惩戒
"还款"	q	$R - r$	0
"不还款"	q	R	$-K$（有监管）
参照点	T_1	T_2	T_3
权重	ω_2	ω_1	ω_3

1. 偿债意愿度量模型

基于上文所假定的情况，本章基于前景理论将影响专利质押贷款借款人还款意愿的三个主要因素，即其他企业履约情况、自身相对收益情况以及银行的监管，分别记作 ORC_k（Other Repayment Conditions）、RA_k（Repayment Ability）、SP_k（Supervision and Punishment）。三个因素相对应的价值函数记作 $ORCv_k$、RAv_k、SPv_k，其中，$k = 1$ 时为"还款"时的价值函数，$k = 2$ 时为"不还款"时的价值函数。

2. 社会网络关系圈内其他人的影响

T_1 为衡量专利质押贷款借款人社会网络关系圈内其他人"还款"情况（社会网络关系圈内其他借款人"不还款"比例的阈值）对借款人还款意愿影响所设定的参考点。

若 $q \geqslant T_1$，说明社会网络关系圈内借款人"不还款"比例的阈值超过了参考点，则该个人信贷借款人将倾向于选择"不还款"策略。记 $ORC = q$，若 $ORC - T_1 \geqslant 0$，则有价值函数 $ORCv_2 = (ORC - T_1)^\alpha$，$ORCv_1 = -\lambda(T_1 - ORC)^\beta$；若 $q < T_1$，该借款人倾向选择"还款"策略，则有价值函数 $ORCv_1 = (ORC - T_1)^\alpha$，$ORCv_2 = -\lambda(T_1 - ORC)^\beta$。

3. 相对收益的影响

T_2 为衡量专利质押贷款借款人自身相对收益情况对借款人还款意愿影响所设定的参考点。

若该借款人选择"还款"策略，其相对收益记作 $RA_1 = R - r$，为净收入与贷款利率成本之间的差额。若有 $RA_1 - T_2 \geq 0$，则对应"还款"的价值函数为 $RAv_1 = (RA_1 - T_2)^\alpha$。否则，对应的还款价值函数为 $RAv_1 = -\lambda(T_2 - RA_1)^\beta$；

若该借款人选择"不还款"策略，其相对收益记作 $RA_2 = R$。若有 $RA_2 - T_2 \geq 0$，则对应"不还款"的价值函数为 $RAv_2 = (RA_2 - T_2)^\alpha$。否则，对应的还款价值函数为 $RAv_2 = -\lambda(T_2 - RA_2)^\beta$；

4. 信贷机构的监管惩戒的影响

T_3 为衡量信贷机构的监管惩戒对借款人还款意愿影响所设定的参考点。

假设银行等债权方以概率 q 对借款人进行监管惩戒，若该借款人被监管方发现其存在"不还款"的违约行为，则被施以惩戒 K，其余情况下为0。

若该借款人选择"还款"策略时，则监管方对其进行监管惩戒将不产生任何的影响，此时有 $SP_1 = 0$，若 $SP_1 - T_3 \geq 0$，则 $SPv_1 = (SP_1 - T_3)^\alpha$，否则 $SPv_1 = -\lambda(T_3 - SP_1)^\beta$。

若该借款人选择"不还款"策略，则有两种情况：

① 被监管方发现受到惩罚 K，记作 $SP_{21} = -K$，若 $SP_{21} - T_3 \geq 0$，则 $SPv_{21} = (SP_{21} - T_3)^\alpha$，否则 $SPv_{21} = -\lambda(T_3 - SP_{21})^\beta$；

② 没有被监管而未受到任何惩戒，记作 $SP_{22} = 0$，若 $SP_{22} - T_3 \geq 0$，则 $SPv_{22} = (SP_{22} - T_3)^\alpha$，否则 $SPv_{22} = -\lambda(T_3 - SP_{22})^\beta$。

综上，该借款人选择"不还款"策略时的价值函数为：

$$SPv_2 = q \cdot SPv_{21} + (1 - q) \cdot SPv_{22}。$$

5. 还款意愿度量计算

"还款"策略下借款人的期望价值函数为：

$$Willingness_1 = \omega_1 \cdot ORCv_1 + \omega_2 \cdot RAv_1 + \omega_3 \cdot SPv_1$$

"不还款"策略下借款人的期望价值函数为：

$$Willingness_2 = \omega_1 \cdot ORCv_2 + \omega_2 \cdot RAv_2 + \omega_3 \cdot SPv_2$$

其中，$\omega_1 + \omega_2 + \omega_3 = 1$。

综上可知，借款人还款意愿受到"还款"策略与"不还款"策略借款人还款意愿期望价值函数的影响。当 $Willingness_1 > Willingness_2$ 时，借款人倾向于"还款"策略，此时借款人偿债意愿大于 0.5；当 $Willingness_1 < Willingness_2$ 时，借款人倾向于"不还款"策略，此时借款人偿债意愿小于 0.5。

因此，可将借款人还款意愿定义为：

$$Willingness = 0.5 + Willingness_1 - Willingness_2$$

9.3　仿真结果分析

根据前文所建立的模型，本节将在其他参数不变的情况下，分别改变三类影响因素单一的参数变量，探究在"还款"与"不还款"策略下借款人偿债意愿变化的规律。现将仿真参数设置如下：

根据所查到的数据，银行知识产权质押贷款的年利率约为 8%，因此，设定基于前景理论专利质押贷款借款人的贷款利率 $r = 8\%$。设专利质押贷款借款人的收入为贷款本金的 1.15 倍，以保证借款人具备足够的偿债能力，则借款人的净收益率为 $R = 15\%$。设信贷机构对恶意违约"不还款"的专利质押贷款借款人的惩戒 K，是借款人"偿还本金"之后全部收益所得，即 $K = 15\% - 8\% = 7\%$。为了便于本研究，设定联系紧密的社会网络圈内有 60% 的借款人选择履约偿债，40% 的借款人选择违约，即"不还款"的比例 $q = 0.4$，并且信贷机构以 $q = 0.4$ 的概率进行随机监管。

在三类影响因素参考点取值上，考虑到不同决策者有不同的决策门槛，因此取其他专利质押贷款借款人偿债情况的参考点为中间概率 $T_1 = 50\%$，取 T_2 为"偿还贷款本金"之后自身的相对收益，即 $T_2 = 7\%$；取 T_3 为专利质押贷款借款人受到信贷机构监管惩戒支付 $-K$，即 $T_3 = -7\%$。

在仿真模型中，根据 Kahneman 和 Tversky 的经验设定：$\alpha = \beta = 0.88$，$\lambda = 2.25$。

9.3.1　影响因素参照点的影响

①在设定 $T_2 = 7\%$，$T_3 = -7\%$，$q = 0.4$，$K = 7\%$ 的条件下，T_1 以步

长 0.01 从 0 变到 1，得到的仿真结果如图 9-3 和图 9-4 所示。

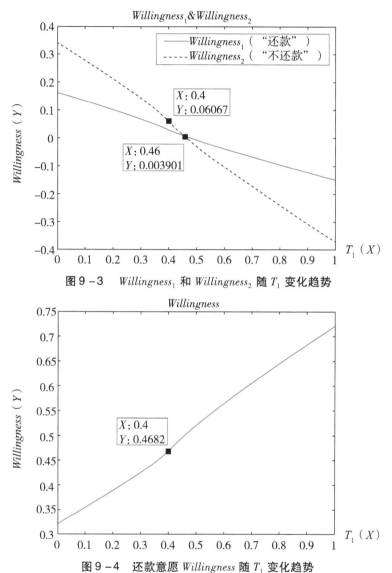

图 9-3 $Willingness_1$ 和 $Willingness_2$ 随 T_1 变化趋势

图 9-4 还款意愿 $Willingness$ 随 T_1 变化趋势

如图 9-3 所示，$Willingness_1$ 和 $Willingness_2$ 的函数值都随 T_1 的增加而下降，相对而言，$Willingness_2$ 下降得更快，二者在 $T_1 = 0.46$ 时到达相同的函数值。如图 9-4 所示，还款意愿 $Willingness$ 一直处于上升的状态。

相对于"不还款"来说，随着 T_1 的增加，社会网络圈内其他借款人选择"还款"策略对知识产权融资借款人还款的意愿有更大的影响，借款人更愿意选择"还款"的从众心理，这与现有的研究得到的社会网络圈会促使个人提高自身的信用水平的结论是一致的。因此，在借款人进行贷前审查时，有必要了解借款人社会网络关系圈内的其他人（如亲戚、朋友）的信用情况。

②在设定 $T_1 = 50\%$，$T_3 = -7\%$，$q = 0.4$，$K = 7\%$ 的条件下，T_2 以步长 0.01 从 0 变到 1，得到的仿真结果如图 9-5 和图 9-6 所示。

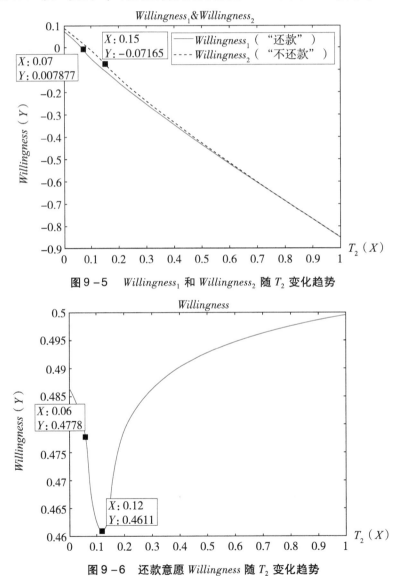

图 9-5 $Willingness_1$ 和 $Willingness_2$ 随 T_2 变化趋势

图 9-6 还款意愿 $Willingness$ 随 T_2 变化趋势

如图 9-5 所示，当借款人相对收益（净收入）认知的参照点 T_2 变化至 0.07 左右时，$Willingness_1$ 的函数值随 T_2 下降得更快；同样地，$Willingness_2$ 在 $T_2 = 0.15$ 左右时也发生了一个转折，其函数值也下降得更快。在 $T_2 = 0.06$ 左右时，$Willingness$ 下降得更快，$T_2 = 0.12$ 时还款意愿最薄弱，之后还款意愿 $Willingness$ 有明显的上升，如图 9 - 6 所示。整体来说，还款意愿随着 T_2 的增加，并没有以线性的趋势增加，而是以一种相对复杂的过程进行演变。

综上所言，借款人实际收入和预期收入的真实落差会影响借款人的还款意愿，所以，如何引导借款人追寻合理的利润目标使其收入相对稳定，对于银行等信贷机构管控其风险十分关键。

③在设定 $T_1 = 7\%$，$T_2 = 50\%$，$q = 0.4$，$K = 7\%$ 的条件下，T_3 以步长 0.01 从 -0.5 变到 0.5，得到的仿真结果如图 9 - 7 和图 9 - 8 所示。

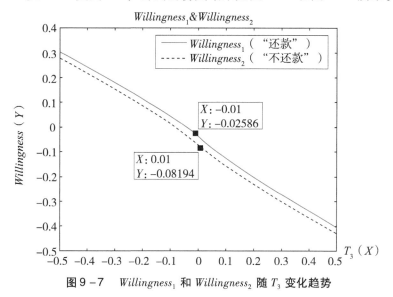

图 9 - 7　$Willingness_1$ 和 $Willingness_2$ 随 T_3 变化趋势

如图 9 - 7 所示，$Willingness_1$ 和 $Willingness_2$ 的函数值都随 T_3 的增加而下降，而且二者下降的速率差不多。如图 9 - 8 所示，还款意愿 $Willingness$ 随着 T_3 先上升后下降，在 $T_3 = -0.03$ 时达到峰值，此时，借款人的还款意愿最强。

通过分析 $Willingness$ 随着 T_3 的变化可知，合理地制定恶意违约"不还款"的借款人的惩戒措施，可以有效地提高个人信贷借款人的还款意愿。

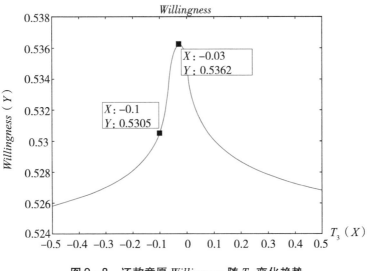

图 9 - 8 还款意愿 *Willingness* 随 T_3 变化趋势

9.3.2 影响变量的影响

①在设定 $T_1 = 50\%$ ，$T_2 = 7\%$ ，$T_3 = -7\%$ ，$K = 7\%$ 的条件下，q 以步长 0.01 从 0 变到 1，得到的仿真结果如图 9 - 9 和图 9 - 10 所示。

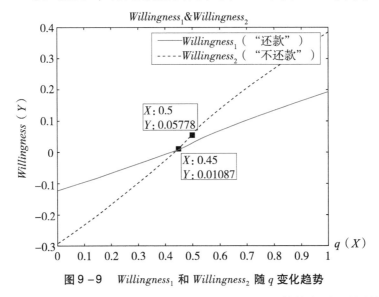

图 9 - 9 *Willingness*₁ 和 *Willingness*₂ 随 q 变化趋势

如图 9 - 9 所示，*Willingness*₁ 和 *Willingness*₂ 的函数值都随 q 的增加而上升，相对而言，*Willingness*₂ 上升得更快，二者在 $q = 0.45$ 时到达同一函数

值，除此之外，在形成交点之前，选择"还款"策略的意愿更强烈，但在形成交点之后，选择"不还款"策略的意愿更强烈。

如图 9-10 所示，还款意愿 *Willingness* 一直处于下降的状态，即专利质押贷款借款人的还款意愿随着社会网络关系圈内其他人"不还款"行为比例的提高而不断地变弱。随着社会圈内失约情况的增多，借款人会有"从众"心理，更倾向于选择"不还款"策略。

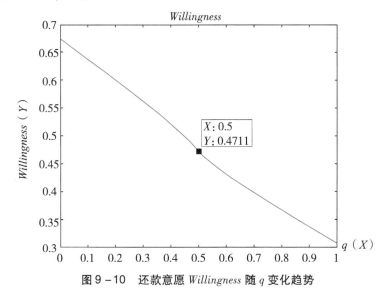

图 9-10 还款意愿 *Willingness* 随 q 变化趋势

② 在设定 $T_1 = 50\%$，$T_2 = 7\%$，$T_3 = -7\%$，$q = 0.4$ 的条件下，K 以步长 0.01 从 0 变到 0.4，得到的仿真结果如图 9-11 和图 9-12 所示。

如图 9-11 所示，当借款人选择"还款"策略时，$Willingness_1$ 的函数值不随 K 的变化而变化，原因在于借款人选择还款后，相关信贷机构的行动将不再对此借款人造成任何影响；当借款人选择"不还款"策略时，$Willingness_2$ 的函数值随 K 的增大而变小。

如图 9-12 所示，还款意愿 *Willingness* 也一直在随着 K 的增大而上升，这说明，增大监管惩戒的力度，将有效提高专利质押贷款借款人的还款意愿。

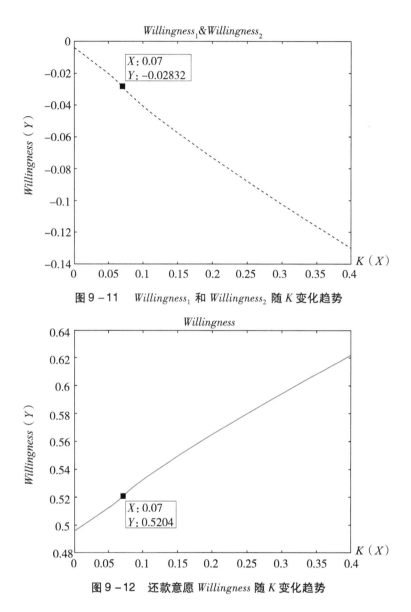

图 9 – 11　$Willingness_1$ 和 $Willingness_2$ 随 K 变化趋势

图 9 – 12　还款意愿 $Willingness$ 随 K 变化趋势

③在设定 $T_1 = 50\%$，$T_2 = 7\%$，$T_3 = -7\%$，$K = 7\%$，$q = 0.4$ 的条件下，R 以步长 0.01 从 0 变到 0.5，得到的仿真结果如图 9 – 13 和图 9 – 14 所示。

如图 9 – 13 所示，$Willingness_1$ 和 $Willingness_2$ 的函数值都随 R 的增加而上升，当 $R = 7\%$ 时，$Willingness_1$ 函数值变化的没有之前那么剧烈；同样，当 $R = 15\%$ 时，$Willingness_2$ 的函数值呈缓慢增长趋势。

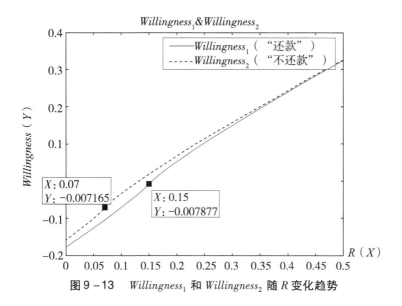

图 9 - 13 *Willingness₁* 和 *Willingness₂* 随 *R* 变化趋势

如图 9 - 14 所示，还款意愿 *Willingness* 的变化趋势较为复杂，但当 *R* = 6% 时，还款意愿的函数值急剧下降，且 *R* = 1% 左右时，借款人的还款意愿最低。这也说明借款人相对收益对还款意愿也有着十分重要的影响。因此，信贷机构在衡量专利质押贷款借款人的还款意愿时，应该更加深入地了解该借款人收入的稳定情况。

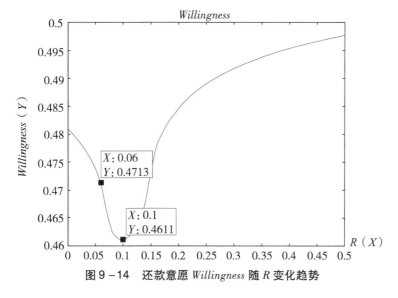

图 9 - 14 还款意愿 *Willingness* 随 *R* 变化趋势

④在设定 $T_1 = 50\%$ ，$T_2 = 7\%$ ，$T_3 = -7\%$ ，$K = 7\%$ ，$q = 0.4$ 的条件下，r 以步长 0.01 从 0 变到 0.5，得到的仿真结果如图 $9-15$ 和图 $9-16$ 所示。

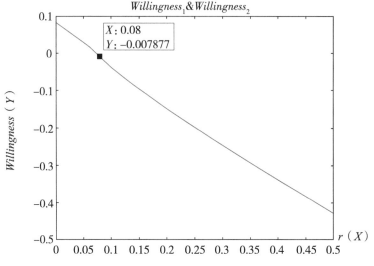

图 $9-15$　$Willingness_1$ 和 $Willingness_2$ 随 r 变化趋势

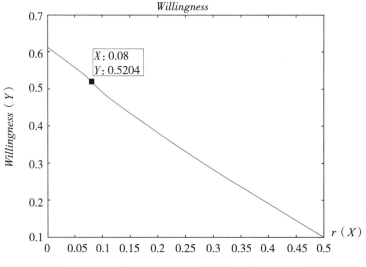

图 $9-16$　还款意愿 $Willingness$ 随 r 变化趋势

见图 $9-15$，当借款人选择"不还款"策略时，$Willingness_2$ 的函数值不随 r 的变化而变化，并未对借款人造成影响；当借款人选择"还款"策略时，$Willingness_1$ 的函数值随 r 的增大而变小。见图 $9-16$，还款意愿

Willingness 也随着 r 的增大而变小。对比可知，在选择"还款"策略时，还款意愿 *Willingness* 就等同于"还款"策略下的意愿，同时，当 $r > 8\%$ 时，即在贷款成本超过 8% 时，偿债意愿也会比之前下降得更快。

因此，对于银行等债权方而言，选择适当的利率尤为重要，既要足够覆盖风险，获得期望盈利，也要保持借款人一定的偿债意愿。

9.3.3 权重因素的影响

①在设定 $T_1 = 50\%$，$T_2 = 7\%$，$T_3 = -7\%$，$q = 0.4$，$K = 7\%$ 的条件下，固定 $\omega_2 = 0.4$，让 ω_1 以步长 0.01 从 0 变到 1，得到的仿真结果如图 9 - 17 和图 9 - 18 所示。

如图 9 - 17 所示，*Willingness*$_1$ 和 *Willingness*$_2$ 的函数值都随 ω_1 的增加而减小，相对而言，*Willingness*$_2$ 减小得更快；当 $\omega_1 = 0.15$ 时，两函数值相同。如图 9 - 18 所示，还款意愿 *Willingness* 一直处于上升的状态。

随着该借款人对社会圈内其他借款人偿债情况的重视，即 ω_1 的增大，其偿债意愿也愈加强烈，往往会及时还款。因此，社会圈内的还款情况如果比较良好，将提升整体的信用水平，而且也会潜移默化地影响借款人的还款意愿，使其更加主动还款。

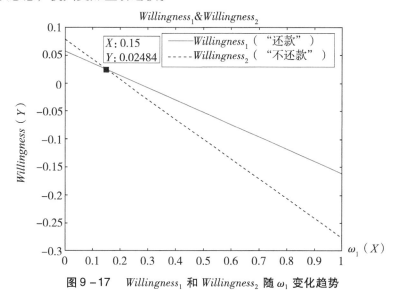

图 9 - 17 *Willingness*$_1$ 和 *Willingness*$_2$ 随 ω_1 变化趋势

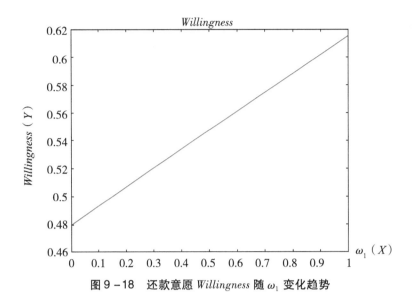

图 9 - 18　还款意愿 *Willingness* 随 ω_1 变化趋势

②在设定 $T_1 = 50\%$，$T_2 = 7\%$，$T_3 = -7\%$，$q = 0.4$，$K = 7\%$ 的条件下，固定 $\omega_1 = 0.3$，让 ω_2 以步长 0.01 从 0 变到 1，得到的仿真结果如图 9 - 19 和图 9 - 20 所示。

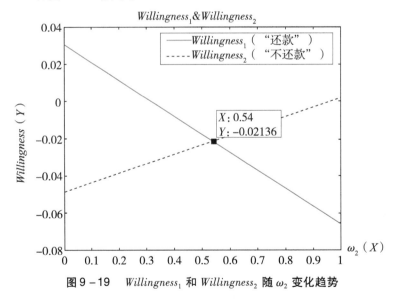

图 9 - 19　*Willingness*₁ 和 *Willingness*₂ 随 ω_2 变化趋势

如图 9 - 19 所示，*Willingness*₁ 和 *Willingness*₂ 的函数值都随 ω_1 的增加而减小，相对而言，*Willingness*₁ 减小得更快；当 $\omega_2 = 0.54$ 时，两函数值相

同。如图 9 - 20 所示，还款意愿 *Willingness* 一直处于下降的状态。

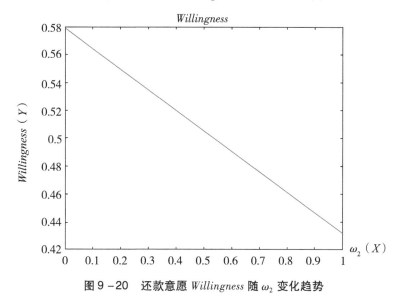

图 9 - 20　还款意愿 *Willingness* 随 ω_2 变化趋势

从图 9 - 20 中可以得出很简单明了的结论，当社会圈内其他借款人的权重固定时，即 $\omega_1 = 0.3$，随着自身相对收益的权重 ω_1 的提高，信贷机构的监管惩戒权重 ω_3 的下降，偿债意愿线性下降。此结论也说明了，当借款人更加重视自身的收益，而不顾银行等信贷机构的监管惩戒时，将致使借款人的偿债意愿直线下降。

③在设定 $T_1 = 50\%$，$T_2 = 7\%$，$T_3 = -7\%$，$q = 0.4$，$K = 7\%$ 的条件下，固定 $\omega_1 = 0.4$，让 ω_3 以步长 0.01 从 0 变到 1，得到的仿真结果如图 9 - 21 和图 9 - 22 所示。

如图 9 - 21 所示，*Willingness*$_1$ 和 *Willingness*$_2$ 的函数值都随 ω_3 的增加而增大，相对而言，*Willingness*$_2$ 增大得更快；当 $\omega_3 = 0.45$ 时，两函数值相同。如图 9 - 22 所示，还款意愿 *Willingness* 一直处于减小的状态。

从图 9 - 22 中可以看出，当借款人相对收益的权重固定时，即 $\omega_2 = 0.3$，随着信贷机构监管惩戒的权重 ω_3 的提高，社会圈内其他借款人行为情况权重 ω_2 的下降，偿债意愿呈线性下降。

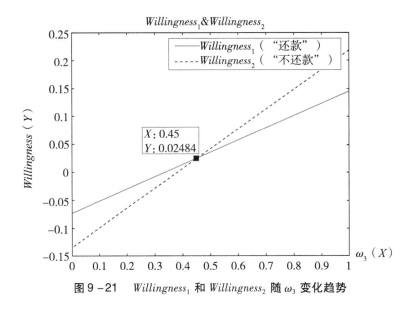

图 9-21 $Willingness_1$ 和 $Willingness_2$ 随 ω_3 变化趋势

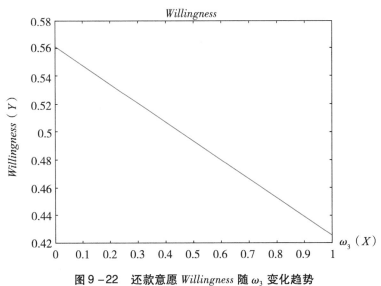

图 9-22 还款意愿 $Willingness$ 随 ω_3 变化趋势

本章小结

本章考虑了决策者的非理性因素，在知识产权融资借款人偿债意愿研究中引入前景理论，通过分析借款人偿债意愿的影响因素，即相对收益、社会网络圈内其他人的行为以及信贷机构的监管惩戒，剖析前景理论中的价值函数与权重函数，使其能在数学模型的基础上实现对借款人还款意愿的研究，并基于此构建了仿真模型，通过仿真分析各因素对借款人偿债意愿的影响。通过仿真平台的模拟，得出如下结论：

第一，借款人会有"从众"心理，随着其他中小企业履约比例提升，还款意愿一直处于上升的状态。随着该借款人对社会圈内其他借款人偿债情况的重视，其偿债意愿也愈加强烈，往往会及时还款。社会网络圈内其他借款人选择"还款"策略对专利质押贷款借款人还款的意愿有更大的影响，借款人更愿意选择"还款"的从众心理，这与现有的研究得到的社会网络圈会促使个人提高自身的信用水平的结论是一致的。对于银行等债权方而言，对某一企业授信时，除了考核其自身的偿债能力与意愿外，对于其所在企业圈内整体偿债情况的考察也十分必要。

第二，借款人相对收益会影响借款人的还款意愿，所以，如何引导借款人追寻合理的利润目标使其收入相对稳定，对于银行等信贷机构管控其风险十分关键。

第三，随着银行等信贷机构的监管惩罚增加，偿债意愿呈现先缓慢上升，后急速上升的变化趋势，也说明随着惩戒力度的加大，会刺激借款人主动还款意愿，因此，制定合理的惩戒机制对借款人的还款意愿十分关键。

第十章 社会资本与知识产权 质押融资可得性

信任缺失已经成为知识产权质押贷款发展的主要障碍，使得知识产权质押贷款的交易成本较高。社会资本能提高债权人和债务人双方之间的相互信任度，降低交易成本，从而影响知识产权质押贷款的出借意愿。整理现有研究发现，学者对社会资本对知识产权质押贷款的影响考虑不足。完整的企业社会资本衡量体系没有建立起来，大多研究仍侧重于从单个维度来衡量社会资本。此外，借贷双方时间和空间上的分隔、双方历史交易数据匮乏等都导致了当前借贷市场严重的信息不对称。只有社会信任度越高，信息不对称所产生的交易成本才能越低，从而正面影响银行的信贷决策。知识产权质押贷款市场能否健康发展的关键在于如何提高借款人和放贷人之间的信任，实现高效地投融资和有效控制借贷的风险。本章的主要内容是运用实验研究法，通过模拟设计一系列虚拟的企业和银行知识产权质押贷款决策情境，观察被试在不同情况下如何做出决策，运用回归方法检验不同维度的社会资本对知识产权质押贷款的影响。

10.1 理论分析与研究假设

李晓红和黄春梅（2007）❶ 在对社会资本理论进行全面梳理和比较的基础上，对社会资本给出了比较全面的经济学定义，即社会资本是嵌入关系网络中的历史传统、价值理念、行为规范、认知模式和行为范式以及网络成员获得资源的能力的综合。社会资本的定义包含三个因素：社会资本

❶ 李晓红，黄春梅. 社会资本的经济学界定、构成与属性［J］. 当代财经，2007（3）：17－20.

的载体是关系网络，社会资本具有制度属性和资本属性。

社会资本主要包含三种类型：结构型、关系型和认知型（Nahapiet & Ghoshal，1998）❶。①结构型社会资本为个体所拥有的社会联系的数目，如网上好友数目越多，结构型社会资本就越多。②关系型社会资本是指各种资源嵌入到关系网络中，成员通过关系网络获得资源的能力的综合。如有良好形象、被他人尊重和认可程度越高与他人沟通越紧密，关系型社会资本就越多。③认知型社会资本是指嵌入网络中的历史传统、价值理念、行为规范、认知模式和行为范式等认识层面的同质性通过降低交易费用和形成有约束力的规则体系而获得增加产出的可能。如借款者与借贷平台上大多数银行对借贷环境、对银行自身及其行为，以及对行为结果的认知具有的同质性越高，认知型社会资本就越多。

镶嵌于关系网络之中的社会资本有利于保障金融契约的执行力度和执行效率（Kim et al.，2009）❷，进而对银行贷款契约产生影响。Siles，Hanson and Robison（1994）❸ 研究发现在某些情况下社会资本可以使贷款申请被批准的概率提高50%。社会资本影响信贷能力主要有三种途径：一是社会资本可以减少信息不对称问题，增加金融机构的贷款意愿。Van Bastelaer（2000）❹ 通过研究社会资本与农村贫困人口信贷可获得性的关系发现，社会资本通过减少信息不对称问题改进了金融机构的穷人信贷供给和传递；二是社会资本可以有效约束违约行为，降低信贷风险，提升金融机构对农户的信贷意愿。社会资本与还款率存在正向关系，社会资本激励与约束功能增强了农户的还款意愿；三是社会资本通过影响风险应对能力和管理能力来提升其还款能力，通过社会网络信息分享机制，获得更多更有

❶ Nahapiet Janine, Ghoshal Sumantra. SocialCapital, Intellectual Capital and the Organizational Advantage [J]. Academy of Management Review, 1998, 23 (2)：242 – 266.

❷ Kim G, Shin B, Lee H G. Understanding Dynamics between Initial Trust and Usage Intentions of Mobile Banking [J]. Information Systems Journal, 2009, 19 (3)：283 – 311.

❸ Siles M, Hanson S D, Robison L J. Socio – Economics and the Probability of Loan Approval [J]. Applied Economic Perspectives and Policy, 1994, 16 (3)：123 – 139.

❹ Van Bastelaer T. Imperfect Information, Social Capital and the Poor's Access to Credit [J]. Ssrn Electronic Journal, 2000：10 – 18.

用的信息，随着借款人信息的获取、识辨和利用能力的增强，生产经营的决策风险和经营风险随之减少，风险抗击能力得以提升。四是事后的风险分担途径。如果农户发生意外风险冲击，可以通过社会网络和社会关系，获得所需要的相关资源，比如获得"友情借贷"或救济，或者正规信贷，来提高农户的风险缓解能力。

社会资本水平越高越有利于提高债务人获取银行贷款的能力，对借款公司的流动性约束条件放宽，如放宽债务契约的抵押、担保要求。社会资本水平越高还有助于债权人辨别债务人信用质量的优劣，抑制债务人的道德风险行为。此外，社会资本水平越高，债务契约的违约率和公司负债成本会越低，银行的借贷风险也会越低，偿还债务的期限越长。基于此，提出以下假设：

H1：借款者的社会资本与知识产权质押贷款出借意愿呈显著正相关。

H1a：借款者的结构型社会资本越多，知识产权质押贷款可得性越高。

H1b：借款者的关系型社会资本越多，知识产权质押贷款可得性越高。

H1c：借款者的认知型社会资本越多，知识产权质押贷款可得性越高。

社会资本能通过信用增强机制抑制债务人的机会主义行为，提升债权人、债务人双方间的信任度，降低风险溢价，提高资本效率，进而降低债务人的银行贷款成本。同时，社会资本还能通过信号传递机制传递有关债务人信誉质量和发展前景的信号，降低信息不对称程度。研究发现，社会资本有利于提高社会信任水平，增强社会关系网络紧密度，维护债务人的声誉，降低信息不对称程度。

Kim 等（2009）[1]认为，由于社会资本有助于培育利他主义道德观，支持社会关系网络中的诚信态度。因此，高水平的社会资本能够抑制道德风险行为，缓解债权与债务双方的代理冲突和信息不对称问题，降低债权人的监督成本、契约执行成本和信息搜寻成本。基于此，提出以下假设：

H2：借款者的社会资本与交易信任呈显著正相关。

---

[1] Kim G, Shin B, Lee H G. Understanding Dynamics between Initial Trust and Usage Intentions of Mobile Banking [J]. Information Systems Journal, 2009, 19 (3): 283–311.

H2a：借款者的结构型社会资本越多，出借者就越倾向于信任对方。

H2b：借款者的关系型社会资本越多，出借者就越倾向于信任对方。

H2c：借款者的认知型社会资本越多，出借者就越倾向于信任对方。

Lin 等对 Prosper 网站的数据研究发现，借款人的信用等级越低，借款的成功性越小，贷款的利率越高。信息不对称会影响交易成本，而交易成本越低对资金的借贷金额、期限、成本和担保要求等贷款契约条款越有正向影响。信息不对称程度越低，人们的合作的能力和意愿会越高。频繁地交易合作有利于抑制机会主义行为（Fidrmuc 和 Gerxhani，2008），提高借贷双方之间的信息透明度，使银行贷款期限越长。基于此，提出以下假设：

H3：交易信任对社会资本与知识产权质押贷款出借意愿存在中介效应，且中介效应显著。

H3a：借款者的信任指数 I 越高，知识产权质押贷款可得性越高。

H3b：借款者的信任指数 II 越高，知识产权质押贷款可得性越高。

10.2 研究设计

本章研究的问题是社会资本对知识产权质押贷款可得性的影响以及交易信任对社会资本和知识产权质押贷款可得性是否存在中介效应。本章通过让被试在预先设定的决策情境中进行选择，观察社会资本的干预对交易信任的影响和交易信任的干预对被试的知识产权质押贷款决策的影响，进而通过实证研究进行检验。

10.2.1 实验对象

知识产权质押贷款决策属于经济管理类实验。Fehr（2004）认为，大三、大四学生和研一、研二的学生是最合适的参与主体。因为他们都学过财务管理、管理会计、高级财务会计等课程，熟悉实验涉及的相关背景知识。而且他们不像社会参与者那样具有很强的思维定式，容易导致与实验主题的行动一致性，即产生所谓的主试效应。因此，此次实验对象全部来自北京联合大学管理学院会计专业的 2015 级本科生和研究生。一共有 30

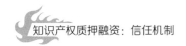

名学生参加实验，其中男生 8 人，女生 22 人。

10.2.2 实验过程

本节采用被试内实验设计，实验将所有被试随机分为两个组，一个为实验组，一个为对照组，每组分别为 15 人。实验组和对照组的全部被试要完成社会资本干预交易信任实验和交易信任干预知识产权质押贷款出借意愿实验，即所有被试扮演决策者 A。具体实施流程为：被试到达实验室，随机抽取一个编号并坐到相应编号的座位前，每个座位前有一张草稿纸和一支笔供被试进行运算。如果有被试对实验内容存在疑问可以举手示意，实验员将立马解答。被试匿名进行所有实验，其具体决策将被严格保密。

10.2.3 实验设计类型及模式

实验将所有被试随机分为实验组和对照组。对实验组分别进行社会资本干预交易信任活动、交易信任干预知识产权质押贷款决策活动。对照组则不进行干预活动。实验设计，见表 10 - 1。

表 10 - 1　实验设计

组别	前测	实验干预	后测
实验组	O1	X	O2
对照组	O3	—	O4

O1：实验组前测；

O2：实验组后测；

O3：对照组前测；

O4：对照组后测；

X：进行干预活动的实验处理；

—：不进行干预或无实验观测。

10.2.4 社会资本干预交易信任实验

10.2.4.1 交易信任的前测设计

采用经典的信任博弈实验设计。被试（出借者 A）初始筹码为 10 元，他需要做出决策，从 10 元中拿出多少（记作 AW）贷款给贷款者，在这部分贷款金额到达贷款者手中之前变成 $3AW$。出借者 A 预计贷款者会返还的金额为 ABm。已知贷款者的偿债能力有两种可能：1. 该企业偿债能力较好。2. 该企业偿债能力较差。在此情况下，出借者 A 选择出借多少筹码（0，1，2，…，10 共 11 种选择）和预计对方返还的筹码（0，3，6，…，30 共 11 种选择）。

10.2.4.2　社会资本干预下的后测设计

后测的决策背景与前测相同，实验组增加以下社会资本的干预项后，被试重新进行决策，对照组则不进行干预。

1. 已知贷款者的结构型社会资本有两种可能

①该企业所拥有的社会联系数目较多，与很多银行有着长期合作关系，而且其贷款金额很大一部分来自这些合作企业和银行。

②该企业所拥有的社会联系数目较少，与较少银行有着长期合作关系，而且其贷款金额较少来自这些合作企业和银行。

2. 已知贷款者的关系型社会资本有两种可能

①该企业有良好形象并备受尊重，与其他银行交流沟通的紧密程度较高。

②该企业的形象较差，不太受其他个体尊重，与其他银行交流沟通的紧密程度较低。

3. 已知贷款者的认知型社会资本有两种可能

①该企业与大多数银行的价值观、愿景和共识大致相同。

②该企业与大多数银行的价值观、愿景和共识差别较大。

10.2.5　交易信任干预知识产权质押贷款出借意愿实验

10.2.5.1　知识产权质押贷款出借意愿的前测设计

本小节设计了以下决策背景用做知识产权质押贷款出借意愿的前测。被试是一家银行的审贷员，拟出借给想要质押知识产权获得贷款的一个企业。项目概况为：申请该企业自主研发的××自动控制系统的发明专利权贷款，该项发明专利评估后的价值为 1000 万元，贷款的担保要求为以知识产权质押作为主要担保方式，以该企业一间工厂和所有设备等固定资产作为抵押进行组合担保。贷款利率通常按中国人民银行公布的同档次当期贷款利率执行，并按市场需求依据规定上下浮动，在央行规定的贷款基准利率可以上浮 10%。参照一般规定，发明专利权的质押率原则上不超过出质知识产权价值的 45%。被试共有 45 个筹码，决定愿意给贷款者的数额，记为 AW，$AW \in [0, 45]$，则 $AW \times 100\% \times 1000$ 万即为被试愿意借给贷款者的金额。已知贷款者的偿债能力有两种可能：①该企业偿债能力较好。②该企业偿债能力较差。在此情况下，被试选择出借多少筹码（45，40，35，30，25，20，15 共 7 种选择），决定贷款利率在央行规定的贷款基准利率上浮多少（0%，2.5%，5%，7.5%，10% 共 10 种选择），决定贷款年限为多少年（1，2，3，4，5 共 5 种选择）。

10.2.5.2　交易信任干预下的后测设计

后测的决策背景与前测相同，实验组增加以下交易信任的干预项后，被试者重新进行决策，对照组则不进行干预。

1. 已知贷款者的结构型社会资本有两种可能

①该企业所拥有的社会联系数目较多，与很多银行有着长期合作关系，而且其贷款金额很大一部分来自这些合作企业和银行。

②该企业所拥有的社会联系数目较少，与较少银行有着长期合作关系，而且其贷款金额较少来自这些合作企业和银行。

2. 已知贷款者的关系型社会资本有两种可能

①该企业有良好形象并备受尊重，与其他银行交流沟通的紧密程度较高。

②该企业的形象较差，不太受其他个体尊重，与其他银行交流沟通的紧密程度较低。

3. 已知贷款者的认知型社会资本有两种可能

①该企业与大多数银行的价值观、愿景和共识大致相同。

②该企业与大多数银行的价值观、愿景和共识差别较大。

4. 已知贷款者的信任指数 I 有两种可能

①信任指数 I 较强，即出借者 A 决定出借的筹码占总筹码的比例较高。

②信任指数 I 较弱，即出借者 A 决定出借的筹码占总筹码的比例较低。

5. 已知贷款者的信任指数 II 有两种可能

①信任指数 II 较强，即出借者 A 预计贷款者会返还的筹码占出借者 A 给出的筹码的比例较高。

②信任指数 II 较弱，即出借者 A 预计贷款者会返还的筹码占出借者 A 给出的筹码的比例较低。

10.3　模型与变量

10.3.1　研究模型

为验证交易信任在社会资本与知识产权质押贷款中是否存在中介效应，本节将在依次检验法的基础上建立模型。模型涉及三个变量：自变量 X、因变量 Y、中介变量 N。主要有以下三个步骤：①用 $Y = cX + e_1$ 检验 X 对 Y 的作用。回归后，假如系数 c 不显著，说明假设不成立，不存在中介效应。如果 c 显著，则进行下一步。②用 $N = aX + e_2$ 检验 X 对 N 的作用。如果系数 a 显著，说明 X 可以影响 N，但并不证明中介效应的存在，接着进行下一步。③用 $Y = c'X + bN + e_3$ 检验 N 与 Y 之间的关系。如果 b 显著，而 a 也显著，则假设成立，可以证明中介效应的存在。如果 c' 显著，那么中介效应显著；若此时 c' 不显著，那么则为完全中介效应。

根据理论分析，设计回归模型，在控制其他因素的情况下，使用统计软件 $SPSS\ 22.0$，检验本节提出的假设。回归模型为：

$$IPR = \alpha_0 + \alpha_1 \times SSC + \alpha_2 \times RSC + \alpha_3 \times CSC + \alpha_4 SOL + \varepsilon \qquad (10-1)$$

$$TST = \beta_0 + \beta_1 \times SSC + \beta_2 \times RSC + \beta_3 \times CSC + \beta_4 SOL + \varepsilon \qquad (10-2)$$

$$IPR = \gamma_0 + \gamma_1 \times SSC + \gamma_2 \times RSC + \gamma_3 \times CSC + \gamma_4 \times TST\_index1 +$$
$$\gamma_5 \times TST\_index2 + \gamma_6 SOL + \varepsilon \qquad (10-3)$$

其中，α_0、β_0、γ_0 为常数，α_1、α_2、α_3、α_4、β_1、β_2、β_3、β_4、γ_1、γ_2、γ_3、γ_4、γ_5、γ_6 为回归系数，ε 为残差项。知识产权质押贷款出借意愿（IPR）分别用贷款金额（$Loan$）、贷款利率（$Rate$）和贷款期限（Ma-

turity）作为替代变量；交易信任（*TST*）分别用信任行动（*TST_ index*1，出借者 A 出借的筹码占总筹码的比例）和信任信念（*TST_ index*2，出借者 A 预计贷款者会返还的筹码占出借者 A 出借的筹码的比例）作为替代变量；社会资本（*SC*）分为：结构型社会资本（*SSC*，个体所拥有的社会联系的数目），关系型社会资本（*RSC*，网络中拥有好形象、好口碑等）和认知型社会资本（*CSC*，与大多数企业或银行对借贷环境等的认知具有的同质性）。控制变量（*SOL*）为偿债能力，偿债能力较好为 1，否则为 0。

10.3.2 变量定义

研究模型的变量意义见表 10 - 2。

表 10 - 2　研究模型的变量定义

变量类别	变量	变量定义
被解释变量	知识产权质押贷款出借意愿（*IPR*）	贷款金额（*Loan*）：A 出借给 B 的金额大小
		贷款利率（*Rate*）：A 出借给 B 金额的利率
		贷款期限（*Maturity*）：A 出借给 B 金额的期限
解释变量	社会资本（*SC*）	结构型社会资本（*SSC*）：个体所拥有的社会联系的数目
		关系型社会资本（*RSC*）网络中拥有好形象，好口碑等
		认知型社会资本（*PSC*）：与大多数企业或银行对借贷环境等的认知具有的同质性
	交易信任（*TST*）	A 信任行动（*TST_ index*1）：出借者 A 出借的筹码占总筹码的比例
		"B 应返还"的信任信念（*TST_ index*2）：出借者 A 预计贷款者会返还的筹码占出借者 A 出借的筹码的比例
控制变量	偿债能力（*SOL*）	1（偿债能力较好）／0（偿债能力较差）

10.4 实验结果分析

10.4.1 配对样本 T 检验

10.4.1.1 社会资本干预交易信任实验

表 10－3　*AW* 成对样本统计

	项目	均值	*N*	标准差	均值标准误差
对 1	实验组前测	4.27	30	2.532	0.462
	对照组前测	4.20	30	2.469	0.451
对 2	实验组后测	4.69	240	2.397	0.155
	对照组后测	4.33	240	2.561	0.165

表 10－4　*AW* 成对样本相关系数

	项目	*N*	相关系数	*Sig.*
对 1	实验组前测 & 对照组前测	30	0.923	0.000***
对 2	实验组后测 & 对照组后测	240	0.346	0.000***

注：***、**、* 表示在 1%、5%、10% 水平上呈显著，下同。

表 10－5　*AW* 成对样本检验

项目	成对差分					*t*	*df*	*Sig.*（双侧）
	均值	标准差	均值标准误差	差分的95%置信区间				
				下限	上限			
对 1　实验组前测—对照组前测	0.067	0.980	0.179	−0.299	0.433	0.372	29	0.712
对 2　实验组后测—对照组后测	0.754	2.839	0.183	0.393	1.115	4.115	239	0.000***

表 10－6　*ABm* 成对样本统计量

	项目	均值	*N*	标准差	均值标准误差
对 1	实验组前测	12.00	30	7.306	1.334
	对照组前测	11.90	30	7.463	1.363

续表

项目		均值	N	标准差	均值标准误差
对 2	实验组后测	13.54	240	7.287	0.470
	对照组后测	12.10	240	6.563	0.424

表 10-7 ABm 成对样本相关系数

项目		N	相关系数	Sig.
对 1	实验组前测 & 对照组前测	30	0.928	0.000 ***
对 2	实验组后测 & 对照组后测	240	0.374	0.000 ***

表 10-8 ABm 成对样本检验

项目		成对差分					t	df	Sig.（双侧）
		均值	标准差	均值标准误差	差分的95%置信区间				
					下限	上限			
对 1	实验组前测—对照组前测	0.400	2.811	0.513	−0.650	1.450	0.779	29	0.442
对 2	实验组后测—对照组后测	1.438	7.772	0.502	0.449	2.426	2.866	239	0.004 **

由表 10-3~表 10-8 可得出以下结果。

①实验组前测和对照组前测 AW（出借者 A 愿意出借的筹码）、ABm（出借者 A 预计对方会返还的筹码）的 t 值统计量均未达到显著水平，显著性概率值均大于 0.1，表示实验组与对照组的前测在交易信任上不存在显著差异，从而保证了实验组和对照组具有同质性。

②实验组与对照组后测出借者 A 愿意出借的筹码、出借者 A 预计对方会返还的筹码的 t 值和显著性概率值分别为 4.115、2.886 和 0.000、0.004，说明社会资本干预后，实验组与控制组在交易信任上存在显著性差异，说明社会资本的干预有效地提高了交易信任度。

③实验组后测平均数明显高于前测，即实验组后测结果显著优于前测，说明通过社会资本干预，实验组的交易信任度明显提高，从而肯定了

社会资本干预的有效性。同时，表中数据显示，在未进行社会资本干预的情况下，对照组后测均值略高于前测，但显著性概率值大于 0.05，故对照组前后测不存在显著性差异。

10.4.1.2　交易信任干预知识产权质押贷款出借意愿实验

表 10 – 9　*Loan* 成对样本统计量

项目		均值	*N*	标准差	均值标准误差
对 1	实验组前测	26.33	30	8.298	1.515
	对照组前测	26.50	30	8.823	1.611
对 2	实验组后测	27.46	960	7.399	0.239
	对照组后测	26.60	960	8.869	0.286

表 10 – 10　*Loan* 成对样本相关系数

项目		*N*	相关系数	*Sig.*
对 1	实验组前测 & 对照组前测	30	0.961	0.000 ***
对 2	实验组后测 & 对照组后测	960	0.205	0.000 ***

表 10 – 11　*Loan* 成对样本检验

项目		成对差分					*t*	*df*	*Sig.*（双侧）
		均值	标准差	均值标准误差	差分的95%置信区间				
					下限	上限			
对 1	实验组前测—对照组前测	− 0.167	2.451	0.447	− 1.082	0.748	− 0.372	29	0.712
对 2	实验组后测—对照组后测	− 1.042	10.319	0.333	− 1.695	− 0.388	− 3.128	959	0.002 **

表 10-12 *Rate* 成对样本统计量

	项目	均值	N	标准差	均值标准误差
对 1	实验组前测	5.417	30	3.0852	0.5633
	对照组前测	5.367	30	3.2119	0.5864
对 2	实验组后测	4.995	960	2.4497	0.0791
	对照组后测	5.283	960	2.9229	0.0943

表 10-13 *Rate* 成对样本相关系数

	项目	N	相关系数	*Sig.*
对 1	实验组前测 & 对照组前测	30	0.971	0.000 ***
对 2	实验组后测 & 对照组后测	960	0.175	0.000 ***

表 10-14 *Rate* 成对样本检验

项目	成对差分					t	df	*Sig.*（双侧）
	均值	标准差	均值标准误差	差分的95%置信区间				
				下限	上限			
对 1 实验组前测—对照组前测	0.2500	0.7628	0.1393	-0.0348	0.5348	0.795	29	0.183
对 2 实验组后测—对照组后测	0.4115	3.4704	0.1120	0.1917	0.6313	3.674	959	0.000 ***

表 10-15 *Maturity* 成对样本统计量

	项目	均值	N	标准差	均值标准误差
对 1	实验组前测	2.70	30	1.442	0.263
	对照组前测	2.67	30	1.351	0.247
对 2	实验组后测	3.24	960	0.981	0.032
	对照组后测	2.83	960	1.259	0.041

表 10 - 16 **Maturity** 成对样本相关系数

项目		N	相关系数	Sig.
对 1	实验组前测 & 对照组前测	30	0.802	0.000***
对 2	实验组后测 & 对照组后测	960	0.251	0.000***

表 10 - 17 **Maturity** 成对样本检验

项目		成对差分					t	df	Sig.（双侧）
		均值	标准差	均值标准误差	差分的95%置信区间				
					下限	上限			
对 1	实验组前测—对照组前测	0.333	0.884	0.161	0.003	0.663	0.675	29	0.178
对 2	实验组后测—对照组后测	-0.297	1.388	0.045	-0.385	-0.209	-6.626	959	0.000***

由表 10 - 9 ~ 表 10 - 17 可得出以下结果。

①实验组前测和对照组前测 Loan（出借者 A 愿意出借的贷款金额）、Rate（出借者 A 决定的贷款利率在央行基准利率上上浮利率）、Maturity（出借者 A 决定的贷款年限）的 t 值统计量均未达到显著水平，显著性概率值均大于0.1，表示实验组与对照组的前测在知识产权质押贷款的出借意愿上不存在显著差异，从而保证了实验组和对照组具有同质性。

②实验组与对照组后测出借者 A 愿意出借的贷款金额、决定贷款利率在央行基准利率上上浮的利率、决定的贷款年限的 t 值和显著性概率值分别为 -3.128、3.674、-6.626 和0.002、0.000、0.000，说明交易信任干预后，实验组与控制组在知识产权质押贷款的出借意愿上存在显著性差异。交易信任的干预有效地提高了知识产权质押贷款的出借意愿。

③实验组后测出借者 A 愿意出借的贷款金额、决定的贷款年限的均值明显高于前测，决定贷款利率在央行基准利率上上浮的利率的均值低于前测。实验组后测结果显著优于前测，说明通过交易信任的干预，实验组的知识产权质押贷款的出借意愿明显提高，从而肯定了交易信任干预的有效

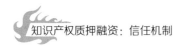

性。同时，表中数据显示，在未进行交易信任干预的情况下，对照组后测出借者 A 愿意出借的贷款金额、决定的贷款年限的均值均略高于前测，决定贷款利率在央行基准利率上上浮的利率的均值低于前测，但显著性概率值大于 0.05，故对照组前后测不存在显著性差异。

10.4.2　正交实验设计的方差分析

方差分析是一种统计方法，在各种因素错综复杂的作用下，可以确定哪些因素对结果的影响大，哪些因素对结果的影响小，因素间是否存在相互作用，以及实验条件的最优化。

表 10 - 18　主体间效应的检验

因变量：AW

源	III 型平方和	df	均方	F	Sig.
校正模型	1040.650a	4	260.163	183.646	0.000***
截距	5273.438	1	5273.438	3722.473	0.000***
SSC	242.004	1	242.004	170.829	0.000***
RSC	387.604	1	387.604	273.606	0.000***
PSC	63.038	1	63.038	44.498	0.000***
Control	348.004	1	348.004	245.653	0.000***
误差	332.912	235	1.417	——	——
总计	6647.000	240	——	——	——
校正的总计	1373.562	239	——	——	——

a. R 方 = 0.758（调整 R 方 = 0.754）

表 10 - 19　主体间效应的检验

因变量：ABm

源	III 型平方和	df	均方	F	Sig.
校正模型	7557.300a	4	1889.325	144.861	0.000***
截距	24603.750	1	24603.750	1886.452	0.000***
SSC	1653.750	1	1653.750	126.799	0.000***

续表

因变量：ABm

源	III 型平方和	df	均方	F	Sig.
RSC	2898.150	1	2898.150	222.211	0.000***
PSC	470.400	1	470.400	36.067	0.000***
Control	2535.000	1	2535.000	194.367	0.000***
误差	3064.950	235	13.042	—	—
总计	35226.000	240	—	—	—
校正的总计	10622.250	239	—	—	—

a. R 方 = 0.711（调整 R 方 = 0.707）

由表 10 - 18、表 10 - 19 的方差分析可知，SSC（结构型社会资本 SSC）、RSC（关系型社会资本）、Control（偿债能力）对交易信任具有较显著的影响，PSC（认知型社会资本）对交易信任的影响较小。这四个变量对交易信任的影响由大到小为：关系型社会资本 > 企业的偿债能力 > 结构型社会资本 > 认知型社会资本。

表 10 –20 主体间效应的检验

因变量：Loan

源	III 型平方和	df	均方	F	Sig.
校正模型	41206.354a	6	6867.726	579.610	0.000***
截距	622201.667	1	622201.667	52511.449	0.000***
SSC	5655.104	1	5655.104	477.269	0.000***
RSC	7260.000	1	7260.000	612.716	0.000***
PSC	4760.417	1	4760.417	439.346	0.000***
TST_ index1	5770.417	1	5770.417	502.605	0.000***
TST_ index2	9626.667	1	9626.667	812.454	0.000***
Control	5133.750	1	5133.750	433.269	0.000***
误差	11291.979	953	11.849	—	—
总计	674700.000	960	—	—	—
校正的总计	52498.333	959	—	—	—

a. R 方 = 0.785（调整 R 方 = 0.784）

表 10 –21　主体间效应的检验

因变量：*Rate*

源	III 型平方和	*df*	均方	*F*	*Sig.*
校正模型	4817. 500a	6	802. 917	816. 214	0. 000***
截距	46970. 026	1	46970. 026	47747. 923	0. 000***
SSC	578. 151	1	578. 151	587. 726	0. 000***
RSC	1041. 667	1	1041. 667	1058. 918	0. 000***
PSC	450. 104	1	450. 104	460. 871	0. 000***
*TST_ index*1	726. 276	1	726. 276	738. 304	0. 000***
*TST_ index*2	910. 651	1	910. 651	925. 733	0. 000***
Control	910. 651	1	910. 651	925. 733	0. 000***
误差	937. 474	953	0. 984	—	—
总计	52725. 000	960	—	—	—
校正的总计	5754. 974	959	—	—	—

a. *R* 方 =0. 837（调整 *R* 方 =0. 836）

表 10 –22　主体间效应的检验

因变量：*Maturity*

源	III 型平方和	*df*	均方	*F*	*Sig.*
校正模型	764. 981a	6	127. 497	767. 352	0. 000***
截距	4801. 676	1	4801. 676	28899. 324	0. 000***
SSC	94. 376	1	94. 376	568. 011	0. 000***
RSC	141. 834	1	141. 834	853. 643	0. 000***
PSC	75. 426	1	75. 426	514. 888	0. 000***
*TST_ index*1	90. 651	1	90. 651	545. 592	0. 000***
*TST_ index*2	170. 859	1	170. 859	1028. 333	0. 000***
Control	141. 834	1	141. 834	853. 643	0. 000***
误差	158. 343	953	0. 166	—	—
总计	5725. 000	960	—	—	—
校正的总计	923. 324	959	—	—	—

a. *R* 方 =0. 829（调整 *R* 方 =0. 827）

由表 10 - 20 ~ 表 10 - 22 的方差分析可知，SSC（结构型社会资本）、RSC（关系型社会资本）、信任指数Ⅰ（出借者 A 出借的筹码占总筹码的比例）、信任指数Ⅱ（出借者 A 预计贷款者会返还的筹码占出借者 A 出借的筹码的比例）、Control（偿债能力）对知识产权质押贷款出借意愿具有较显著的影响，认知型社会资本对知识产权质押贷款出借意愿的影响较小。这六个变量对知识产权质押贷款出借意愿的影响由大到小为：信任指数Ⅱ > 关系型社会资本 > 企业的偿债能力 > 结构型社会资本 > 信任指数Ⅰ > 认知型社会资本。

10.4.3 回归结果分析

表 10 -23　社会资本和知识产权质押贷款出借意愿的回归结果表

被解释变量		*Loan*	*Rate*	*Maturity*
模型汇总	调整后的 *R* 平方	0.891	0.689	0.721
	D.W 系数	0.850	0.461	1.122
	F 统计	487.542	133.366	155.657
	Sig.	0.000 ***	0.000 ***	0.000 ***
解释变量	*SSC*	5.292 ***	- 2.250 ***	0.825 ***
	RSC	6.042 ***	- 2.250 ***	0.825 ***
	PSC	3.292 ***	- 2.000 ***	0.358 ***
控制变量	*Control*	5.708 ***	- 2.125 ***	0.575 ***

表 10 - 23 从左到右分别为社会资本与出借者 A 决定的贷款金额的关系、社会资本与出借者 A 决定的贷款利率的关系、社会资本与出借者 A 决定的贷款年限的关系。由数据显示，表 10 - 23 从左到右的结构型社会资本、关系型社会资本和认知型社会资本的回归系数分别为 5.292、6.042、3.292，- 2.250、- 2.250 和 - 2.000，0.825、0.825 和 0.358，且均在 1% 的水平上显著相关。说明三种类型的社会资本都对贷款金额、贷款年限有着正向影响，社会资本越多，银行决定出借的知识产权质押贷款的金额越高，贷款的年限越长；三种类型的社会资本都对贷款利率有负向影

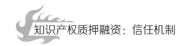

响，社会资本越多，银行决定出借的知识产权质押贷款的利率更低。即社会资本越多，银行知识产权质押贷款的出借意愿更高。其中结构型和关系型社会资本的影响更为显著。假设 1 成立。

表 10 - 23 从左到右的控制变量偿债能力的回归系数分别为 5.708、- 2.125、0.575，说明企业的偿债能力对贷款金额和贷款年限有着正向影响，企业的偿债能力越好，银行决定的贷款金额越高、贷款年限越长。企业的偿债能力对贷款利率呈负相关，企业的偿债能力越好，银行决定的贷款利率越低。

表 10 - 24　社会资本和交易信任的回归结果表

被解释变量		AW	ABm
模型汇总	调整后的 R 平方	0.754	0.707
	$D.W$ 系数	0.413	0.352
	F 统计	183.646	144.861
	$Sig.$	0.000***	0.000***
解释变量	SSC	2.008***	5.250***
	RSC	2.542***	6.950***
	PSC	1.025***	2.800***
控制变量	$Control$	2.408***	6.500***

表 10 - 24 从左到右分别为社会资本与对出借者 A 决定出借的筹码的关系、社会资本与对出借者 A 预计对方会返还的筹码的关系。数据显示，表 10 - 24 从左到右的结构型社会资本、关系型社会资本和认知型社会资本的回归系数分别为 2.008、2.542、1.025，5.250、6.950、2.800，且均在 1% 的水平上显著正相关。说明社会资本对交易信任有正向影响，三种类型的社会资本越多，银行更倾向于信任企业。其中结构型和关系型社会资本的影响更为显著。假设 2 成立。

表 10 - 24 从左到右的控制变量偿债能力的回归系数分别为 2.408、6.500，说明企业的偿债能力对交易信任有着正向影响。企业的偿债能力越好，交易信任度越高。

表 10 - 25　交易信任和知识产权质押贷款出借意愿的回归结果表

被解释变量		*Loan*	*Rate*	*Maturity*
模型汇总	调整后的 *R* 平方	0.784	0.836	0.827
	D. W 系数	0.516	1.038	1.083
	F 统计	579.610	816.214	767.352
	Sig.	0.000 ***	0.000 ***	0.000 ***
解释变量	*SSC*	4.854 ***	− 1.552 ***	0.627 ***
	RSC	5.500 ***	− 2.083 ***	0.769 ***
	PSC	3.042 ***	− 0.646 ***	0.323 ***
	TST_ index Ⅰ	4.458 ***	− 1.740 ***	0.615 ***
	TST_ index Ⅱ	6.333 ***	− 1.948 ***	0.844 ***
控制变量	*Control*	4.625 ***	− 1.948 ***	0.769 ***

　　表 10 - 25 从左到右分别为交易信任与出借者 A 决定出借的金额的关系、交易信任与出借者 A 决定在央行基准利率上上浮的贷款利率的关系、交易信任与出借者 A 决定的贷款年限的关系。由数据显示，表 10 - 25 从左到右的结构型社会资本、关系型社会资本和认知型社会资本均在 1% 的水平上显著正相关。说明社会资本越多，银行决定出借的知识产权质押贷款的金额越高、贷款利率越低、贷款年限越长，即出借意愿更高。其中结构型和关系型社会资本的影响更为显著。假设 1 成立。

　　表 10 - 25 从左到右的信任指数 Ⅰ 和信任指数 Ⅱ 的回归系数分别为 4.458、6.333， − 1.740、 − 1.948，0.615、0.844，且均在 1% 的水平上显著相关。说明信任指数越高，即出借者决定出借的筹码占总筹码数的比例和出借者预计对方会返还的筹码数占出借的筹码数比例越高，银行决定出借的知识产权质押贷款金额越高、贷款利率越低、贷款年限越长，即出借意愿越高。假设 3 成立。

　　表 10 - 25 从左到右的控制变量偿债能力的回归系数分别为 4.625、 − 1.948、0.769，说明企业的偿债能力对贷款金额和贷款年限有着正向影响，企业的偿债能力越好，银行决定的贷款金额越高、贷款年限越长。企

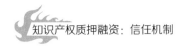

业的偿债能力对贷款利率呈负相关，企业的偿债能力越好，银行决定的贷款利率越低。

根据中介效应分析依次检验法，分别检验系数 c、系数 a 和系数 b、系数 c' 是否显著。

①首先对社会资本与知识产权质押贷款的出借意愿进行回归，检验系数 c 是否显著。由表 10 – 23 可以发现：结构型、关系型、认知型社会资本都与知识产权质押贷款的出借愿在 1% 的水平上呈显著关系，则三类社会资本的系数 c 均显著。进行下一步。

②其次对社会资本与中介变量——交易信任 N 进行回归，检验系数 a 是否显著。由表 10 – 24 可以发现：结构型、关系型、认知型社会资本都与交易信任在 1% 的水平上呈显著关系，则三类社会资本的系数 a 均显著。说明社会资本确实可以预测交易信任，继续进行下一步。

③最后对交易信任与知识产权质押贷款的出借意愿进行回归，检验系数 b、系数 c' 是否具有显著性。由表 10 – 25 可以发现：信任指数 I 和信任指数 II 都与知识产权质押贷款的出借意愿在 1% 的水平上呈显著关系，则两种交易信任的系数 b 均显著，已知系数 a 显著，则假设成立，证明中介效应存在。由表可知，结构型、关系型、认知型社会资本都与知识产权质押贷款的出借意愿在 1% 的水平上呈显著关系，则三类社会资本的系数 c' 均显著。则根据依次检测法得出交易信任对社会资本与知识产权质押贷款的出借意愿的关系呈显著中介效应。

本章小结

本章的主要内容是运用实验研究法，通过模拟设计一系列虚拟的企业和银行知识产权质押贷款决策情境，观察受试者在不同情况下如何做出决策，运用回归方法检验社会资本对知识产权质押贷款的影响。研究发现，社会资本在交易信任与知识产权质押贷款中扮演着重要的角色，交易信任对知识产权质押贷款也具有重要作用。具体而言：

①借款者的社会资本与知识产权质押贷款出借意愿呈显著正相关。借

款者的结构型社会资本、关系型社会资本、认知型社会资本越多，知识产权质押贷款出借者的出借意愿越高。

②借款者的社会资本与交易信任呈显著正相关。即借款者三种类型的社会资本越多，出借者对对方的信任程度就越高。

③交易信任显著影响知识产权质押贷款出借意愿。借款者的信任指数Ⅰ和信任指数Ⅱ越强，知识产权质押贷款出借者的出借意愿越高。交易信任对社会资本与知识产权质押贷款出借意愿存在中介效应，且中介效应显著。

社会资本是一种重要的无形资产，可以在一定的社会网络内产生正的外部效应。社会资本越多，交易信任度越高，银行知识产权质押贷款的出借意愿更高。因此，大力培育和积极增进各地区社会资本的发展水平，提高地区交易的信息透明度，降低信息不对称，有助于充分发挥社会资本和交易信任的正外部性，对于地区知识产权质押贷款的发展乃至地区的经济增长和金融发展都具有重要的影响意义。

第五篇

基于社会网络的知识产权
质押融资信任机制

第十一章　基于社会网络的知识产权质押融资信任评估机制

金融机构、企业之间通过相互持股、借贷等资金联系构建起的资金网络日益复杂和密切，专利权质押贷款中的银企关系已经由二维、线性关系发展成具有多维、复杂结构的社会网络关系。复杂网络情境下银企间信任关系有何不同？银行如何对知识产权质押贷款信任度进行综合评估？企业如何提升知识产权质押贷款综合信任度？这些问题不仅值得高度关注更应亟待解决，进而为辅助银行进行专利权质押贷款决策，为企业提高专利权质押贷款效率提供经验范本。

本章着眼于系统的、社会网络的分析视角，将知识产权质押贷款行为嵌入特定的社会网络中，构建以直接信任、间接信任及感知风险信任三个维度为核心搭建的信任度理论模型，将补充、完善和丰富国内外关于知识产权融资和信贷理论的研究成果。在社会网络分析框架下，构建基于社会网络信任的专利权质押贷款评估模型，解决由于"信息不对称"导致的借贷双方合作信任度不高的实际问题，具有较强的实践指导意义和实际推广价值。

11.1　文献回顾

根据研究需要，从知识产权质押贷款研究、银企信贷关系中的信任研究、社会网络视角的信任关系研究、实验经济学在信任关系与贷款行为方面的研究四个方面对国内外经典文献和最新研究进行梳理。

知识产权质押贷款研究进展。研究知识产权质押贷款涉及多个学术领域：无形资产价值评估、质押贷款、信贷配给及信息非对称理论等。近年来，这些理论都取得了长足的发展。国外研究集中在知识产权作为贷款质押时的价值评估问题（Frank，2009；Nimimai，2011）和知识产权质押风险方面（Amable，2010；Loumioti，2011）。在国内，随着知识产权质押贷款业务的展开，研究成果逐渐增多，研究方法日益多元化，研究内容包括：①理论层面对知识产权质押贷款进行介绍和理论探讨（厉宁，1996；苑泽明等，2012）；②知识产权质押贷款模式、政府行为（丁锦希等，2012；张红芳，2017；于立强，2017；王立军、范国强，2018）；③基于金融机构视角的风险预警（章洁倩，2013；李海英等，2017；鲍新中，2019；刘振亚等，2020）；④知识产权质押物价值（苑泽明，2012；薛明皋、刘璘琳，2013；王凌峰，2017）。同时有学者探索性地进行了专利质押贷款模式影响因素的实证研究（方厚政，2014；向军，2016；沈慧君等，2020）。

银企信贷关系中的信任研究进展。信任在人们社会和经济交往中扮演着重要角色。信任在解决代理问题（Ring，1992）❶、降低交易成本与监管成本、防范道德风险和逆向选择（Nooteboom 等，1997❷；Lewicki 等，1998❸）、提升银企关系（Gulati，1995）❹、帮助银行在信息稀缺的情形下做出贷款决策均起着非常重要的作用。另外，高度的相互信任可以促进信息流动，提升银企间的信任程度，进而产生信任的"螺旋效应"（Nooteboom，2003）❺，即随着银企双方信任程度的上升，银企之间关系逐渐增强，交易双方采取

❶ Ring P S . The Role of Trust in the Design and Management of Business Organizations [J]. 1992, 3 (5)：112 –135.

❷ Bart Nooteboom, Hans Berger, Niels G. Noorderhaven. Effects of Trust and Governance on Relational Risk [J]. The Academy of Management Journal, 1997, 40 (2)：308 –338.

❸ Roy J Lewicki, Robert J Robinson. Ethical and Unethical Bargaining Tactics：An Empirical Study [J]. Journal of Business Ethics, 1998, 17 (6)：665 –682.

❹ Ranjay Gulati. Does Familiarity Breed Trust? The Implications of Repeated Ties for Contractual Choice in Alliances [J]. The Academy of Management Journal, 1995, 38 (1)：85 –112.

❺ Sibout Nooteboom, Geert Teisman. Sustainable Development：Impact Assessment in the Age of Networking [J]. Journal of Environmental Policy & Planning, 2003, 5 (3)：285 –308.

可信赖行为的可能性也随之增大。在中小企业贷款业务中，为规避贷款风险，信任与否是银行开展此类业务的重要前提（Uzzi 等，2003）❶。企业最终获得的贷款额度及贷款条件取决于银行对这家企业个体的综合信用评估（寿志钢等，2011）❷。基于网络的企业还款承诺具有很高的可信性，而银行对网络内企业行使追债权也是更加可信的威胁，集群内企业与银行更易实现博弈均衡（商燕劼，2017）❸。

　　社会网络视角的信任关系研究。社会网络理论认为，任何行为体间的信任关系来源于社会网络，并"嵌入于"特定行动者存在的社会网络（Granovetter，1985）❹。良好的信任关系可以扩大社会网络获得更多资源，同时也能节省处理争端中的交易成本（Grinton 和 Nee，1998）。组织间网络对组织间信任的影响是通过网络获得有效的信息和网络的控制力量建立的（Buskens 和 Raub，2002），近年来，随着社会学和经济学交叉研究的快速发展以及社会网络理论的日臻完善，一系列关于关系网络对个体行为决策影响的研究成果报告出来（Jackson，2010），同时也使网络对信任和可信度的影响得到了热切关注，有学者认为关系网络可能是影响信任行为的重要因素（Gil，2011），决策者的行为受到网络关系和网络结构的限制（游达明等，2008❺；张立斌，2012❻）。社会网络的强、弱连接对增强组织

　　❶　Brian Uzzi, Ryon Lancaster. Relational Embeddedness and Learning：The Case of Bank Loan Managers and Their Clients［J］. Management Science，2003，49（4）：383 – 399.

　　❷　寿志钢，杨立华，苏晨汀. 基于网络的组织间信任研究——中小企业的社会资本与银行信任［J］. 中国工业经济，2011（9）：56 – 66.

　　❸　商燕劼. 基于网络的信任构建研究——银企动态博弈视角［J］. 金融经济，2017（22）：109 – 111.

　　❹　Mark Granovetter. Economic Action and Social Structure：The Problem of Embeddedness［J］. Mark Granovetter，1985，91（3）：481 – 510.

　　❺　游达明，张帆. 嵌入性视角下的企业集成创新模式与动态决策模型研究［J］. 统计与决策，2008（7）：33 – 35.

　　❻　张立斌. 和平法院：网络视频创新解纷模式［J］. 中国审判，2012（10）：48 – 49.

间信任具有较强的推动作用（黎耀奇等，2013❶；黄登仕等，2017❷），组织间网络对组织间信任的影响是通过网络获得有效的信息和网络的控制力量建立的（李纲等，2018）❸。

综上，目前国内外相关研究已经取得了一定成果，为本章的研究奠定了理论和实验基础，但仍存在以下不足：①知识产权质押贷款实践的核心问题是由于"信息不对称"导致银行对知识产权质押贷款企业信任不足，信任在帮助银行在信息稀缺的情形下做出贷款决策起着非常重要的作用，目前缺乏针对知识产权质押贷款中信任问题的深度研究；②知识产权质押贷款研究中较多研究借贷双方的信任关系，而银企关系已经由二维、线性关系发展成具有多维、复杂结构的社会网络关系，研究知识产权质押贷款中银企间的合作与信任问题要求超越企业层次，采用系统的、社会网络的分析视角。

因此，本章拟在社会网络嵌入性分析框架下，对知识产权质押贷款信任维度进行结构化描述，从而构建基于社会网络的知识产权质押贷款信任度三维静态模型和评估模型，并对模型仿真和实验结果进行数据分析，为银行进行信任度综合评估提供依据，为企业进行知识产权质押贷款提供有力数据支撑。

11.2 基于社会网络的知识产权质押融资信任度三维理论模型构建

社会网络是由许多节点构成的一种社会结构，节点通常是指个人或组织，社会网络代表各种社会关系，经由这些社会关系，把从偶然相识的泛泛之交到紧密结合的家庭关系的各种人们或组织串连起来。所以社会网络

---

❶ 黎耀奇，谢礼珊. 社会网络分析在组织管理研究中的应用与展望［J］. 管理学报，2013，10（1）：146－154.

❷ 黄登仕，张希，董占奎. 多代理人网络中信任与可信度的实验研究［J］. 管理科学学报，2017，20（5）：1－12.

❸ 李纲，冯晓岭，梁姣姣. 基于社会网络的人际信任：一个整合的研究框架［J］. 华北水利水电大学学报（社会科学版），2018，34（1）：71－75.

是一种基"网络"（节点之间的相互连接）的社会组织形式。在社会网络交易中存在着信任关系，使网络实体间相互依存的信任关系构成一个所谓的信任网络。基于社会网络的信任是指"网络"中某一节点愿意信赖其他节点的意愿、打算或期望。基于社会网络的知识产权质押融资信任是指在各个节点相互信任构建的网络中，某一节点（银行）愿意信赖另一节点（知识产权质押方）的意愿、打算或期望。

基于社会网络、信任理论以及信贷理论分析，通过金融机构信贷部门的深度访谈与问卷调查，分析社会网络信任特征，构建知识产权质押融资社会网络信任三维结构模型。基于社会网络的信任可进一步分为直接信任与间接信任，并且还会考虑当时的政策、环境等一系列的风险因素所带来的波动影响。

直接信任是指在直接存在的历史合作过程中，A、B节点在合作中对对方产生的信任期望。间接信任是指彼此陌生的A、C节点，通过B节点作为推荐者的推荐形成A、C对彼此的信任期望。风险感知信任是指在基于各个节点的相互作用下，人们对某个特定风险的特征和严重性的影响水平所做出的主观判断所产生的信任。信任程度的大小在以直接信任维、间接信任维、信任的感知风险维为轴向的三维空间中变化，通过信任融合以及其方向和长短大小反映社会网络信任关系的真实水平。

直接信任维度。直接信任的主要来源是知识产权质押融资成员与银行双方的历史合作满意度的统计与分析，其中交易的重要程度大小受合作规模大小的影响，通过了解双方合作规模的大小，可以有效地防止企业通过小规模合作来快速提高信任度，导致信任度浮高，为取得更多的收益而在后期产生信任欺骗行为；知识产权质押企业每次与银行的合作之后，均会由合作的银行综合其表现评出分数，用以反映对此次交易的满意度；并且，若因知识产权质押企业主观故意而导致合作关系破裂，会对该企业的失信行为惩罚，有利于约束企业行为，为之后合作提供保障。

间接信任维度。在知识产权质押融资成员与该合作银行之间存在交易记录的同时，其信任维度还会受到与之合作过的其他银行的间接影响，而间接信任影响将受到各推荐节点反馈信任度大小的直接影响。为了避免节

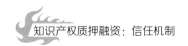

点对其成员的反馈不全面或有所偏颇，刻意抬高或贬低知识产权质押融资企业信任度，该间接信任征集及反馈过程将考虑各银行对知识产权质押融资成员的知识产权的可靠性，使推荐节点与知识产权质押融资成员之间的知识产权信任度一目了然。在此基础上，建立推荐可信度函数，为了反馈信任的真实性，增加了推荐成员的评价与群体的推荐评价之间的差异分析。

信任感知风险维度。直接信任维度、间接信任维度均是需要历史合作记录作为支撑，缺少灵活的信任度反应，而为了有效提高成员与银行信任的反馈效率，本章引入了感知风险，在知识产权质押融资社会网络信任环境下，政策环境、知识产权质押立法体系不完善等问题构成了影响知识产权质押融资社会网络信任的环境感知风险；未来预期现金流往往是知识产权质押融资主要担保方式，使知识产权质押融资不确定性较强，由此成为影响信任的价值感知风险；同时，由于高技术水平的不断发展，知识产权的技术方面成为影响信任的技术感知风险；根据其自身实际经营情况，知识产权质押融资企业产生相应的对风险的心理承受底线，由此形成影响信任的心理感知风险。

11.3 基于社会网络的知识产权质押融资信任度评估模型构建

虽然知识产权质押融资社会网络信任三维结构模型从静态下描述出知识产权质押融资成员与银行间信任结构，但仍无法清晰地获取知识产权质押融资社会网络信任模式的动态过程。本节通过模拟网络中成员节点间的信任联系方式，构建知识产权质押融资社会网络的拓扑结构图，并从中提取信任评估的总体流程，以形成基于社会网络的知识产权质押融资信任度动态评估模型。

通过模拟知识产权质押融资成员与银行之间的信任方式提取信任评估的总体流程，建立知识产权质押融资信任模型运行框架（见图 11 –1）。

图 11 –1 中的流程显示，知识产权质押融资成员在向银行进行知识产权质押时，作为发起方，其构建出知识产权质押融资成员集 U（企业）= $\{u_1, u_2,$

$u_3,\cdots,u_j,\cdots,u_v\}$ 中，以成员 j 为代表，银行作为合作方，以 i 为代表，当知识产权质押融资成员与银行之间存在合作记录且完善时，可以直接获取双方历史合作满意度，并构建敏感置信权重、惩罚项，从而得出直接信任度。若在知识产权质押融资成员与银行之间存在合作记录，但历史合作记录不完善或不存在历史合作记录时，需要向其他与之合作过的银行获取其合作满意度，并构建及更新推荐可信度函数，计算间接信任度。最后在信任感知风险影响下，将计算出的直接、间接信任度进行综合分析，得出综合信任度。

在知识产权质押融资成员集 U（企业）$=\{u_1,u_2,u_3,\cdots,u_j,\cdots,u_v\}$ 中，以成员 j 为代表，银行作为合作方，以 i 为代表，构建其与合作方成员 i（银行）直接信任及间接信任的评估模型。在此基础上，计算知识产权质押融资成员集 U 的直接信任集 $D（U）$ 与间接信任集 $I（U）$；同时构建基于信息熵的感知风险评估模型，以获取 U 的感知风险集 $P（U）$，经信任融合最终得出 U 的综合信任集 $C（U）$。

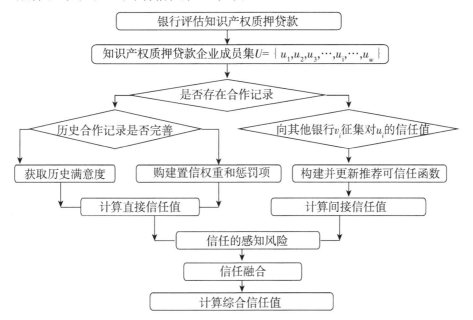

图 11－1　基于社会网络的知识产权质押融资信任度评估模型

11.3.1　直接信任评估模型

依据信任的动态性，在知识产权质押融资成员与银行直接信任度的评

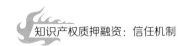

估中引入时间滑动窗口，运用一个时间跨度较大的窗口对成员间合作记录集 P 中的历史满意度进行采样，以此为参考依据获取成员 i 对 j 的直接信任度。设从 t_1 到 t_H 为最大有效性信任时间窗口，将时间分为 t_1 到 t_{H-h-1}，t_{H-h} 到 t_H 两部分，t_{H-h} 到 t_H 为最近敏感性时间窗口 t_h。在时间滑动窗口 $[t_1, t_H]$ 内，对知识产权质押融资成员与银行间合作记录集 P 中的历史满意度进行分析，并设置其历史满意度分别为 $F(i, j) = \{f_1(i, j), f_2(i, j), \cdots, f_m(i, j), f_{m+1}(i, j), \cdots, f_n(i, j)\}$，$f_p(i, j) \in [0, 1]$，其中 $f_p(i, j)$ 在完全不满意 0 与完全满意 1 之间取值，$f_p(i, j)$ 表示 t_h 内 $n-m$ 次合作满意度的均值。$f_1(i, j), f_2(i, j), \cdots, f_m(i, j)$ t_1 到 t_{H-h-1} 的历史满意度，$f_{m+1}(i, j), \cdots, f_n(i, j)$ 为 t_{H-h} 到 t_H 的历史满意度（设置在不受任何因素影响且直接合作真实可靠的理想状态下，其综合满意度即为总体合作满意度均值）。这样，一方面通过设定成员间最大有效性信任时间以保证信任评价是在长期大量历史合作基础上得到的，避免少数成员企图以较少次数的高信任合作经历获取最终较高的信任度；另一方面，由信任关系时间衰减性可知，距目前时间越近的合作记录其可信程度越大，因此通过设定最近敏感性信任时间窗口，使近期满意度变化较大的合作记录拥有更大置信权重，以保持信任敏感性。

其中，鉴于直接信任维度中合作规模对信任程度的重要影响，以每次历史交易的金额为参照对象为历史合作记录集 P 制定合作规模因子 $\Phi_p(i, j)$。在时间滑动窗口中，t_H 与 t_h 均反映出知识产权网络信任的时间衰减特性，即以当前时间 t_{now} 为基点计算各历史合作时间 t_p 距今的时间间隔 Δt，以此构建出直接信任的时间衰减函数 $\gamma(t_p)$，使其作用于最大有效性信任时间窗口的各历史合作记录集上，刻画出直接信任度的时间衰减趋势。

$$\gamma(t_p) = \begin{cases} 1, \ \Delta t = 0 \\ \dfrac{1}{e^{t_{now}-t_p}} = \dfrac{1}{e^{\Delta t}}, \ \Delta t \neq 0 \end{cases} \quad \gamma(t_p) \in (0, 1) \qquad (11-1)$$

同时，在 t_h 内利用各历史交易满意度与其均值的偏离度构建敏感置信权重 $\omega_p(i, j)$。

$$\omega_p(i,j) = \frac{|f_p(i,j) - \overline{f_p(i,j)}|}{\sum\limits_{p=m+1}^{n} |f_p(i,j) - \overline{f_p(i,j)}|}, \quad p \in [m+1, n] \qquad (11-2)$$

式中，$f_p(\overline{i,j})$ 表示 t_h 内 $n-m$ 次合作满意度的均值。

由式 11-2 中可知，在第 p 次合作时，如果上次合作中对合作伙伴的满意度有了较大的波动，则本次合作对其信任的判断将在一段时间内保持相同的信任倾向，由此，当合作满意度波动较大时，其权重应随其进行动态调整；当 $t \in [t_1, t_{H-h-1}]$ 时，成员 i 对 j 的置信权重为 $\gamma(t_p)$，当 $t \in [t_{H-h}, t_H]$ 时，成员 i 对 j 的置信权重为 $[\gamma(t_p) + \omega_p(i,j)]/2$。

以银行 i 对知识产权质押融资成员集 U 直接信任为计算依据，据此得出知识产权质押融资社会网络直接信任集 $D(U)$。可表示为：

$$D(i,j) = \alpha \frac{\sum\limits_{p=1}^{m} f_p(i,j)\gamma(t)\Phi_p(i,j)}{m} +$$

$$(1-\alpha)\frac{\sum\limits_{p=m+1}^{n} \{f_p(i,j)[\gamma(t_p) + \omega_p(i,j)]\Phi_p(i,j)\}}{2(n-m)} -$$

$$\sum\limits_{p=1}^{n} I_p(i,j) \qquad (11-3)$$

式 11-3 中，α 为直接信任时间滑动窗口的平衡系数，用于平衡直接信任历史合作的继承性及当前合作的信任敏感性。其中，$I_p(i,j) = \mu_{xp} / (1 + e^{-a})$ 为成员 i 与成员 j 在合作过程中，因成员 j 恶意欺骗或违约的惩罚项。其中，若成员 i 与成员 j 第 p 次合作顺利，则令 $xp = 0$，该惩罚项失效，若出现欺骗或违约现象时，则令 $xp = -1$，该惩罚项发挥作用；μ 为惩罚调节系数，a 为累计合作失败次数，$(1 + e^{-a})^{-1}$ 为该惩罚加速因子，当合作失败该加速因子可使直接信任度迅速下降，随着失败次数 a 的增多，该加速因子将逐渐增大以避免因一两次无意的失信而导致惩罚过重现象的出现。

11.3.2　间接信任评估模型

银行与知识产权质押融资的企业不可能都存在合作信任关系，这导致

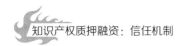

仅凭直接信任来确定成员节点间的信任度是不完善的。所以，即需知识产权质押融资中第三方成员的推荐反馈信任值作为间接信任评估的媒介，推荐反馈信任值是依据其对知识产权质押成员集 U 历史合作记录的直接信任度 $D(r,j)$ 得出，其中推荐反馈信任值的评价真实程度及准确度都需要进行研究。所以，本节在实际信任推荐过程中，构建了相关的推荐可信度 $R(i,r)$。在知识产权质押融资间接信任评估过程中，拥有较高 $R(i,r)$ 的推荐可信度推荐成员节点的推荐信息更可信，其反馈推荐值将赋予较大权重，由此得出银行成员 i 对 j 间接信任度。

$$I(i,j) = \frac{\sum_{r=1}^{k} R(i,r)D(r,j)}{k}, R(i,r) \in [0,1] \tag{11-4}$$

将首次完成信任推荐成员的推荐可信度 $R(i,r)$ 设定为0.5，即对其推荐的可信程度处于半怀疑状态，并在以后间接信任征集与反馈过程中不断更新。并将推荐成员 r 对知识产权质押成员 j 的信任评价与全体推荐成员 J 对 j 的群体评价的差异度定义为 $D_i(r,J)$。在实际信任推荐过程中，推荐成员 r 对知识产权质押融资成员 j 的信任评价应符合该成员节点的实际情况并趋于一致，当某一推荐节点 r 推荐信任的 $D_i(r,J)$ 越小，则说明该成员节点的可信度越低。通过上述分析，将推荐成员 r 对知识产权质押融资成员 j 的信任评价与全体推荐成员 J 对 j 的群体评价的差异度定义为：

$$D_i(r,J) = \begin{cases} \dfrac{\mu \left| D(r,j) - E[D(r,j)] \right|}{\sigma[D(r,j)]} \\[2mm] \dfrac{(1-\mu) \left| D(r,j) - E[D(r,j)] \right|}{\sigma[D(r,j)]} \end{cases} \quad 0 < \mu < 1 \tag{11-5}$$

μ 为银行对其进行的信任评价的比重。

$D_i(r,J) \leqslant 1$ 时，即认为推荐信任评价与群体评价的差异在可接受范围内，第三方成员推荐信任值是真实有效的，其更新后的推荐信任度 $R'(i,r)$ 将在原有基础上小幅增加，增加幅度为 $\beta[1 - D_i(r,J)]R(i,r)$，$\beta$ 为增加幅度的调整系数；反之，当差异度 $D_i(r,J) > 1$ 时，则将无法接受推荐成员 r 对知识产权质押融资成员 j 的信任评价与群体评价的差异，同时认为其推荐的信任值不可信，其更新后的推荐可信度 $R'(i,r)$ 将大幅下降，下降幅度为 $\gamma(1-1/D_i(r,J)) \times R(i,r)$，$\gamma$ 为下降幅度的调整系数。此时，可表示为银行 i 对知识产权质押成员 j 的基于第三方成员企业推荐的间接信任度可更新为：

$$I'(i,j) = \frac{\sum_{r=1}^{k} R'(i,r)D(r,j)}{k} \qquad R'(i,r) \in [0,1] \qquad (11-6)$$

11.3.3　信任感知风险评估模型

知识产权质押融资成员与各银行的信任关系具有不确定性、难以控制性及机会主义等特点，由此使银行在贷给知识产权质押企业款项时产生了信任风险，银行针对合作中的经济环境、知识产权价值，以及心理多维度感知风险，构建感知风险多维深层作用模型。感知风险的三个维度分别作用于信任的三个方面，并最终通过信任倾向影响银企合作意向。

采用信息熵来度量成员间合作信任感知风险的大小，其风险评价过程如下：

将成员 i 与 $U = \{u_1, u_2, u_3, \cdots, u_j, \cdots, u_v\}$ 中各成员的感知风险视为某一信源，U 中的 v 个成员则成为该信源发送的对象，而三类感知风险是影响信源发送不确定度的主要因素，并将各感知风险因素 g 对 v 个成员的信任影响记为 g_{xy}，且 $g_{xy} \in [0,1]$，g_{xy} 越大表示感知风险因素对信任的影响越大，其相应风险则越高。同时，将其取值范围分成三个相等的份额，并设定为信任感知的三类风险级别，对 v 个成员的感知风险因素的影响程度进行比较，由此建立感知风险评价矩阵。

计算第 x 项感知风险下第 y 个成员的信任风险指标比重，由熵值法得到第 x 项感知风险的熵：

$$H_x = -\varepsilon \sum_{y=1}^{v} P_{xy} \ln P_{xy} \qquad (11-7)$$

$(x=1, 2, 3; y=1, 2, \cdots, v)$

式中，$\varepsilon = 1/\ln v$，设定当 $P_{xy} = 0$ 时，$P_{xy} \ln P_{xy} = 0$，则可获得第 x 项感

知风险的熵权：

$$\widetilde{w_x} = \frac{1 - H_x}{\sum\limits_{x=1}^{3} (1 - H_x)} = \frac{1 - H_x}{3 - \sum\limits_{x=1}^{3} H_x} \tag{11-8}$$

$(x = 1, 2, 3; y = 1, 2, \cdots, v)$

得出其具体的感知风险大小：

$$P(U) = \frac{\sum\limits_{x=1}^{8} \widetilde{w_x} g_{xy}}{\sum\limits_{x=1}^{8} \widetilde{w_x}} \tag{11-9}$$

$(x = 1, 2, \cdots, 8; y = 1, 2, \cdots, v; g_{xy} \in [0, 1])$

其中，g_{xy} 为各感知风险因素 g 对 v 个成员的信任影响且 $g_{xy} \in [0, 1]$，g_{xy} 越大表示感知风险因素对信任的影响越大，其相应风险则越高。$\widetilde{w_x}$ 为感知风险的度量。

综合知识产权质押融资合作发起方成员 i 对潜在合作伙伴集直接信任度 $D(U)$、间接信任度 $I(U)$ 及感知风险度 $P(U)$ 的求解，本节给出综合信任度：

$$C(U) = \eta D(U) + (1 - \eta) I(U) - \varphi P(U) \tag{11-10}$$

综合考虑其他银行对该企业的间接信任度影响，此时 $\eta \in (0, 1)$；当银行 i 与知识产权质押融资企业之间存在完善且可获取的历史合作记录时，此时 $\eta = 1$，只需分析直接信任度来做判断。感知风险度 $P(U)$ 就如同综合信任度的处罚项，处罚系数为 $\varphi \in [0, 1]$。将各潜在合作伙伴的综合信任度 $C(U)$ 依照信任度由大到小进行顺序排列，便可看出合作伙伴选择的优先顺序，为银行与知识产权质押融资企业之间进行更好的合作提供依据。

11.4　基于社会网络的知识产权质押融资信任度影响因素仿真分析

11.4.1　系统参数设置

为验证其信任模型结构框架及其动态信任评估模型对知识产权质押融

资成员信任是否具有准确的影响，本节通过使用 MATLAB 程序进行分析，并对知识产权质押融资各成员因为不同的影响因素产生不同影响进行分析。初始参数设定值如表 11-1 所示。

表 11-1 仿真初始数据

参数	α	β	γ	η	φ	t_H/月	t_h/月	P/次
初始设定值	0.35	0.2	0.25	0.55	0.35	15	5	100

11.4.2 仿真结果分析

通过模型分析，得出知识产权质押融资成员与银行之间信任，分别受到距目前时间远近、合作规模大小、近期合作与各历史合作记录差异（敏感置信权重）、其他银行对该企业的推荐可信度大小、企业的承受风险能力大小影响。在本节中运用 MATLAB 程序来进行分析，分别将时间衰减函数、敏感性差异函数、推荐可信度函数，以及感知风险函数引用到综合信任函数中，分析上述列举出的各个影响因素对其信任的影响。

由图 11-2 可知，在知识产权质押融资成员严格要求自己的合作行为时，其与银行之间存在完善且可取的历史合作记录，不存在信任时间衰减影响以及敏感置信权重影响的理想状态下，知识产权质押融资成员综合信任度会在历史合作过程中逐渐上升，在达到临近水平时将保持在一个稳定的波动范围内。

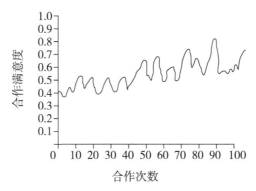

图 11-2 理想情况下信任变化

在图 11 - 3 中，在知识产权质押融资网络信任模式下，当知识产权质押融资成员在近期的活跃度变低、合作频率一般时，引入直接信任模型时间衰减函数 $\gamma(t_p)$ 使得知识产权质押融资社会网络信任的历史满意度随时间的推移而减少，其综合信任值随时间而逐渐下降。

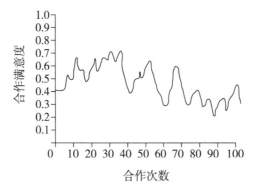

图 11 - 3　时间衰减影响信任变化

由图 11 - 4 可知，当拥有图 11 - 2 较好的合作基础时，存在 t_h 时间内各历史交易满意度与其均值之间的偏离，将知识产权质押融资社会网络信任中直接信任度的敏感置信权重 $w_p(i,j)$ 引入，看出其综合信任度随合作次数增加发生较大波动，各历史交易满意度偏离度过大导致敏感置信权重发挥作用。

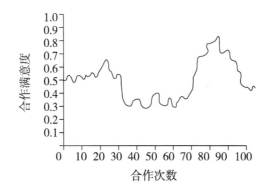

图 11 - 4　敏感置信权重影响信任变化

当知识产权质押融资成员在直接信任的相关因素影响下，其信任度还会受到来自其他银行的合作评价，由图 11 - 5 可知，将其他银行的推荐可信度，以及由推荐成员对企业的信任评价与群体评价的差异共同构成的间接信任可信度函数 $R\ (i,\ r)$ 引入，信任度呈现出保持平稳的特征，可推测出对知识产权质押成员的推荐可信度对整体信任度的影响。

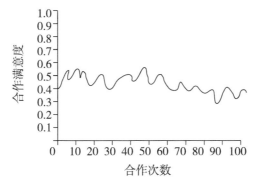

图 11 - 5　推荐可信度影响信任变化

　　除了知识产权质押融资直接信任、间接信任影响之外，其综合信任度还总会受到信任感知风险的影响，由图 11 - 6 可知，引入信任感知风险 $P\ (U)$，其信任值较于图 11 - 5 发生了变化，可推测其感知风险对合作信任的敏感性。

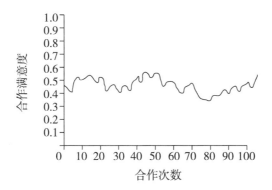

图 11 - 6　信任感知风险影响信任变化

本章小结

　　本章将知识产权质押融资行为嵌入特定的社会网络中，构建直接信任、间接信任及感知风险信任三维结构模型和基于社会网络信任的专利权质押融资动态评估模型，仿真模拟分析时间衰减、敏感性差异、推荐可信

度，以及感知风险等因素对知识产权质押融资综合信任度的影响。进一步建立回归模型，研究在不同的影响因素下所产生的不同的信任影响，研究结果表明，通过对距目前时间远近、合作规模、近期合作与各历史合作记录差异、其他银行对该企业的推荐可信度、推荐成员对企业的信任评价与群体评价的差异、企业的承受风险能力等方面的分析，选择了固定的网络结构进行仿真模拟，网络规模和其他风险因素对知识产权质押融资信任模型的影响有待进一步研究。

第十二章 基于社会网络的知识产权 质押信任度影响因素的实验检验

金融机构、企业之间通过相互持股、借贷等资金联系构建起的资金网络日益复杂和密切，专利权质押融资中的银企关系已经由二维、线性关系发展成具有多维、复杂结构的社会网络关系。本章将专利权质押融资行为嵌入特定的社会网络中，构建直接信任、间接信任、风险感知对专利质押融资决策的理论模型。运用实验经济学的研究方法，观察被试在不同的信任水平下如何做出专利质押融资决策，对实验结果进行分析，分组 t 检验直接信任、间接信任、风险感知不同水平对专利质押融资风险评级、贷款金额以及专利质押融资利率的影响。

12.1 研究假设与模型

12.1.1 研究假设

社会网络，是指一群特定人之间的所有正式与非正式的社会关系（Mitchell，1969）❶。商业活动往往与社会关系交织在一起，因而商业关系不可避免地会产生社会关系 。Granovetter（1973）❷ 的研究认为，社会关系构成社会网络的联结，是社会网络的基本单位，并且任何经济行为都可以嵌入社会网络的社会关系中。社会网络是社会资本的一种内在特性，社

---

❶ Mitchell J C . The Concept and Use of Social Networks ［C］// Social Networks in Urban Situations. 1969：181－184.

❷ Granovetter M S. Strength of Weak Ties ［J］. American Journal of Sociology，1973，78（6）：1360－1380.

会资本是"能够通过协调的行动来提高社会效率的信任、规范的网络"（Putnam，1999）❶。我国社会属于关系型社会，社会网络对于我国传统商业银行、民间信贷和网络个人信贷都具有重要的影响。姚铮等（2013）❷研究指出社会网络有助于增进小微个人信贷借款人贷款的可得性。李天元（2015）❸基于社会网络的商业银行关系型贷款，有助于缓解个人信贷借款人融资困境。杨汝岱等（2011）❹从社会网络视角，以调研的农户数据为基础，对我国农户民间信贷需求行为进行实证分析，研究发现以社会网络为基础的民间信贷对满足农村金融需求有积极意义。柴时军等（2014）❺从社会网络视角，对我国农户民间放贷行为进行实证分析发现，农户的社会网络关系越广，其参与民间放贷的可能性越高，放贷金额越大，参与程度也越高。

在一个紧密（强大）的社会关系网络中，个体责任感越强，违约率就越低（Gine 和 Karlan 等，2006）❻。社会网络对信用行为主要通过如下两种机制发挥作用：一是声誉机制。由于网络的相对封闭性和稳定性，以及私人性决定了声誉机制的信息对称性，一旦违约其行为与坏声誉就会在网络成员间广为传播，"坏名声"传出去，日后将难以获得交易机会，而且面临被驱逐出信贷市场的可能。二是惩罚机制。这种惩罚机制主要通过事前的可置信性威胁约束失信行为而发生作用。这是因为，网络的重复交易机制、信息的对称性机制和高同质性的认知模式使违约行为受到惩罚的可能

❶ Robert W Putnam. Transforming Social Practice：An Action Science Perspective ［J］. Management Learning，1999，30（2）：177 – 187.

❷ 姚铮，胡梦婕，叶敏. 社会网络增进小微企业贷款可得性作用机理研究 ［J］. 管理世界，2013（4）：135 – 149.

❸ 李天元. 基于社会资本的中小企业关系型贷款 ［J］. 中国商论，2015（19）：82 – 84.

❹ 杨汝岱，陈斌开，朱诗娥. 基于社会网络视角的农户民间借贷需求行为研究 ［J］. 经济研究，2011，46（11）：116 – 129.

❺ 柴时军，王聪. 社会网络与农户民间放贷行为——基于中国家庭金融调查的研究 ［J］. 南方金融，2015（6）：33 – 41.

❻ Gine X，Karlan D S，Morduch J，et al. Microfinance Games ［J］. American Economic Journal Applied Economics，2006，2（3）：60 – 95.

性极大，有助于减少机会主义行为。当然，事后的惩罚措施也是很严厉的。这种事后惩罚机制主要包括三个方面：专用性资产的损失、声誉损失和预期收益的损失，其中专用性资产的损失就是关系型社会资本的损失，被驱逐出信贷市场的可能性。

社会网络是由许多节点构成的一种社会结构，节点通常是指个人或组织，社会网络代表各种社会关系，经由这些社会关系，把从偶然相识的泛泛之交到紧密结合的家庭关系的各种人们或组织串连起来。所以社会网络是一种基于"网络"（节点之间的相互连接）的社会组织形式。在社会网络交易中存在着信任关系，使得网络实体间相互依存的信任关系构成一个所谓的信任网络。社会网络信任是指基于"网络"的社会组织形式，某一节点愿意信赖其他节点的意愿、打算或期望。

质押融资企业与银行的合作过程中，银行会对合作过并对该公司存在一定合作记录的知识产权质押融资企业评判出一定的合作满意度，而形成的合作满意度并不是一成不变的，就像信任具有动态性的特征，双方合作形成的对企业的合作满意度也同样具有动态性，即它会随时间积累而发生变化。由此分析并提出研究假设：

H1：若企业与银行之间存在直接合作记录，且记录完善的情况下，在最大信任时间范围内，距目前时间越近的合作记录企业合作的可信程度越大（时间衰减规律）。

在知识产权质押融资企业与银行直接合作过程中，据文献中了解，具有动态激励特征的知识产权质押融资社会网络信任能够降低参与者的道德风险。在知识产权质押融资合作规模大时，具有动态激励特征的知识产权质押融资社会网络信任会发挥作用，能够降低参与者的道德风险，在企业内能表现出较高的满意度。由此分析并提出研究假设：

H2：若企业与银行之间存在直接合作记录，且记录完善的情况下，企业的合作规模越大，知识产权质押融资的直接信任度越高。

在仿真中，通过对敏感置信权重的设定，可以更清晰地看出知识产权质押融资企业与银行直接合作过程中，突出了知识产权质押融资企业对合作的诚信度，若在合作过程中出现欺骗行为，也会致使其合作满意度迅速

下降。由此分析并提出研究假设：

H3：若企业与银行之间存在直接合作记录，且记录完善的情况下，企业敏感置信权重越大，其直接信任度越低。

在无法完全获取该企业的历史信任记录的情况下，借鉴社会网络中"弱关系"理论，知识产权质押融资契约成员可通过网络信息服务平台，调查该知识产权质押融资成员与银行直接合作的信任度，经实验形成对其知识产权质押融资契约的合作满意度的初评价。而推荐成员对知识产权质押融资企业的信任评价在某节点上产生的推荐信任度不同，也会影响到与之合作的银行对其信任度的变化。由此分析并提出研究假设：

H4：若企业与银行之间存在不直接合作记录，或存在合作记录，但记录不完善的情况下，推荐成员对知识产权质押融资企业的信任评价在某一推荐节点推荐信任度越小，该企业在这一节点的可信度越低。

在知识产权质押融资社会网络信任环境下，政策环境、政策知识产权质押立法体系不完善等问题构成了影响知识产权质押融资社会网络信任的环境感知风险；未来预期现金流往往是知识产权质押融资主要担保方式，使得知识产权质押融资不确定性较强，由此成为影响信任的价值感知风险；同时，由于高技术水平的不断更新、发展，使得知识产权的技术方面成为知识产权质押融资契约的合作满意度的重要影响因素。银行会根据当时的不同的风险因素的综合影响，为自身制定出相应的风险心理承受底线。由此分析并提出研究假设：

H5：银行作为出借方的感知风险的承受能力越低，则银行与该企业合作的知识产权质押融资中合作满意度越低。

如果银企间有合作关系，银行基于企业提供的审贷资料和银企双方已有的交易历史记录直接评估其还款能力和态度而形成的一种良好预期，称之为直接信任。研究发现，信任是影响出借意愿的核心因素，提升借款人和出借人之间的信任水平是提升交易效率的有效手段[1]。在贷款审批过程

---

❶ 陈冬宇，朱浩，郑海超. 风险、信任和出借意愿——基于拍拍贷注册用户的实证研究［J］. 管理评论，2014，26（1）：150－158.

中，受信企业的还款能力和还款的意愿倾向是银行内部操作流程评估的重点❶。如果银企间有合作关系，银行基于企业提供的审贷资料和银企双方已有的交易历史记录直接评估其还款能力和态度而形成的直接信任度较高，则会对该笔专利质押融资业务产生积极的评价；反之，若审贷员对贷款企业的直接信任水平较低时，审贷员会认为该贷款企业不具备按时还款付息的能力和态度，因此会对该笔专利质押融资业务产生消极评价。对审贷员来说，直接信任水平是"好客户"的信号，直接信任程度越高，银行对专利质押融资企业的风险评级更低、贷款金额越大、贷款利率越低。基于此，提出以下研究假设：

H6：银行对企业的直接信任程度与专利质押融资意愿正相关；

H6-1：银行对企业的直接信任程度越高，专利质押融资的风险评级越低；

H6-2：银行对企业的直接信任程度越高，专利质押融资金额越大；

H6-3：银行对企业的直接信任程度越高，专利质押融资利率越低。

一方面，随着金融一体化进程的加剧，银行之间形成了错综复杂的关系❷；另一方面，银行信贷行为同质化现象日趋严重，一家企业往往与多家银行同时构成借贷行为，银行间的投资关系、银行和企业间的信贷关系以及企业间的商业信贷关系，形成了银企多方复杂的网络关系（隋新等，2017）❸。根据社会网络理论，企业作为一种特定类型的网络成员嵌入在一个相当复杂的社会网络中，银行可以通过企业的社会关系获得企业财务以外的相关信息，如企业行为、企业主个人品行等，这些信息是衡量借款者可信程度的重要信号。另外，在一个相对封闭的网络中，因为存在着社会规范，所以网络内的成员不敢有恶意的行为，因为彼此的监督制裁能力很

❶ Edelenbos J, Klijn E H. Trust in Complex Decision - Making Networks: A Theoretical and Empirical Exploration [J]. Administration & Society, 2007, 39（1）: 25 - 50.

❷ Karlan S. Social Connections and Group Banking [J]. The Economic Journal, 2007, 117（517）: 52 - 84.

❸ 隋新，何建敏，李守伟. 嵌入银企间和企业间市场的内生信贷网络模型构建 [J]. 北京理工大学学报（社会科学版），2017，19（3）: 99 - 107.

强，这种监督制裁能力保证了成员行为的可预期性，处于社会网络中的借款人会由于不偿还借款而遭受"制裁"，被排除在网络之外❶。信任关系的构成并不完全依赖直接信任，还存在一种隐含于直接信任背后的关系，即间接信任。与直接信任相比，间接信任获取较困难，其所具备的影响作用也常被忽视。相关研究结果显示，信任关系中直接信任起到主导作用，而间接信任的作用也不容忽视❷。

如果银企间没有合作关系，银行可以通过社会网络，根据第三方的推荐，间接形成对其还款能力和态度的一种良好预期，称之为间接信任。已有研究发现，小微企业社会网络与贷款相关的网络特征包括网络关系、网络结构和网络节点，网络关系是网络作用发挥的最重要的切入点；通过信息不对称、网络约束、信息传递和融资支持网络作用的发挥，能够使银行信用成本和管理成本降低、业务收入提高，最集中地体现在信用成本降低上（姚铮等，2013）。在无法完全获取合作伙伴历史信任记录的情况下，银行可通过社会网络向其他企业、银行征集该贷款企业与其他企业、银行间直接合作的信任度，经信任的反馈传递形成间接信任度（吴应良等，2015）。当银行通过网络获取的贷款企业的间接信任水平较高时，审贷员会对该笔专利质押融资业务产生积极的评价；反之，认为该贷款企业不具备按时还款付息的能力，因此会对该笔专利质押融资决策产生消极评价。间接信任水平也是"好客户"的信号，间接信任程度越高，银行对专利质押融资企业的风险评级更低、贷款金额越大、贷款利率越低。基于此，提出以下研究假设：

H7：银行对企业的间接信任程度越高，审贷员专利质押融资意愿正相关；

H7-1：银行对企业的间接信任程度越高，专利质押融资的风险评级越低；

---

❶ 姚铮，胡梦婕，叶敏. 社会网络增进小微企业贷款可得性作用机理研究 [J]. 管理世界，2013（4）：135-149.

❷ 吴应良，姚怀栋，李成安. 一种引入间接信任关系的改进协同过滤推荐算法 [J]. 现代图书情报技术，2015（9）：38-45.

H7 - 2：银行对企业的间接信任程度越高，专利质押融资金额越大；

H7 - 3：银行对企业的间接信任程度越高，专利质押融资利率越低。

一般认为银企间的信息不对称是产生麦克米伦缺口的主要原因，专利质押融资业务中银企间的信息不对称尤为严重❶。一方面由于专利质押融资的主要客户是科技型中小企业，其规模较小、经营管理能力较弱，信息披露的质量普遍较差；另一方面其所处的高科技产业具有较高的知识壁垒，所质押的专利评估难、变现难。严重的信息不对称使得金融机构缺乏评估其融资能力的关键信息，导致其直接信任度水平较低❷。社会网络能够提供信息并促进信息的传播，进而有效地降低信息不对称。

即使银企间有合作关系，由于专利质押融资本身较其他业务存在更严重的信息不对称导致直接信任度普遍较低，为弥补直接信任关系的模糊性与不确定性，银行一方面可以通过网络中的成员（尤其是核心成员）了解该企业的详细信用资料，另一方面可以通过网络成员间的相互约束和监督来抑制企业的机会主义行为❸。即审贷员在做出专利质押融资决策时，要综合考虑直接信任和间接信任，间接信任程度将起到调节作用。基于此，提出以下研究假设：

H8：间接信任在直接信任对专利质押融资决策影响过程中起到调节效应；

H8 - 1：间接信任在直接信任对专利质押融资风险评级决策影响过程中起到调节效应；

H8 - 2：间接信任在直接信任对专利质押融资金额决策影响过程中起到调节效应；

H8 - 3：间接信任在直接信任对专利质押融资利率决策影响过程中起

---

❶ Mann W. Creditor Rights and Innovation: Evidence from Patent Collateral [J]. Journal of Financial Economics, 2018, 130 (1): 25 - 47.

❷ 齐岳，廖科智，刘欣，冯筱璐. 创新创业背景下科技型中小企业融资模式研究——基于知识产权质押贷款 ABS 模式的探讨 [J]. 科技管理研究，2018，38 (18)：127 - 132.

❸ 寿志钢，杨立华，苏晨汀. 基于网络的组织间信任研究——中小企业的社会资本与银行信任 [J]. 中国工业经济，2011 (9)：56 - 66.

到调节效应。

风险感知描述的是人们对某类风险事件的直觉判断，包含了风险既具有损失性又具有收益性的双重特征。风险感知中的不确定性将会促使主体做出多种可能的行为，一般情况下，高程度的风险感知的人们更倾向于采取降低风险的保守举措来降低风险感知带来的焦虑。（杨卫忠，2018）❶ 但是同时也有研究声称，即使面临高风险，被试也不一定会采取研究者预料中的保守行为。这是因为人的行为不仅受风险感知程度的影响，与此同时还会受到风险态度的影响（Hillson 等），风险承受能力较高的投资者在面对高风险的投资决策时，可能会因为高额的风险溢价而选择承担风险、继续投资。风险感知是用来描述主体对某类风险事件的直觉判断的一个概念，包含了风险既具有损失性又具有收益性的双重特性。风险的不确定性将会促使人们做出多种可能的行为，一般情况下，高程度的风险感知之下人们更倾向于采取降低风险的保守举措来减缓高风险感知造成的焦虑状态。但是这并不意味着所有主体在面临高风险时都会采取中庸的保守选择，因为人们的行为不单纯受到风险感知高低的影响，还会受到自身风险态度的驱动。在面临高额的风险溢价时，一位具备高度冒险精神的被试很可能会因此受到激励而继续投资。风险的不确定性可能会促使人们做出多种不同的行为，一般情况下，风险感知程度更高的人更倾向于采取降低风险的保守举措来降低风险感知带来的焦虑。由此分析，提出如下研究假设：

H9：风险感知在直接信任对专利质押融资决策影响过程中起到调节效应；

H9 - 1：风险感知在直接信任对专利质押融资风险评级决策影响过程中起到调节效应；

H9 - 2：风险感知在直接信任对专利质押融资金额决策影响过程中起到调节效应；

H9 - 3：风险感知在直接信任对专利质押融资利率决策影响过程中起

❶ 杨卫忠. 风险感知、风险态度对农村土地经营权流转的影响研究——以浙江省嘉兴市农村土地经营权流转为例［J］. 中国土地科学，2018，32（9）：35 - 42.

到调节效应；

H10：风险感知在间接信任对专利质押融资决策影响过程中起到调节效应；

H10-1：风险感知在间接信任对专利质押融资风险评级决策影响过程中起到调节效应；

H10-2：风险感知在间接信任对专利质押融资金额决策影响过程中起到调节效应；

H10-3：风险感知在间接信任对专利质押融资利率决策影响过程中起到调节效应。

12.1.2　研究模型

为检验 H1～H5，以下设定回归模型：

$$CT = \alpha_0 + \alpha_1 SC + \alpha_2 DFPT + \alpha_3 SCW + \alpha_4 RC + \alpha_5 RT + \varepsilon \quad (12-1)$$

式中：

CT——综合信任（Comprehensive Trust）；

$DFPT$——距目前时间长短（Distance From the Present Time）；

SC——合作规模（Scale of Cooperation）；

SCW——敏感置信权重（Sensitive Confidence Weight）；

RC——推荐可信度（Recommended Credibility）；

RT——承受风险能力（Risk Tolerance）；

α_0——常数项；

α_1、α_2、α_3、α_4、α_5——回归系数；

ε——残差项。

若自变量对因变量产生影响，且自变量通过影响调节变量而对因变量产生影响，则形成调节效应。调节效应模型的基本形式如下：

$$Y = a + bX + cM + e_1 \quad\quad\quad\quad\quad\quad\quad\quad (12-2)$$

$$Y = a + bX + cM + c'MX + e_2 \quad\quad\quad\quad\quad (12-3)$$

Y 是因变量，X 是自变量，M 是调节变量，MX 是调节变量和自变量的交互项，系数是 a、b、c、c'。直接检验 c' 的显著性，如果 c' 显著则可以说

明调节变量在自变量和因变量的关系中存在调节作用，c'的正负代表调节作用的方向。其中 e_1、e_2 分别为模型（1）和模型（2）的回归残差。

为检验 H6 ~ H10，设定以下回归模型：

$$LD = \beta_0 + \beta_1\,DT + \beta_2\,IT + \beta_3\,DT*IT + \beta_4\,DT*TPR + \beta_5\,IT*TPR + \varepsilon$$

$$(12-4)$$

式中：

LD——贷款决策（Loan Decision）；

DT——直接信任（Direct Trust）；

IT——间接信任（Indirect Trust）；

TPR——信任感知风险（Trust Perceived Risk）；

β_0——常数项；

β_1、β_2、β_3、β_4、β_5——回归系数；

ε——残差项。

12.2 实验设计

中小企业融资困难的现实引发了企业通过知识产权融资突破融资困境的强烈愿望，在风险可控的情况下，如何控制知识产权质押融资的风险，成为银行扩展业务的重要途径，企业环境复杂多变，诸多因素影响着中小企业专利质押融资的结果，其中中小企业贷款过程中信贷审批员的个人决策相当重要，信贷审批员个人意见与决策方式已经成为事实上的决策过程。即在真实的中小信贷审批过程中，信贷审批员的个人审批意见可以直接决定中小企业的专利质押融资结果，因此，银行贷款审批人的某些个人特质在贷款审批过程中显得格外重要。但在真实的环境中很难做到对这些个人因素的作用进行分离和控制，而实验研究法则恰好能够通过消除或控制无关变量对实验结果的干扰，比较"干净"地衡量自变量对因变量的影响。本部分旨在通过经济学中常用的实验研究法，在上述的仿真基础上，从合作记录存在和完善与否、时间远近、合作记录满意度的对比、合作规模大小影响、敏感置信权重大小、其他银行对该企业的推荐可信度大小以及该企业承受风险能力大小方面进行实验分析。

12.2.1 实验被试

实验研究中如何选择被试很重要，选择合适恰当的被试能够确保实验最终结果的准确性和可靠性，还能提高结论的适用性。在进行实验设计时要选择更有代表性的实验被试增加实验情境的现实性。Fehr（2004）❶认为，高年级本科生是经济管理类实验中最合适的被试人员，如果选择银行等金融机构专业审贷人员作为被试，将更具有外部有效性，但可能引入不可观察的异质性（如隐性经验、交易习惯等），同时实验组织成本较高，所以，遵从选择本科生作为被试的惯例，本研究选择会计相关专业的高年级本科生作为被试。一方面他们都学过财务管理、管理会计等专业课程，熟悉实验涉及的背景知识，具备良好的逻辑思维能力，对企业进行产权融资行为也很了解，因而能够更好地理解实验任务并做出理智的选择；另一方面他们又不像社会参与者那样具有较强的思维定式，因而更容易达到实验目的。

实验员需指导被试完成信任干预专利质押融资出借意愿实验，即所有被试扮演决策者，即专利质押融资决策中的银行审贷员。本实验采取现金奖励与课程成绩相结合的激励方式。现金奖励表现为出场费与决策结果相结合的激励方式：①出场费奖励。不论参与者的表现如何，均获得5元的出场费；②根据各实验参与者最后的实验结果来判断其决策质量，并给表现优异的实验参与者，在相应课程的平时成绩中予以适当加分。

12.2.2 实验（一）设计

为检验H1-H5设计实验（一）。实验任务要求被试充当一家银行管理者。在实验材料中提供给被试者某高科技型中小企业的产权质押融资近况。首先，将实验发放给实验被试，并告知被试将扮演银行管理者，然后向实验被试介绍实验的基本要求，要求被试按顺序回答问题，认真阅读实验材料，同时要求被试独立完成实验，不能与他人互相讨论，而且不可修

❶ Ernst F, List J A. The Hidden Costs and Returns of Incentives – Trust and Trust Worthiness Among CEOs〔J〕. Journal of the European Economic Association. 2004, 2（5）: 743 – 771.

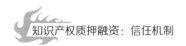

改已做出的答案。在被试完成这些题目之后，收回其手中的实验材料。

本实验通过对项目本身的贷款情况、存在历史合作记录的设定，模拟银行对知识产权质押融资企业的出借意愿的情况。实验组分别受直接信任、间接信任以及感知风险的影响下开展知识产权质押融资的活动，对照组则不进行干预活动。实验设计见表 12 - 1。

表 12 - 1　实验设计流程

组别	前测	实验干预	后测
实验组	O1	X	O2
对照组	O3	—	O4

O1：实验组前测；

O2：实验组后测；

O3：对照组前测；

O4：对照组后测；

X：进行干预活动的实验处理；

—：不进行干预或无实验观测。

12.2.2.1　前测阶段

现有一家银行，具有足够的借贷金额，而某一高科技型中小企业的总经理拟在社会网络平台上质押知识产权以获得贷款，假设您管理这家银行借贷（借款者 A），该高科技型中小企业的总经理（贷款者 B）需申请知识产权质押融资项目，项目概况为：该企业自主研发的××系统的发明专利权贷款，该项发明专利评估后的价值为 1000 万元，贷款以知识产权质押作为主要担保方式，以该企业一间工厂和所有设备等固定资产作为抵押进行组合担保。假设借款者现有 30 个筹码，记为 $M, M \in [0, 30]$，$M \times 100\% \times 1000$ 万为借款者 A 愿意借给贷款者 B 的金额数量。设定 T（即给予借贷的筹码/30）即为在此次合作中，银行对企业的满意度。该企业的知识产权质押相关信息：

①贷款者 B 在社会网络平台上与该家银行有着长期合作关系，近期贷款合作规模有所变化。②贷款者 B 在社会网络平台上与该家银行有着长期合作关系，且近期与该银行合作贷款的信任度评价发生变化。③贷款者 B

在与其他银行的历史合作中，这些银行对其历史合作满意度都做出相对的对比评价。④出借者 A 的心理所能承受的最大风险程度有所变化。

注：筹码只能为 30，25，20，15，10，5，0 共七种情况。

您作为借款者 A：请进行以下问题回答（见表 12 - 2）。

表 12 - 2 决定出借筹码（前测）

您打算出借给贷款者的筹码为	请打钩
30	
25	
20	
15	
10	
5	
0	

12.2.2.2 后测阶段

后测阶段决策背景与前测阶段相同。对照组不进行干预。实验组增加以下的干扰项，从合作规模大小、距目前时间越远（近）的合作记录、敏感置信权重大小、其他银行对该企业的推荐可信度大小以及银行承受风险能力大小这五个方面进行干预后，被试者重新进行抉择。

您作为借款者 A，请做出如下决策。

注：筹码只能为 30，25，20，15，10，5，0 共七种情况。借鉴正交试验设计出借筹码，如表 12 - 3 和表 12 - 4 所示。

表 12 - 3 决定出借筹码（后测 I）

合作规模	1(大)							
距目前时间越远(近)的合作记录	1(远)				0(近)			
敏感置信权重	1(大)		0(小)		1(大)		0(小)	
其他银行对该企业的推荐可信度	1(大)	0(小)	1(大)	0(小)	1(大)	0(小)	1(大)	0(小)

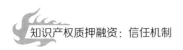

续表

银行承受风险能力	1(大)	0(小)	1(大)	0(小)	1(大)	0(小)	1(大)	0(小)	1(大)	0(小)	1(大)	0(小)	1(大)	0(小)	1(大)	0(小)
您决定出借的筹码																

表 12 − 4　决定出借筹码（后测 Ⅱ）

合作规模	1(小)															
距目前时间越远(近)的合作记录	1(远)								0(近)							
敏感置信权重	1(大)				0(小)				1(大)				0(小)			
其他银行对该企业的推荐可信度	1(大)		0(小)		1(大)		0(小)		1(大)		0(小)		1(大)		0(小)	
银行承受风险能力	1(大)	0(小)	1(大)	0(小)	1(大)	0(小)	1(大)	0(小)	1(大)	0(小)	1(大)	0(小)	1(大)	0(小)	1(大)	0(小)
您决定出借的筹码																

12. 2. 3　实验（二）设计

为检验 H6 − H8，本节运用实验经济学的研究方法，采用 2 × 2 的组内实验设计，通过正交实验设计虚拟的银行专利权质押融资决策情境，提供信任信息（直接信任、间接信任）作为刺激因素，观察受试者在不同的信任水平下如何做出专利质押融资决策并记录数据，再通过预实验不断完善、修正，以设计出更加合理、有效的正式实验；对实验结果进行分析，分组 t 检验直接信任、间接信任的不同水平对专利质押融资风险评级、贷款金额以及专利质押融资利率的影响，并通过多因素方差 ANOVA 分析分别检验主效应和调节效应。

相比于组间实验设计，在组内实验设计中，相同数量的被试可以参加不同的实验处理，所以在被试较少或比较难找的情况下，研究者可以从被试身上获得几种不同的数据，从而节省被试人数和实验时间。组内实验设计更好地控制了被试的个体差异。首先，组内设计没有组间差异，接受处理1的组与接受处理2的组完全相同，因此组间无混淆变量；其次，由于被试在不同的实验条件下进行实验，每一被试与自身是完全等同的，这就使测量并消除由个体差异引起的变异成为可能。

由于组内实验中，影响实验结果准确性的因素主要是顺序效应，因此，本研究采用拉丁方平衡设计的方法，尽可能地降低顺序效应对实验带来的影响，提高实验的效度。拉丁方平衡设计，即一个序列或一个矩阵必须满足每个实验处理在任何一个顺序序列中只出现一次，很好地控制了由于顺序效应产生的累计误差，有助于降低被试的疲劳感，从而使实验获取的数据更加准确，更好地克服了被试内实验设计的缺陷。

为提高实验的内部效度，本研究反复斟酌实验过程和实验材料，通过预实验不断修正实验设计，检查实验设计是否存在问题，并演练数据分析过程，初步验证假设，优化实验设计及流程。增加对额外变量的控制，保持所有被试在相同的环境下参与实验。被试的所有操作都是匿名的，在实验中每个被试的贷款决策和个人信息都将严格保密，实验过程不重复。为提升外部效度，实验尽可能真实地模拟银行审贷员的贷款决策情境，实验资料根据某真实公司专利质押融资的案例改编，实验前增加专利质押融资专题讲座，使被试加深对相关概念的理解，有助于做出更真实的判断。具体实验流程如下：①实验员向被试简单介绍本次实验的内容，让被试了解该实验。信贷决策则具体化为风险评级、贷款金额、贷款利率等。为了确保实验数据的有效性，实验者需要向被试解释专利质押融资的概念，确保被试理解准确。为提高实验情境的真实性，实验操控者在开始就引导被试设定自己是某银行专利质押融资业务中的审贷员；②下发实验材料，被试者按要求独立决策。实验的基本思路是向实验对象提供一个具体的企业知识产权贷款申请案例，包括企业背景信息、主要财务数据、审计意见、知识产权估值等有关信息，要求被试者做出有关贷款决策。被试进入实验后，首先阅读实验导语，并填写个人的基本信息。接着阅读实验情境材料，实验情境的第一部分是某专利质押融资的详细信息，根据某真实公司的信息改编；第二部分是公司高低水平不同的直接信任、间接信任水平。被试阅读完所有信息后，回答相应问题，做出专利质押融资决策。实验过

程强调每个被试独立地做决策，有问题实验组织者及时予以回复；③填写完毕后收回问卷，并支付奖励金。信任的实验情境材料详细描述如表12－5所示，分为四个不同的信任情境。

表12－5　信任的实验情境描述

信任水平		间接信任水平	
		高	低
直接信任水平	高	A. 银行与贷款企业之间有着多次、良好的历史交易记录，企业有还款能力；并且在其他银行、企业的推荐下，取得了对贷款企业的间接信任	B. 银行与贷款企业之间有着多次、良好的历史交易记录，企业有还款能力；但无法通过网络银行、企业的推荐，取得对贷款企业的间接信任
	低	C. 银行与企业之间虽然没有直接交易的历史记录，但银行在其他银行、企业的推荐下，取得了对贷款企业的间接信任	D. 银行与企业之间不但没有直接交易的历史记录，而且银行也无法通过社会网络银行、企业的推荐取得对贷款企业的间接信任

12.2.4　实验（三）设计

为检验 H9－H10，设计实验（三）。本节拟利用实验经济学原理，设计情境实验，研究银行贷款审批人员个人的基于信念的交易信任和基于无条件利他偏好的交易信任对专利质押融资的影响，并检验风险感知在这二者关系中所起到的调节作用。

该实验中设计情境，模拟真实专利质押融资审批情节，让被试在情境中扮演 A 银行专利质押融资决策的信贷审批员，其收到了 B 企业的专利质押融资申请，案例中将给出 B 企业的基本信息介绍、近年经营状况以及其他有关其专利评估所需的基本信息。决策背景：B 企业为高科技型中小企业，已经开发成功的产品销路广泛，远销海内外，为企业带来了良好的经济效益。企业近来研发出新的技术，并且已经申请了专利，然而该公司目前资金周转困难，想用所获专利进行一次贷款，以该项专利技术质押作为担保方式。经调查核实，该专利名为"一种 LED 焊线方法"，专利号为：ZL201610501242.8，专利评估后的价值为 1000 万元，且该专利在未来市场有很大的发展空间。该企业想要贷款二年。特别说明：企业可能由于资金运转困难或自身经营管理不善导致无法按期偿还贷款和利息。如果企业贷款无法偿还银行要持续追贷。

本实验将"专利质押融资风险等级""专利质押融资金额""专利质押融资上浮利率"三个变量作为本实验的因变量，设计情境实验模拟真实状况中银行信贷审批员决策情境，测度专利质押融资信贷审批员对于专利质押融资的风险评级、贷款金额、贷款上浮利率的数值。

本实验中的调节变量是风险感知，用来测度风险感知水平的量表采用了国内外学者的成熟量表，进行了多次修改，最终确定量表题项，力求精确表达原文含义。实验问卷采用 Likert 五级量表，在实验组织者对基本实验背景进行过讲解和答疑后，由被试自行填写实验问卷。本量表总共设置了五个问题，有"完全不同意""不太同意""一般""比较同意""完全同意"五个选项，分别对应 1～5 共五个分值，用五个问题打分加总后的算术平均值作为被试的风险感知程度，如表 12 – 6 所示。

表 12 – 6　风险感知量

以下各题，假设您就是工商银行的审贷员，现在请您完成以下问题。1 到 5 依次表示您对该题项，从弱至强的认可赞同程度，具体表示：1 为"完全不同意"，2 为"不太同意"，3 为"一般"，4 为"比较同意"，5 为"完全同意"，您作答的答案仅代表个人的态度，无须担心对错

题号	题干描述	完全不同意	不太同意	一般	比较同意	完全同意
1	多数情况下，我不能确认专利质押融资决策会产生何种不确定性结果					
2	多数情况下，我不能确认专利质押融资决策出现某种结果的可能性有多大					
3	多数情况下，我不能确保专利质押融资决策实施结果的好坏					
4	多数情况下，我担心专利质押融资决策失败会导致较大的潜在损失					
5	多数情况下，我担心专利质押融资决策可能得不偿失					

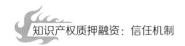

本实验设计方案采用被试内实验设计。155 名被试将被随机平均分配到两个实验小组内，之后两个小组将分别被安排进两个教室内，实验过程中两组被试互不接触，同一教室内的被试之间不允许相互交流。在实验开始之前，实验组织人员将会对基本实验流程进行简单讲解和答疑。两组角色对调，重复实验。

12.2.5　实验效度信度检验

对效度的检验，常用定性法对其验证。通常可以采取计算相关系数矩阵、Bartlett 球度检验和 *KMO* 检验等方法来进行检验，学者一般采用因素分析法来进行效度检验，*KMO* 值与效度同向变化，值越接近 1 表示越适合做因子分析，实验的效度越好。

对实验问卷进行效度分析，可以得到 *KMO* 的值为 0.773，表示比较适合做因子分析。Bartlett 球形度检验的 *Sig* 值为 0.000 小于显著性水平 0.05，说明变量之间存在显著的相关关系，因此，该实验具有较好的内容效度和聚合效度。

信度的高低可以通过 *Cronbach's Alpha* 系数进行检验，值越接近 1，其结果的可信度越高。学者 DeVellis 认为，系数在 0.60 ~ 0.65 之间最好不要，信度在 0.65 ~ 0.70 之间是最小的可接受值，系数在 0.70 ~ 0.80 之间表示信度相当好，系数为 0.80 ~ 0.90 表示非常好。因此一份比较好的量表或问卷，信度系数最好在 0.70 以上。在用 SPSS 进行信度分析时，通常用 *Cronbach's Alpha* 系数来衡量量表内部的可靠性与一致性。

对该实验问卷进行信度分析，所有测量变量的 *Cronbach's Alpha* 系数为 0.833，基于标准化项的 *Cronbach's Alpha* 为 0.931，均在 0.90 附近，信度在可接受水平之内，基本与实验预期结果相一致。因此，实验均通过了信度的检验。

12.3　研究结果分析

12.3.1　实验（一）结果分析

通过对研究设计的数据分析整理，在分析实验结果时，通过分析配对样本 T – Test 检验来分析实验组与对照组的前测与后测以及实验组、对照组自身的前后测之间的变化差异，以及借鉴正交试验设计方法，对正交实验设计进行方差分析，了解上述不同的因素对出借筹码的影响大小。

12. 3. 1. 1　配对样本 T – Test 检验

表 12 – 7　成对样本统计量

	Paired Samples Statistics（成对样本统计量）				
项目		Mean（均值）	N	Std. Deviation（标准差）	Std. Error Mean（均值标准误差）
Pair 1	对照组前测	18. 00	1280	9. 002	0. 252
	实验组前测	17. 75	1280	8. 139	0. 227
Pair 2	对照组后测	17. 973	1280	8. 2577	0. 2308
	实验组后测	15. 063	1280	6. 0228	0. 1683
Pair 3	对照组前测	18. 00	1280	9. 002	0. 252
	对照组后测	17. 973	1280	8. 2577	0. 2308
Pair 4	实验组前测	17. 75	1280	8. 139	0. 227
	实验组后测	15. 063	1280	6. 0228	0. 1683

通过配对样本 T 检验分析，表 12 – 7 中对照组前测和实验组前测的均值没有什么差异，说明对照组前测以及实验组前测数据具有同质性，数据真实有效，对照组前后测都并没有受到各个影响因素的影响，所以对照组前测和对照组后测之间的均值没有什么差异；而对照组后测和实验组后测以及实验组前测和实验组后测可以看出差异，因为实验组后测受到各个因素的影响产生与对照组后测以及实验组前测之间相差较大的均值。

表 12 – 8　成对样本相关系数

	Paired Samples Correlations（成对样本相关系数）			
	项目	N	Correlation（相关系数）	Sig.
Pair 1	对照组前测 & 实验组前测	1280	0. 894	0. 000
Pair 2	对照组后测 & 实验组后测	1280	0. 003	0. 905
Pair 3	对照组前测 & 对照组后测	1280	0. 742	0. 022
Pair 4	实验组前测 & 实验组后测	1280	0. 000	0. 991

由表 12 – 8 可以看出对照组前测 & 实验组前测的相关系数接近为 1，且 *sig* = 0.00，说明对照组前测与实验组前测之间相关性很高，显著性很高，即对照组前测与实验组前测的数据同质性，是一样可信的。同时，对照组前测 & 对照组后测的相关系数很高，且 *sig* < 0.05，说明对照组前测与对照组后测的相关性高且显著性明显，因为对照组前后测都没有受到各个因素的影响，其相差不大，即对照组前测与对照组后测的数据是一样有效的。

而对照组后测 & 实验组后测和实验组前测 & 实验组后测的相关系数很低，且 *sig* 接近 1，说明对照组后测与实验组后测、实验组前测与实验组后测的相关性低且显著性低，因为实验组后测受到各个因素的影响，导致其数据与对照组后测和实验组前测的数据之间相差较大，即对照组后测 & 实验组后测、实验组前测 & 实验组后测的数据存在明显差异的。

表 12 – 9　成对样本检验

成对样本检验								
项目	成对差分					*t*	*df*	*Sig.*（双侧）
	均值	标准差	均值标准误差	差分的 95% 置信区间				
				下限	上限			
Pair 1　对照组前测—实验组前测	0.246	4.032	0.113	0.025	0.467	2.183	1279	0.79
Pair 2　对照组后测—实验组后测	2.9102	10.205	0.2852	2.3506	3.4697	10.203	1279	0
Pair 3　对照组前测—对照组后测	0.0234	11.819	0.3303	– 0.625	0.6715	0.071	1279	0.943
Pair 4　实验组前测—实验组后测	2.6875	10.126	0.283	2.1322	3.2428	9.495	1279	0

由表 12 – 9 看出对照组前测—实验组前测的 *sig* = 0.79 > 0.05，对照组前测—对照组后测 *sig* = 0.943 > 0.05，这说明对照组前测和实验组前测无显著性差异，对照组前测和对照组后测也并无显著性差异，从而保证了实验组和对照组具有同质性。而对照组后测—实验组后测的 *sig* = 0.00 <

0.05，实验组前测—实验组后测的 $sig=0.00<0.05$，则说明在各个因素干预之后，实验组后测与对照组后测，以及与实验组前测之间存在显著性差异，这些因素影响了银行对知识产权质押融资企业的信任度，从而对银行最后决定出借的筹码产生影响。

12.3.1.2　正交实验设计的方差分析

表 12 – 10　主体间效应的检验

Source 源	Type Ⅲ Sum of Squares（Ⅲ型平方和）	df	F	Sig.
Corrected Model	44667.344ᵃ	6	5485.421	0.000
Intercept	290405.000	1	213980.973	0.000
SC（合作规模）	7507.813	1	5532.029	0.000
DFPT（距目前时间）	7411.250	1	5460.879	0.000
SCW（敏感置信权重）	7411.250	1	5460.879	0.000
RC（推荐可信度）	7653.828	1	5639.619	0.000
RT（承受风险能力）	7605.000	1	5603.641	0.000
Error	1727.656	1273	—	—
Total	336800.000	1280	—	—
Corrected Total	46395.000	1279	—	—
a. R Squared（R 方）=0.963［Adjusted R Squared（调整 R 方）=0.963］	—	—	—	—

由表 12 – 10 正交实验设计方差分析可知，影响因素中承受风险能力和推荐可信度两个对银行决定借予的筹码大小具有显著的影响，而合作规模距目前时间远近与敏感置信权重大小这两个因素对其的影响较小。这 5 个因素的主次关系是：其他银行对该企业的推荐可信度 > 企业的承受风险能力 > 合作规模距目前时间远近 = 敏感置信权重大小。

12.3.1.3　回归结果分析

通过对研究设计的数据分析整理，在分析实证结果时，通过采用 SPSS17.0，对实证中的数据进行回归分析，了解上述不同的因素对出借筹码的显著性影响大小以及验证上述假设。

表 12 – 11　回归分析结果

模型		系数ᵃ						
		非标准化系数		标准系数	t	Sig.	B 的 95.0% 置信区间	
		B	标准误差	试用版			下限	上限
1	（常量）	14.896	0.107	—	139.325	0	14.686	15.106
	SC（合作规模）	4.792	0.081	0.403	59.288	0	4.633	4.95
	DFPT（距目前时间）	– 4.75	0.081	– 0.4	– 58.773	0	– 4.909	– 4.591
	SCW（敏感置信权重）	– 4.708	0.081	– 0.396	– 58.257	0	– 4.867	– 4.55
	RC（推荐可信度）	4.812	0.081	0.405	59.546	0	4.654	4.971
	RT（承受风险能力）	4.792	0.081	0.403	59.288	0	4.633	4.95

a. 因变量：Y

　　从表 12 – 11 中可以看出各个变量之间呈现相关关系。由该表得出：企业的合作规模与其可取得的贷款金额在 5% 上显著正相关，对合作满意度的影响呈正相关，说明了若企业与银行之间存在直接合作记录，且记录完善的情况下，其合作规模越大，知识产权质押融资的直接信任度越高。存在距目前时间越远（近）的合作记录与其可取得的贷款金额在 5% 的水平上呈显著负相关关系，对合作满意度的影响呈负相关，说明若企业与银行之间存在直接合作记录，且记录完善的情况下，在最大信任时间范围内，距目前时间越近的合作记录企业合作可信程度越大；敏感置信权重与其可取得的贷款金额在 5% 的水平上呈显著负相关关系，对合作满意度的影响呈负相关，说明了若企业与银行之间存在直接合作记录，且记录完善的情况下，企业敏感置信权重相差越大，其直接信任度越低。该结果也进一步验证了之前提出的实验假设。此外，其他银行对该企业的推荐可信度与其可取得的贷款金额在 5% 水平上呈显著正相关关系，与合作满意度正相关，表明若企业与银行之间存在不直接合作记录，或存在合作记录，但记录不完善的情况下，推荐成员对知识产权质押融资企业的信任评价在某一推荐节点推荐信任度越小，该企业在这一节点的可信度越低。该结果也进一步支持了之前的假设。风险承受能力与其可取得的贷款金额在 5% 水平上呈显著正相关关系，结果表明了银行对于感知风险的承受能力越低，它与知识产权质押融资企业之间的合作满意度越低。这一定程度上为本章之前的假设提供了合理的解释。

表 12 - 12　模型数据

模型汇总[b]					
模型	R	R 方	调整 R 方		标准估计的误差
1	0.978[a]	0.956	0.956		1.252
模型	更改统计量					$Durbin - Watson$
	R 方更改	F 更改	$df1$	$df2$	$Sig.\ F$ 更改	
1′	0.956	3444.918	6	953	0.000	1.951

a. 预测变量:（常量），$X6$，$X5$，$X4$，$X3$，$X2$，$X1$。

b. 因变量:Y

表 12 - 12 为知识产权质押融资企业可贷款筹码最终的模型数据。数据显示，知识产权质押融资企业可贷款的筹码回归系数为 1.951，即对知识产权质押融资社会网络信任满意度存在有正向影响。

12.3.2　实验（二）结果分析

对实验结果进行多重比较分析发现，高水平直接信任组（情境 A 和情境 B）之间不具有明显差异，低水平直接信任组（情境 C 和情境 D）之间也不具有明显的差异，同样，高水平间接信任组（情境 A 和情境 C）之间不具有明显的差异，低水平间接信任组（情境 B 和情境 D）之间也不存在明显的差异，而其他不同情境之间存在着差异性。实验结果基本与实验预期结果相一致。这表明，组内实验对高低水平组的操控是成功的。

12.3.2.1　描述性统计分析

对实验数据结果进行描述性统计分析，结果发现在四种不同的实验决策情境下，贷款意愿的衡量变量有显著性差异。

由情境 A 到情境 D，风险评级的均值在逐渐上升，这表明审贷员对专利质押融资业务的风险评级会受到不同程度的信任水平的影响，且随着直接信任、间接信任水平的逐渐降低，审贷员对专利质押融资业务的风险评估水平呈递增状态，即审贷员认为该项专利质押融资业务的风险水平逐渐升高。

· 239 ·

由情境 A 到情境 D，审贷员放贷金额的均值在逐渐下降，这表明审贷员对专利质押融资业务中放贷的金额会受到不同程度的信任水平的影响，且随着直接信任、间接信任水平的逐渐降低，审贷员对专利质押融资业务的贷款金额在逐渐减少，即信任水平越低，审贷员放贷的金额就越少。

由情境 A 到情境 D，专利质押融资利率的水平逐渐越高，这表明专利质押融资业务中贷款利率水平会受到不同程度的信任水平的影响，且随着直接信任、间接信任水平的逐渐降低，专利质押融资业务的利率在逐渐上升，即信任水平越低，贷款利率就越高。具体数据如表 12 - 13 所示。

表 12 - 13　各变量的描述性统计情况

情境	风险评级		贷款金额		贷款利率	
	标准差	均值	标准差	均值	标准差	均值
情境 A	1.34	0.612	4.51	0.742	4.29%	3.044%
情境 B	2.43	0.595	3.41	0.751	4.71%	1.584%
情境 C	3.35	0.726	2.44	0.942	5.32%	2.370%
情境 D	4.67	0.643	1.32	0.623	5.76%	3.702%

12.3.2.2　主效应检验结果

检验结果如表 12 - 14 所示，直接信任水平高时与直接信任水平低时相比较，审贷员对该专利质押融资的风险评级更小，贷款金额更大，贷款利率更低，假设 H1 在四类不同的专利质押融资决策实验中都通过了检验。即不同程度的直接信任水平会对审贷员的专利质押融资决策意愿产生影响，直接信任水平越高，这种影响越显著。

间接信任水平高时与间接信任水平低时相比较，审贷员对该专利质押融资的风险评级更小，贷款金额更大，贷款利率更低，假设 H2 在四类不同的专利质押融资决策实验中都通过了检验。即不同程度的间接信任水平会对审贷员的专利质押融资决策意愿产生影响，间接信任水平越高，这种影响越显著。

表 12 - 14　主效应检验结果

项目	风险评级		贷款金额		贷款利率	
	标准差	均值	标准差	均值	标准差	均值
直接信任水平（高）	1.88	0.815	3.96	0.925	4.500%	2.429%
直接信任水平（低）	4.01	0.954	1.88	0.976	5.539%	3.108%
t 值	23.3637		21.3066		-3.6323	
p 值	0.0000		0.0000		0.0003	
间接信任水平（高）	2.34	1.210	3.47	1.336	4.803%	2.769%
间接信任水平（低）	3.55	1.283	2.36	1.256	5.237%	2.889%
t 值	-9.4622		8.3492		-1.4959	
p 值	0.0000		0.0000		0.1355	

12.3.2.3　调节效应检验结果

从表 12 - 15 中可以看出四种专利质押融资决策实验多因素方差分析结果。由该表得出，风险评级决策中，判决系数为 0.7841，说明风险评级的变异能被直接信任、间接信任及两者交互项解释的部分是 78.41%。其中，直接信任主效应显著，表示其他条件不变的前提下，直接信任度高的贷款企业比直接信任度低的贷款企业的风险评价等级显著较低，更容易获得贷款。间接信任主效应显著，表示其他条件不变的前提下，间接信任度高的贷款企业比间接信任度低的贷款企业的风险评价等级显著降低。直接信任和间接信任的交互项具有统计意义，这表明间接信任对直接信任对风险评级的作用存在调节效应，具体而言，与间接信任度低的贷款企业相比，间接信任度高的贷款企业风险评级受直接信任影响的作用更大。

表 12 - 15　多因素方差分析结果

项目	风险评级	贷款金额	贷款利率
直接信任	1028.99 ***	687.0[8] ***	13.2 ***
间接信任	333.51 ***	196.05 ***	2.3
直接信任*间接信任	3.05 *	0.04	0
R 方	0.7841	0.7014	0.0396

注：表中为 Pearson 相关系数；***、**、* 分别表示在 1%、5%、10% 的显著性水平下显著。

在贷款金额决策中，判决系数均约为 0.7014，说明贷款金额决策的变异能被直接信任、间接信任及两者的交互项解释的部分是 70.14%。其中，直接信任主效应显著，表示其他条件不变的前提下，直接信任度高的贷款企业比直接信任度低的贷款企业获得的贷款金额显著较高。间接信任主效应显著，表示其他条件不变的前提下，间接信任度高的贷款企业比间接信任度低的贷款企业获得的贷款金额显著较高。但是直接信任和间接信任的交互项却没有统计意义，这表明间接信任对直接信任对贷款金额决策的作用不存在调节效应。

在贷款利率决策中，判决系数均约为 0.0396，说明贷款利率决策的变异能被直接信任、间接信任及两者的交互项解释的部分不到 4%。其中，直接信任主效应显著，表示其他条件不变的前提下，直接信任度高的贷款企业比直接信任度低的贷款企业获得的贷款利率较低。间接信任主效应不显著，表示其他条件不变的前提下，间接信任度高的贷款企业与间接信任度低的贷款企业获得的贷款利率无显著差异。直接信任和间接信任的交互项也没有统计意义，这表明间接信任对直接信任对贷款利率决策的作用不存在调节效应。

12.3.3　实验（三）结果分析

表 12－16　风险感知调节效应结果

变量	专利质押 融资风险等级	专利质押 融资金额	专利质押 融资上浮利率
直接信任	0.027	0.002	0.017
	− 0.034*	0.013	− 0.025
	− 1.903	− 0.542	− 1.496
直接信任＊风险感知 （交互项）	0.074	0.048	0.047
	0.081**	0.088*	0.065**
	2.420	1.871	2.045
间接信任	0.011	− 0.004	0.006
	− 0.015	0.009	− 0.012
	− 1.566	− 0.684	− 1.347

变量	专利质押融资风险等级	专利质押融资金额	专利质押融资上浮利率
间接信任 * 风险感知（交互项）	0.056	0.03	0.018
	0.054 ***	0.056 *	0.036 *
	− 2.668	− 1.956	− 1.892

注：*** 、** 、* 分别表示模型中该变量的系数在 1% 、5% 、10% 的水平上显著，表中每个方框内的数据从上到下依次为各解释变量的 R 方、回归系数，括号内为 t 值。

如表 12 – 16，首先，用"直接信任""间接信任"分别与"专利质押融资风险等级""专利质押融资金额""专利质押融资上浮利率"被解释变量做了回归分析，可以发现：直接信任与贷款意愿在 10% 的显著性水平上显著，R 方为 0.027，回归系数为 − 0.034，t 值为 − 1.903。其余解释变量与被解释变量之间均不存在显著的线性回归关系。

其次，再观察交互项的回归情况，①直接信任—风险感知与"专利质押融资风险等级""专利质押融资金额""专利质押融资上浮利率"三个被解释变量均存在显著的线性回归关系，它们分别在 5% 、10% 、5% 的显著性水平上显著。

②间接信任—风险感知这一交互项与"专利质押融资风险等级""专利质押融资金额""专利质押融资上浮利率"三个被解释变量也均存在显著的线性回归关系，分别在 1% 、10% 、10% 的显著性水平上显著。

12.4　应用与建议

基于以上模型和实验检验的结论，从直接信任、间接信任、信任的感知风险三个维度提出应用建议。

12.4.1　运用基于社会网络的知识产权质押信任评估模型辅助贷款决策的建议

本章通过模拟网络中成员节点间的信任联系方式，构建知识产权质押

融资社会网络的拓扑结构图，并从中提取信任评估的总体流程，以形成基于社会网络的知识产权质押融资信任度动态评估模型。银行将各潜在合作伙伴的综合信任度依照信任度由大到小进行顺序排列，便可看出合作伙伴选择的优先顺序，为银行与知识产权质押融资企业之间进行更好的合作提供依据。

如果银企间有合作关系，银行基于企业提供的审贷资料和银企双方已有的交易历史记录直接评估其还款能力和态度而形成的一种良好预期，称之为直接信任。在贷款审批过程中，受信企业的还款能力和还款的意愿倾向是银行内部操作流程评估的重点。银行基于企业提供的审贷资料和银企双方已有的交易历史记录直接评估其还款能力和态度而形成的直接信任度较高，则会对该笔专利质押融资业务产生积极的评价；反之，若银行对贷款企业的直接信任水平较低时，银行会认为该贷款企业不具备按时还款付息的能力和态度，因此会对该笔专利质押融资业务产生消极评价。对银行来说，直接信任水平是"好客户"的信号，直接信任程度越高，银行对专利质押融资企业的风险评级更低、贷款金额越大、贷款利率越低。

根据社会网络理论，企业作为一种特定类型的网络成员嵌入在一个相当复杂的社会网络中，银行可以通过企业的社会关系获得企业财务以外的相关信息，如企业行为、企业主个人品行等，这些信息是衡量借款者可信程度的重要信号。另外，在一个相对封闭的网络中，因为存在社会规范，所以网络内的成员不敢有恶意的行为，因为彼此的监督制裁能力很强，这种监督制裁能力保证了成员行为的可预期性，处于社会网络中的借款人会由于不偿还借款而遭受"制裁"，被排除在网络之外。如果银企间没有合作关系，无法完全获取合作伙伴历史信任记录的情况下，银行可通过社会网络向其他企业、银行征集该贷款企业与其他企业、银行间直接合作的信任度，经信任的反馈传递形成间接信任度。当银行通过网络获取的贷款企业的间接信任水平较高时，银行会对该笔专利质押融资业务产生积极的评价；反之，认为该贷款企业不具备按时还款付息的能力，因此会对该笔专利质押融资决策产生消极评价。间接信任水平也是"好客户"的信号，间接信任程度越高，银行对专利质押融资企业的风险评级更低、贷款金额越大、贷款利率越低。

即使银企间有合作关系，由于专利质押融资本身较其他业务存在更严重的信息不对称导致直接信任度普遍较低，为弥补直接信任关系的模糊性与不确定性，银行一方面可以通过网络中的成员（尤其是核心成员）了解该企业的详细信用资料；另一方面可以通过网络成员间的相互约束和监督来抑制企业的机会主义行为❶，即银行在做出专利质押融资决策时，要综合考虑直接信任和间接信任。

风险感知是用来描述主体对某类风险事件的直觉判断的一个概念，包含了风险既具有损失性又具有收益性的双重特性。风险的不确定性将会促使人们做出多种可能的行为，一般情况下，高程度的风险感知之下人们更倾向于采取降低风险的保守举措来减缓高风险感知造成的焦虑状态。

12.4.2　运用基于社会网络的知识产权质押信任度模型提升企业贷款效率的建议

社会网络是由许多节点构成的一种社会结构，节点通常是指个人或组织，社会网络代表各种社会关系，经由这些社会关系，把从偶然相识的泛泛之交到紧密结合的家庭关系的各类个人或组织串连起来。所以社会网络是一种基"网络"（节点之间的相互连接）的社会组织形式。在社会网络交易中存在着信任关系，使得网络实体间相互依存的信任关系构成一个所谓的信任网络。社会网络信任是指基"网络"的社会组织形式，某一节点愿意信赖其他节点的意愿、打算或期望。在一个紧密（强大）的社会关系网络中，个体责任感越强，违约率就越低。社会网络对信用行为主要通过以下两种机制发挥作用：一是声誉机制，二是惩罚机制。

质押融资企业与银行的合作过程中，银行会对合作过并对该公司存在一定合作记录的知识产权质押融资企业评判出一定的合作满意度，而形成的合作满意度并不是一成不变的，就像信任具有动态性的特征，双方合作

---

❶　寿志钢，杨立华，苏晨汀. 基于网络的组织间信任研究——中小企业的社会资本与银行信任［J］. 中国工业经济，2011（9）：56－66.

形成的对企业的合作满意度也同样具有动态性，即它会随时间积累而发生变化。在知识产权质押融资企业与银行直接合作过程中，融资规模越大，具有动态激励特征的知识产权质押融资社会网络信任会发挥作用，能够降低参与者的道德风险，越能获取银行的信任。知识产权质押融资企业与银行合作过程中，突出了知识产权质押融资企业对合作的诚信度，若在合作过程中出现欺骗行为，也会致使其合作满意度迅速下降。因此贷款企业一方面需要持续加强与现有合作银行的交流，增加合作时间和合作规模；另一方面要关注企业自身的声誉，避免任何形式的欺骗行为，提升企业的综合诚信度。

在无法完全获取该企业的历史信任记录的情况下，借鉴社会网络中"弱关系"理论，知识产权质押融资契约成员可在网络信息服务平台上，调查该知识产权质押融资成员与银行直接合作的信任度，形成对其知识产权质押融资契约的合作满意度的初评价。而推荐成员对知识产权质押融资企业的信任评价在某节点上产生的推荐信任度不同，也会影响到与之合作的银行对其信任度的变化。若企业与银行之间存在不直接合作记录，或存在合作记录，但记录不完善的情况下，推荐成员对知识产权质押融资企业的信任评价在某一推荐节点推荐信任度越小，该企业在这一节点的可信度越低。因此贷款企业需要重视企业诚信度，在与其他银行、上下游企业以及企业内外其他利益相关者进行合作时均需要保持诚信。

在知识产权质押融资社会网络信任环境下，政策环境、政策知识产权质押立法体系不完善等问题构成了影响知识产权质押融资社会网络信任的环境感知风险；未来预期现金流往往是知识产权质押融资主要担保方式，使知识产权质押融资不确定性较强，由此成为影响信任的价值感知风险；同时，由于高技术水平的不断更新、发展，使得知识产权的技术方面成为知识产权质押融资契约的合作满意度的重要影响因素。银行会根据当时的不同风险因素的综合影响，为自身制定出相应的风险心理承受底线。为降低银行风险感知度，贷款企业需要主动提供充分的企业未来预期现金流和知识产权价值与风险评估的信息。

本章小结

本章基于社会网络理论，将专利权质押融资行为嵌入特定的社会网络中，构建了直接信任、间接信任、感知风险对专利质押融资决策的理论模型，运用实验经济学的研究方法，采用 2×2 的组内实验设计，通过正交实验设计虚拟的银行专利权质押融资决策情境，提供信任信息（直接信任、间接信任）作为刺激因素，观察被试在不同的信任水平下如何做出专利质押融资决策并记录数据，对实验结果进行分析，分组 t 检验直接信任、间接信任、风险感知不同水平对专利质押融资风险评级、贷款金额以及专利质押融资利率的影响。

研究发现：

①直接信任、间接信任对专利质押融资决策均有显著的影响作用，即当直接信任、间接信任水平较高时，专利质押融资的风险评级越低、贷款金额越大，贷款利率越低。

②间接信任只在直接信任对风险评级决策中存在调节作用，而在对贷款金额和贷款利率决策中没有调节作用。间接信任调节效应不显著的原因可能在于，被试对象对实验情境，尤其是间接信任的理解略有欠缺。由于专利质押融资本身较其他业务存在更严重的信息不对称性导致直接信任度普遍较低，为弥补直接信任关系的模糊性与不确定性，银行在做专利质押融资决策时，要建立完善的知识产权质押融资工作机制，综合考虑直接信任和间接信任，建立符合专利质押融资特点的信贷审批制度和利率定价机制，让更多的创新型中小微企业通过知识产权质押融资发展。

③风险感知在直接信任对专利质押融资决策影响过程中可起到调节效应，风险感知在间接信任对专利质押融资决策影响过程中可起到调节效应。信贷审批员自身风险感知程度对专利质押融资决策有重要影响，因此有必要加强对贷款审批员的培训，使其更具理性人视角与专业性思维，克服其在权衡决策时自身条件对最佳决策的影响。

第六篇

知识产权质押融资政策
促进信任机制研究

第十三章　基于系统动力学的知识产权融资政策研究

近年来知识产权融资蓬勃发展，在北京、上海、武汉等地大放异彩，先后衍生出不同的融资模式，政府近年来为促进知识产权融资更好的发展出台了一系列的政策。本章通过对近年来我国政府出台的政策进行归纳总结，依托系统动力学的原理，探究知识产权融资政策促进知识产权融资的路径，以促进知识产权融资在我国快速发展。

13.1　知识产权融资政策概念界定及分类

政策是指国家统治阶级、政府和执政党派为了实现自己所代表的阶级或阶层的利益和相应意志，以权威的方式在一定的时间段内，应采取的一般工作步骤和具体颁布的措施，以此来达到既定的奋斗目标、应当遵循的行动原则、各级政府应该完成的明确任务、治国理政实行的工作方式。国家政策一般分类两大类，对内政策和对外政策，对内政策包括财政经济政策、公共政策、文化教育政策、军事政策、劳动政策、宗教政策、民族政策等，对外政策主要包括外交政策。鉴于本章所研究的内容，主要从经济政策和环境政策两方面入手。

所谓经济政策，主要包括财政政策和货币政策。在财政政策当中，对知识产权融资起主要影响的因素主要有税收的调节和政府的转移支付，政府转移支付主要是指政府对企业融资支持的各项补贴措施和对金融机构的补贴。在货币政策当中，利率的调节和信贷政策的变更对知识产权融资至关重要，利率的调节将会直接影响企业的融资成本，进而影响企业的积极

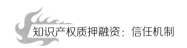

性；而信贷政策涉及的融资期限长短、知识产权类型等也会对知识产权融资金额产生重大影响。

所谓环境政策，是指国家通过对资源的战略性运用，以协调经济社会活动及相互关系的一系列政策的总称。环境政策所包含的范围较为广泛，对影响知识产权融资而言，更侧重于环境的营造。结合我国各地方政府出台的相关政策领域，本章的环境政策主要从信用建设、信息共享、法律保护、价值评估和风险补偿五个方面来讨论，如表 13－1 所示。

表 13－1　关于政策的分类及表现形式

关于政策的分类及表现形式				
	政策分类		政策落实表现形式	
政策	经济政策	财政政策	调节税收	税率变化
			转移支付	给企业、金融机构的融资补贴
		货币政策	调节利率	利率变化
			信贷政策	信贷规模、开放新市场等
	环境政策		信用建设	信用体系建设
			信息共享	融资平台建设
			法律保护	知识产权年限、打击盗用滥用
			价值评估	评估标准
			风险补偿	—

13.2　知识产权融资系统动力学模型构建

13.2.1　知识产权融资系统的相关假设

为更好地进行后续的模拟，本节将进行如下假设。

13.2.1.1　融资途径单一性

在本小节研究过程中，需排除其他融资方式对于知识产权融资的干扰因素，因此假设企业其他可供融资的途径都已经发挥到极限，想要继续融资只有通过知识产权来进行融资。

13.2.1.2　系统封闭性

本小节所选的地区是一个封闭的系统，不受其他地区或国外等外来资金等因素的影响，融资市场只有本地区。

13.2.1.3　融资需求的无限性

企业都是想做大做强，扩大生产规模获取更高利润，因此在融资方面，只要有利可图，企业就会无限进行融资。

13.2.2　系统结构分析

衡量知识产权融资的目标可以有多种，比如知识产权融资的交易量、融资金额、质押率等，但是要衡量一个地区知识产权融资的发展状况，本节认为应该选取知识产权融资增加值的数值这一绝对量作为最终的衡量指标。因为交易量、质押率等其他数值最终也会通过系统作用效果作用到融资金额上面；同时也因为知识产权融资的根本目的是为企业解决资金难题，融资增加金额的数额也是衡量解决企业多少资金问题的直接指标。

由于本节所研究的知识产权融资政策的作用对象不是一个个体，而是一个地区内所有的企业，因此本节选用地区知识产权融资金额这一指标，更有助于体现政策的作用效果。

知识产权融资金额是由两方面因素共同决定的，一是知识产权的市场价值；二是质押率。相关的影响因素及具体表现形式如表 13-2 所示。

表 13-2　影响知识产权融资金额的因素

衡量因素	影响因素		具体表现
知识产权融资金额增加值	知识产权市场价值	创利性	知识产权报酬率
		使用年限	国家法律保护政策
		运营成本	被非法滥用盗用成本
			自然贬值成本
	质押率　企业自身资信程度	还款风险	信用状况
			研发创新能力
			盈利能力
			信息共享程度

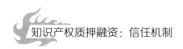
续表

衡量因素	影响因素	具体表现		
知识产权融资金额增加值	质押率	外部环境	融资成本	贷款期限
				利率
		标的物	知识产权创新性	类型
				贬值速度
				变现能力
				专业化能力

借鉴李秀娟观点，本章总结知识产权的市场价值主要由技术因素、市场因素和政策法律因素三方面决定的。技术因素主要是指当前阶段知识产权的独创性、成熟度和垄断性。市场因素主要是指该项知识产权的行业前景，盈利能力，未来可以带来的预计收入。政策法律因素主要是指国家政策法规对于知识产权的保护力度，包括期限，打击知识产权盗用滥用的程度。

知识产权的质押率的影响因素包括：①企业自身的相关因素，②宏观外部环境，③标的物（知识产权）。企业自身的因素主要是指企业自身的信用状况、研发创新能力、盈利能力和信息共享程度，这些因素也是金融机构最为关注的因素，直接决定了未来还款的能力。外部环境主要是指利率和贷款期限，这两个因素将会直接影响企业的融资成本，关系到企业使用知识产权融资的积极性。标的物自身的因素，主要是指知识产权的类型，预计未来的贬值速度、变现能力、知识产权产业化能力，也会影响质押率。

13.2.3　因果关系图构建

根据以上知识产权影响因素和政策相互对接，可以得到以下因果关系图，相关链条关系介绍如图 13-1 所示。

13.2.3.1　核心关系

知识产权融资金额增加值是一个积累量，在系统动力学中，决定其增

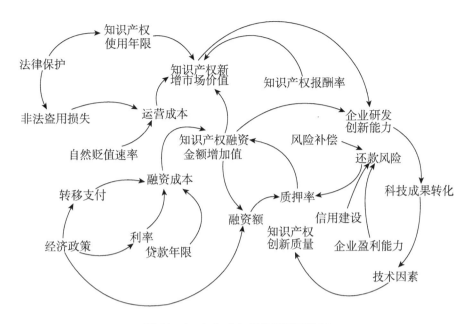

图 13 - 1　知识产权融资因果回路图

长速度的变量为增值速率，影响到增值速率的因素主要有质押率、知识产权新增市场价值和融资成本。知识产权市场价值的增加，使企业拥有更多可供融资的知识产权，而质押率的增加可以使企业在使用同样价值的知识产权去进行质押融资时可以获得更多的融资金额；而融资成本是企业进行融资活动过程中所需要支付的各种费用，比如各种手续费、利息等。

13.2.3.2　辅助关系

①新增知识产权市场价值，决定其速率变量为价值增量，主要由知识产权使用年限、知识产权报酬率和运营成本等因素共同决定的。知识产权的市场价值应由知识产权在未来时间内可以带来的收入之和来确定，而延长知识产权的使用年限，将会使知识产权带来的收益更多、更持久，知识产权报酬率的提高可以在知识产权使用年限不变的前提下带来更多的收益。运营成本是指企业维持知识产权使用所需要缴纳的各种费用。

②质押率主要由还款风险和知识产权创新质量两个因素共同决定。当前制约我国知识产权融资的最大障碍因素就是还款风险，还款风险的存在使银行等金融机构不敢轻易放贷，从而提高融资门槛，并在合同中增加许

多限制性内容，诸如限制资金用途等许多条款，这样一来就使企业使用知识产权去融资的积极性下降。而知识产权创新质量是衡量知识产权具备多大的市场潜力、创新度的指标，许多专家学者通过研究发现，那些富有市场前景、创新度高的知识产权质押率普遍较高，因为其未来的潜在价值也大。

③融资成本的大小取决于贷款期限和利率的变动。贷款期限的长短影响贷款的利率，从而影响到融资的利息费用、手续费等，直接影响到融资的成本。而利率的变动也会直接影响融资成本。

④还款风险的影响因素诸多，主要包括科技成果的转化率、信用建设等。当前我国陆续出台的各项促进知识产权融资的环境型政策中，有许多的政策就是用于降低还款风险的，如风险补偿政策。风险补偿政策指的是当风险发生时，政府通过各种措施直接或间接弥补银行等放贷金融机构的损失。信用建设则是通过约束企业来增加还款压力，避免坏账发生，而信息共享将会使融资方和被融资方形成完善的互动交流机制，从而增加信息透明度，避免因信息不透明造成的损失。

⑤企业研发创新能力是指企业进行科技研发和科技创新的能力，可以通过企业 R&D 经费的投入、科技人员的数量等来确定，企业研发创新能力的提高，可以使企业知识产权的市场价值增加，提高科技成果转化率。

⑥运营成本的构成主要由两方面决定，一方面是知识产权的自然贬值速率；另一方面是知识产权由于非法盗用和滥用造成的损失。自然贬值速率指的是知识产权由于使用年限的存在，在使用的过程中摊销的速度，而非法盗用和滥用的损失是由于我国目前市场上肆意滥用他人知识产权成果而造成的损失。

13.2.3.3 政策作用路径

①法律保护力度的加大可以减少知识产权非法盗用和滥用的损失，不少专家学者也建议从法律上延长知识产权的使用年限。健全完善的法律保护体系是目前知识产权研究领域诸多专家学者最响亮也是最迫切的呼声，因为它不仅可以规范市场环境，还可以为促进知识产权融资提供最为坚实的制度保障。

②信用建设可以通过营造良好的信用体系避免坏账的发生，健全信用体制建设是我国目前正在进行的巨大工程，通过信用体制的建设，使企业由于坏账带来的压力增大，从而倒逼企业按时诚信还款，这对降低还款风险有不可磨灭的作用。

③经济政策主要通过调节利率和进行补贴（转移支付手段）来降低融资成本。利率的调整直接关系到企业为融资而支出的利息等财务费用，而各类补贴政策也是直接为了降低企业的融资成本，促进融资，激发市场活力。

④风险补偿是指当企业发生坏账时，由政府、担保机构等第三方想方设法弥补银行等金融机构由于坏账带来的损失，通过直接或者间接的方式降低经济损失。

⑤价值评估体系的完善是我国各级地方政府目前正在着手进行的措施，通过规范价值评估的流程、方法和评估机构的资质来降低由于评估能力较低带来的知识产权市场价值的实际值和评估出来的数值之间的差异，从而准确地把握知识产权新增的市场价值。

⑥信息共享是指通过中介平台的不断完善，增强双方之间的信息互通，增加双方之间的信任感，从而避免因信息隔阂产生的信息不对称的经济损失。

13.2.3.4　因果回路

知识产权融资金额增加，将会一方面使企业有更多的资金投入经营，增加企业的盈利能力，进而减少还款风险，形成良性循环机制；另一方面，也有助于提高企业研发创新的积极性，为企业研发创新投入更多的资金。

13.3　系统动力学仿真模拟

13.3.1　初始数据及模拟方程

根据以上的因果回路图，将其中的知识产权融资增加值和知识产权融资新增市场价值调整为流量，相关的其他关系遵循以上因果回路图。在模拟过

程中，首先进行原政策的模拟。相关变量之间的关系如图 13 - 2 所示。

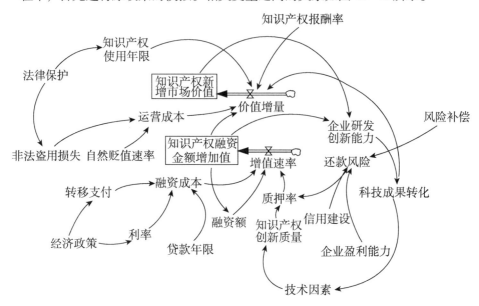

图 13 - 2　知识产权融资系统流量

13.3.2　模拟结果分析

根据前文流量图之间的各类变量建立相关的关系，在系统中输入相关的方程，具体方程见附录，所得到的主要模拟结果如表 13 - 3 所示。

表 13 - 3　知识产权融资系统流量模拟结果　　　　　（亿元）

相关内容＼年份	2014	2015	2016	2017	2018	2019	2020
知识产权融资金额增加值	1000	1213.97	1469.71	1775.36	2140.68	2577.3	3099.15
国家转移支付增加	1000	1230.43	1509.3	1846.79	2255.22	2749.51	3347.7
货币政策宽松	1000	1197.51	1430.61	1705.71	2030.37	2413.54	2865.74
原政策	875	1035.41	1222.31	1440.08	1693.81	1989.46	2333.94

如图 13 – 3 所示，结果表明，当市场利率升高时，知识产权融资下降，这是因为利率升高会直接导致融资成本升高，不利于知识产权融资金额增加。同时也可以看出，融资成本是各企业融资非常关注的一个问题，政府的政策应注重营造降低融资成本的效果。

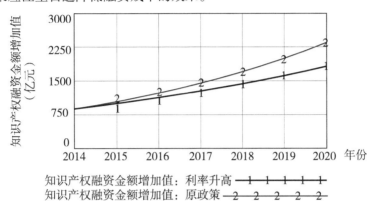

图 13 – 3　利率升高情况下知识产权融资金额增加值

如图 13 – 4 所示，结果表明，当国家税率提升时，融资金额会下降。这是因为税率增加，会导致企业的盈利能力下降，同时也会给企业的还款能力造成一定的压力，会给企业运行成本带来更大的压力，从而使知识产权融资金额减少。银行等金融机构也会因为担心企业还款能力不足从而提高融资准入门槛，这种状况对于融资来说是恶性循环。

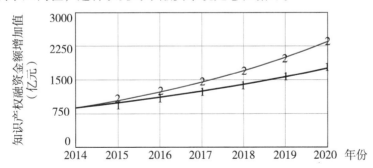

图 13 – 4　税率增加情况下知识产权融资金额增加值

如图 13-5 所示，结果表明，当国家采用宽松的货币政策，以及市场中流动性充足时，更利于知识产权融资；当货币紧缩时，则不利于整体融资。这是因为知识产权融资环境与实际国家货币政策紧密相关，因此只有执行宽松的货币政策，才能促进知识产权的融资。

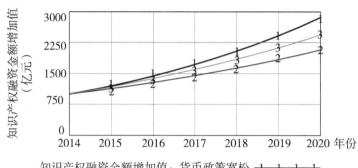

知识产权融资金额增加值：货币政策宽松 ——1—1—1—1—

知识产权融资金额增加值：货币政策收紧 —2—2—2—2—

知识产权融资金额增加值：原政策 ——3—3—3—3—3—

图 13-5 货币政策变动情况下知识产权融资金额增加值

如图 13-6 所示，结果表明，当国家颁布支持知识产权融资的政策时，这里的政策是指整体性的环境政策，会更加利于我国知识产权融资的金额增加以及便利性。

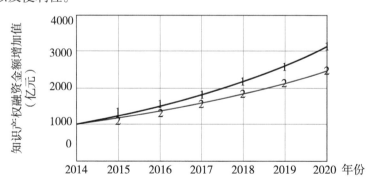

知识产权融资金额增加值：国家支持知识产权融资 ——1—1—1—1—

知识产权融资金额增加值：原政策 ——2—2—2—2—2—2—

图 13-6 环境政策变动情况下知识产权融资金额增加值

如图 13-7 所示，结果表明，当国家信贷政策放松、信贷增加时，会促进各类国有银行和国有控股银行以此为契机开拓新市场、新领域，推出一系列促进知识产权融资的业务，同时也会带动各类商业银行加入这个领域，由此看出银行信贷是知识产权资金来源的重要方面。

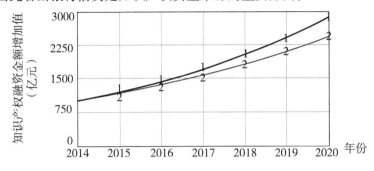

图 13-7 信贷政策变动情况下知识产权融资金额增加值

如图 13-8 所示：

结果表明，①国家转移支付的增加会导致知识产权融资额的上升，这是由于各类转移支付无论是融资成本的补贴，还是对企业的各项补助，都会有助于扩大知识产权融资给企业带来的融资效果，从而吸引更多的企业加入这个领域。

②结果表明，当国家转移支付增加时，会更加利于我国知识产权融资的金额增加以及便利性，这是因为国家转移支付代表着国家对知识产权行业的支持，当转移支付增加时，意味着国家财政投入的增加。

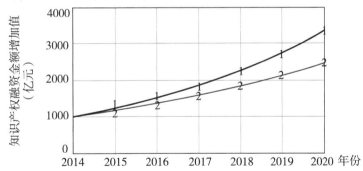

图 13-8 国家转移支付政策变动情况下知识产权融资金额增加值

如图 13 - 9 所示，结果表明，当国家信用建设增加时，会更加利于我国知识产权融资的金额以及便利性，这是因为知识产权是建立在信用建设基础之上，当信用建设提升后，会整体促进知识产权融资。

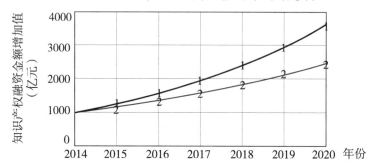

图 13 - 9　信用政策变动情况下知识产权融资金额增加值

如图 13 - 10 所示，结果表明，当国家法律保护强度增加时，会更加利于我国知识产权融资的金额增加以及便利性，这是因为知识产权是建立在法律保护基础之上，只有当法律健全时，知识产权融资以及行业发展才会更好。

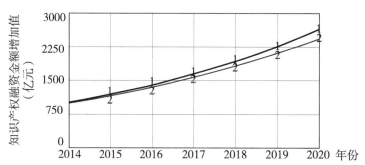

图 13 - 10　法律保护政策变动情况下知识产权融资金额增加值

总而言之，结合实际，政府目前出台的促进知识产权融资的政策多以环境型政策为主，环境型政策相对于经济政策更有利。经济型政策作用虽然直接，但需要源源不断的财政投入，属于"输血"式的扶持；而环境型政策作用的面更广，调动的是社会的闲置资本，属于"造血"的方式，相较于经济政策来说有更多的作用、更持久的效果和更深远的影响，同时，环境性政策的成本较低，对政府来说也没有很多的财政资金压力。

本章小结

知识产权质押融资对提高知识产权利用价值、缓解科技型中小企业融资困境、助推企业技术创新、加快实施创新驱动发展战略具有重要作用。本章通过对近年来我国政府出台的政策进行归纳总结，依托系统动力学的原理，利用 Vensim 软件构建因果回路图和存量流量图，将影响知识产权融资的相关政策因素量化进行模拟，最终得出促进创新成果转化率、降低知识产权融资成本两大任务是今后政府政策应当重点关注的方面。

一方面经济政策应该继续增强，目前地方政府的转移支付运用较多，但是政府的财力有限，财政资金的投入取得的成效并不大，因此在今后政府应将重点从这方面转到其他政策方面，可以通过直接货币政策，比如降低贷款利率、给予融资补贴等。另外应当鼓励引入国外资本，推进知识产权债券、知识产权保险、知识产权证券化等一些新的融资方式发展，为企业的运营注入资金。另一方面政府的定位应当是政策的保障者，法规的制定者，服务的管理者，中介的协调者。政府应重视相关环境政策，例如，加强知识产权保护法律体系、公共服务体系建设和管理体制机制改革、推进信用建设、健全知识产权价值评估体系、规范知识产权融资的中介市场服务。

第十四章　知识产权融资
政策量化分析及效应评价

　　知识产权融资是解决企业资金短缺的一个具有非常重要意义的融资方式。但是由于我国知识产权融资起步较晚，市场不够成熟，因此自 2008 年各地政府发布相关政策文件以积极推进知识产权融资。通过各省政府官方网站及北大法宝搜索整理 1120 条知识产权融资相关政策为数据基础，对知识产权融资政策进行量化测量和政策效应评价。

14.1　文献回顾

14.1.1　知识产权融资政策的研究

　　有学者针对知识产权融资政策进行了研究，如李青（2012）❶ 讲述了我国知识产权融资的特点并指出了现有问题，最后根据对比美、日、韩三国的融资模式，提出了我国完善融资政策的方法。也有学者针对知识产权融资做了分析，从各个角度分析后，提出了在政策方面应该改进的点。程守红和周润书（2013）❷ 的研究表明，为推进我国的知识产权质押，国家开始制定有关知识产权质押的政策，就广东省而言，在大范围实施了有关

---

　　❶ 李青. 我国知识产权质押融资实践现状及政策完善研究 [J]. 浙江金融，2012（11）：37 – 39.
　　❷ 程守红，周润书. 知识产权质押融资中的政策工具及模式研究 [J]. 华东经济管理，2013，27（2）：159 – 166.

知识产权质押的政策后，广东省的知识产权质押贷款有了比较明显的提高，由此可见，适当扩大知识产权质押融资的质押物和放宽放贷条件能够扩大企业的知识产权质押贷款数量。在国防方面，学者宋加山（2019）❶根据研究国外的知识产权融资制度经验，构建了适应我国的知识产权融资制度的模型，并多角度、分层次地对国防知识产权质押融资的不同主体进行了相关研究，从产权解密机制、市场交易机制、价值评估体系、风险担保机制、风险预警机制以及相关法务机制六个方面提出适合我国知识产权融资政策的对策建议。杨晨（2017）从政策主体、政策目标和政策措施三个角度进行了量化分析，构建出针对协同度的度量模型，量化研究了区域专利政策的协同演变情况。张红芳（2017）❷通过构建"专利权质押维度"和"政策支持维度"的二维分析框架对我国专利权质押的主题频数进行统计分析，研究发现国家级层面和省级层面以及试点城市专利权质押的政策有其共性和特殊性，但总体上主题集中、聚焦"企业创新""风险补偿""考核""审核""服务""人才"等，并针对现存的专利权质押政策文本不足提出相关的政策建议。

14.1.2 其他政策测量的研究

在衡量融资政策对企业产生的效益时，学者通常会将政策文本量化，再从不同的维度对量化后的数据进行整合和分析。如徐鲲（2018）❸在对北京市中小微企业融资政策进行研究时采取总分的分析构架，从总体发展脉络、文本发布主体及文本主题等角度进行量化分析，再对其发展趋势进行梳理，进而总结出北京市中小微企业融资政策文本发展、演进过程和存在的问题。针对不同行业的企业，各学者所分析的维度是不同的，如杨诗

❶ 宋加山，王玙，秦国祯，王越敬，赵荣权．我国国防知识产权质押融资模式与政策研究［J］．科技进步与对策，2019，36（12）：125－130.

❷ 张红芳．专利权质押政策文本量化研究［J］．科学管理研究，2017，35（3）：102－105.

❸ 徐鲲，张楠，鲍新中．北京市促进中小微企业融资政策的文本量化分析［J］．科技促进发展，2018，14（12）：1126－1133.

炜（2019）❶ 在对新型研发机构政策进行研究时，从政策力度与政策工具两个维度进行了分析，因此得出该行业的政策力度不强的特点。陈满新（2017）❷ 利用灰色关联分析方法对苏浙沪三地区的产学研究进行分析，据此找到存在的问题并对其提出解决办法。梅菁（2018）❸ 从政策力度、政策措施和政策目标三方面对我国的资源审计政策进行了研究，并提出了自己的对策和建议。程华（2018）❹ 用文本分析法、关键词提取法以及词云可视化等方法对收集的政策文本进行分析，从而研究出政策的演变过程。

14.1.3 对政策效应评价的研究

在前人对政策测量取得了一定的研究成果后，逐渐有学者开始对政策效力所产生的影响提出了自己的看法。有学者对不同阶段的政策测量，利用层次分析法构建城市空间政策测量评价体系，最终得出南京市空间政策的影响评价❺。基于缺乏政策影响力研究的问题，有学者通过投入产出分析法计算城市文化产业与科技融合度指数，并构建了政策效力的内容效力评估模型与影响力评估模型，定量测算城市文化产业与科技融合的政策效力，针对其所研究出的三个维度提出了政策优化建议❻。在新能源电车领域，姚占辉（2019）❼ 在归纳总结我国现行新能源汽车补贴政策技术指标

---

❶ 杨诗炜，冼嘉宜，翁银娇，张光宇，马文聪．新型研发机构政策的量化分析——基于政策工具和政策力度的视角［J］．中国高校科技，2019（6）：32 – 35.

❷ 陈满新．产学研政策的测量、演变及绩效研究［D］．杭州：浙江理工大学，2017.

❸ 梅菁，何卫红．我国资源环境审计政策协同测量［J］．财会月刊，2018（17）：153 – 159.

❹ 程华，樊笑然，张思潮，张志英．浙江科技人才创新创业政策的测量及演变［J］．科技与经济，2018，31（3）：70 – 74.

❺ 刘力，徐逸伦．基于政策测量的空间政策影响评价——以南京市为例［J］．城市问题，2017（6）：96 – 103.

❻ 廖青虎，孙钰，陈通．城市文化产业与科技融合的政策效力测量研究［J］．城市发展研究，2019，26（5）：22 – 27.

❼ 姚占辉，周玮，刘可歆．基于补贴政策的新能源乘用车技术效应评价及建议［J］．时代汽车，2019（10）：52 – 56.

基础上，对我国现行的新能源乘用车技术水平进行了统计分析，并与国外产品进行了对比分析；在技术效应评价分析基础上，结合当前及未来新能源汽车产业形势，从政府、行业、企业三个维度提出了推动新能源汽车产业健康发展的相关建议。在粮食补贴领域，有学者利用对比分析法比较了我国与美国在粮食补贴政策上存在的差异，针对现存问题提出了相关建议；而另一位学者则是从粮食安全的角度出发，分析农业保险补助政策所产生的影响，最终得出优化途径❶。

通过对知识产权融资发展环境、知识产权政策制定的发展现状、政策测量效应评价以及对现有知识产权融资政策研究的梳理，可以看出鲜有知识产权融资政策的量化研究，这为本章提供了一个新的思路；同时，在关于政策测量及效应评价方面，已经有不同领域的学者做过相关研究，这就为下文在进行政策测量以及效应评价提供了一个可行的操作模式。

综上所述，知识产权融资政策的量化研究较少，但是政策测量及效应评价已经有大量研究成果，为本章提供了可行的研究模式和方法。

14.2　研究设计

14.2.1　样本选取与数据来源

本章首先分别以"知识产权融资""知识产权质押融资""专利融资""专利权质押融资""商标（著作）融资""商标（著作）质押融资"为关键词在各省份人民政府官网进行检索。其次，为防止有所遗漏还在北大法宝上进行了同样的检索，尽可能使收集的数据较为全面。

在进行完第一次搜集以后，为使本章最终的结论能够相对精准，数据价值能够带来实际效果，针对上述政策文本根据以下要求又进行了二次筛

---

❶　周坚，张伟，陈宇靖. 粮食主产区农业保险补贴效应评价与政策优化——基于粮食安全的视角［J］. 农村经济，2018（8）：69-75

选：不涉及各市级层面针对本市、乡（镇）、村等一系列政策，但是省级发文批准在某市区、乡（镇）建设工业、技术、开发园区以及开发区、示范区、技术园区等自行发布的政策文本除外。转发文件以最高发布机关为准，不重复计入样本量中。

最终本章所收集的样本数据共计1120条，其中国务院、人大等中央级别的政策文本76条，其余为31个省份（不包括香港特别行政区、澳门特别行政区、台湾省）的政策文本。

14.2.2 政策测量方法

通过对有关政策测量的文献进行大量的阅读和研究发现，大多数学者采用的政策测量方法是将政策文本量化，也就是通过制定一个评分体系，将每个政策文本进行赋值，从而得到一个文本的效力值。因此本章也将依据前人所使用的方法，针对本次知识产权融资政策制定相应的评分标准，对每个政策进行赋值，然后利用加权平均法得出每个政策文本最终所得到的效力值。

14.2.3 政策测量标准

关于政策测量方面的研究，不同领域的学者运用的测量方法不尽相同，但大多数学者还是选择了赋值法。在研究现有文献的基础上，结合知识产权融资政策的特殊性，本章也选择了赋值法，并从政策力度、政策措施以及政策目标三个方面对收集的每一个政策进行赋值。以下本章将会参考彭纪生（2008）、梅菁（2018）对政策的赋值方法，提出本章所需制定的相应赋值标准。

14.2.3.1 政策力度测量

政策力度的测量是根据发文机关的级别、文种的类型以及效力范围进行评判的，代表了所发文本对后续实施所产生的效力，因此测量标准以5、4、3、2、1为不同的政策进行打分（如表14－1所示）。正常来说，发文机关的级别越高，此政策所具备的效力越高。

表 14 - 1 知识产权融资政策力度测量标准

指标	得分	评判详细标准
政策力度	5	国务院条例、各部委部令、通知、暂行规定、意见、办法、方案、细则、规划等（全文）
	4	国务院条例、各部委部令、通知、暂行规定、意见、办法、方案、细则、规划等，其中包含相关政策（非全文）；各省级部门通知、暂行规定、意见、办法、方案、细则、规划等（全文）
	3	各省级部门通知、暂行规定、意见、办法、方案、细则、规划等，其中含有相关政策（非全文）；针对个别地区的通知、暂行规定、意见、办法、方案、细则、规划等（全文）
	2	各省级部门针对个别地区的通知、暂行规定、意见、办法、方案、细则、规划等（非全文）；针对开发区（试点园区）的相关文件（全文）
	1	各省级部门针对地方开发区（试点园区）的通知、暂行规定、意见、办法、方案、细则、规划等，其中包含相关政策（非全文）

14.2.3.2 政策措施测量

政策措施的测量是根据政策文本的内容进行评判的，如在文本内容中有较为详细的实施方案，则说明此文本效力相对较强；反之，则文本效力较弱。由于不同政策对实施方案内容的叙述跨度较大，因此测量标准以5、3、1 为不同的政策进行打分（如表 14 - 2 所示）。

表 14 - 2 知识产权融资政策措施测量

指标	得分	评判详细标准
政策措施	5	全文针对知识产权融资做出相应规定，建立鼓励机制
	3	个别要求中提及推动知识产权融资，建立相应体系，建立鼓励机制，建设试点园区
	1	在文中仅仅提及知识产权融资

14.2.3.3 政策目标测量

政策目标的测量是根据政策文本最终想要达到的目标作为评判的标

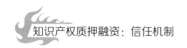

准，如针对大范围产生作用，那么就说政策最终所产生的效力较强；如针对的规模相对较小，较为单一，那么此政策最终所产生的效力较小。但是整体目标差距不大，均为推动社会发展，因此测量标准以 5、3、1 为不同的政策进行打分（如表 14 - 3 所示）。

表 14 - 3　知识产权融资政策目标测量

指标	得分	评判详细标准
政策目标	5	推动地区经济整体发展，推动地区产业发展
	3	推动某一行业发展，提高工业园区发展水平，推动知识产权融资建设
	1	人才引进，促进创新创业，促进就业

14.3　知识产权融资政策测量

本章在确认数据选取范围、选取标准以及制定政策测量赋值标准的基础上，将在接下来的小节中对政策数据进行量化评分，并对处理的结果从时间维度和省份维度进行测量结果的分析。

14.3.1　政策文本量化

为避免在打分环节因主观原因产生较大的数据失误，因此在评分环节将寻找五位人员共同来为前文中收集的政策打分。首先会将评分标准下发给五位打分人员，并为其进行评分标准的讲解。同时为消除各个人员在理解上存在的不一致性，将所有评分人员聚集在一起集中讨论，通过讨论达成较为一致的评分方法，然后再将收集的政策下发给评分者，让他们进行独立打分，中途不互相干扰。最终对比所有人的评分结果，如果同一项政策的评分一致性基本相同，那么就取所有分值的平均值；如若针对同一项政策的评分存在差距过大的问题，那么这项政策则需要重新打分以确保赋值的准确性。

14.3.2　数据处理

基于上述的评分方法，最终得出一组较为完整的数据。接下来本节将按照数学模型即式 14 - 1、式 14 - 2 分别计算政策总效力和平均效力。

$$YTPE_i = \sum_{j=1}^{n} pe_j \times pm_j \times pg_j \quad i = [2009, 2019] \qquad (14 - 1)$$

$$YPE_i = \frac{\sum_{j=1}^{n} pe_j \times pm_j \times pg_j}{n} \quad i = [2009, 2019] \qquad (14 - 2)$$

在式 14 - 1、式 14 - 2 中，$YTPE$ 为政策总效力，YPE 为政策平均效力，n 为政策数量，pe、pm、pg 分别为政策力度、政策措施和政策目标。其中 i 为年份，j 为条数。

14.3.3　结果分析

上述标准和模型已经将搜集到的政策文本从政策力度、政策措施和政策目标三个维度进行了量化，本节将从时间维度和省份维度进行量化结果的分析。

14.3.3.1　时间维度分析

本小节的样本量是以 2009 年为基础年份，2019 年为截止年份。在这十年的时间里，整体的政策发布数量和效力都发生了明显的变化，在此基础上本小节对这十年的政策数量以及政策的总效力和平均效力做了分析。在 2014 年年底，国务院首次明确提出建设知识产权强国，这也就说明了为何在 2014 年以后的三年里知识产权政策的发布数量有了明显的提高。如图 14 - 1 所示，2009 年以来，国内整体关于知识产权融资的政策数量是呈增长趋势的，尤其在 2014—2016 年政策的发布数量有了一个明显的增长趋势，但从 2016 年开始每年的政策发布数量却在逐渐减少，本小节认为从 2016 年开始减少的原因应该是之前发布的政策数量已经有了一定的基础，同时也是为确保之前的政策能够得到充分的运用和发挥，所以在后三年中政策虽有所发布，但数量却不如前几年发布的数量多。虽然在个别年份也出现了发布的政策数量减少的情况，但从整体的线性趋势来看，还是处于

上升的态势，如图 14 - 1 所示。

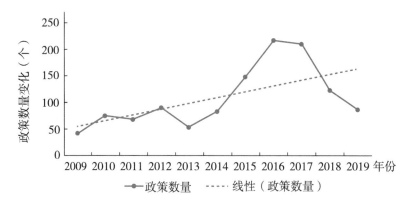

图 14 - 1　政策数量随年份变化趋势

而当关注政策产生的效力时就会发现，虽然总体效力在 2019 年较之前的三年总体效力有所下降，但从总效力的趋势来看整体呈上升趋势；而就平均效力的整体效果来看，虽然整体来说变化幅度并没有明显的波动，但在整体趋势上却有较为明显的下降趋势，如图 14 - 2 所示，总效力呈上升趋势，而平均效力则逐渐下降。

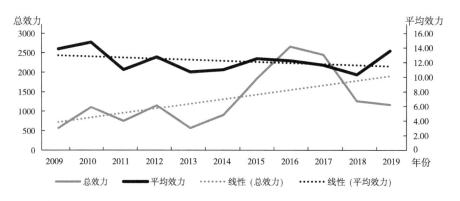

图 14 - 2　总效力与平均效力随年份变化

单从政策力度、政策措施、政策目标三方面的效力来看，如图 14 - 3 所示，2009—2019 年这三项的变化趋势是相同的，同样呈现上升趋势。

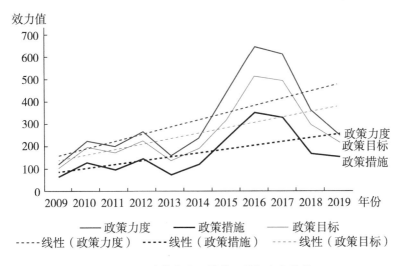

图 14 - 3　政策力度、措施、目标变化趋势

除此之外，如图 14 - 4 所示，当考察政策力度、政策措施和政策目标的平均效力时可以发现，政策力度、政策措施和政策目标的平均效力值几乎没有变化，都趋近于一条直线，结合图 14 - 1 可知，政策的分项效力也受政策数量的影响。

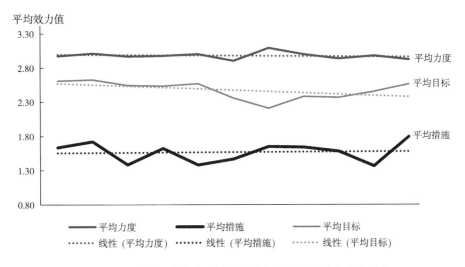

图 14 - 4　政策平均力度、平均措施和平均目标效力变化趋势

结合上述政策数量变化趋势、总效力和平均效力以及三项单一的效力

趋势变化分析，2009—2019年这十年中，虽然发布的政策数量和总效力整体增加了，呈增长趋势，但根据上述结论也得出每个文件的平均效力减小这一结果，根据政策力度、政策措施和政策目标变化趋势一致的情况，这就意味着政策的发布层级更加趋近于省级部门机构，且发文的数量也逐渐增加，但是完整性的文件较少，大多数是针对某一特定行业或者地区发展而制定的意见，只是其中一点甚至一条包含了知识产权融资的相关规定，例如鼓励地方推行知识产权融资、建立风险保障体系、完善知识产权融资等一系列的非针对性话语，并非整体对知识产权融资的规定或者发展的意见。除此之外，也有政策文本提到了针对知识产权融资政策的鼓励制度，例如资金补助、风险保障补贴、知识产权融资税收优惠等相关的鼓励制度，但此类政策相对较少，更多的政策仅仅是提到推行知识产权融资。因此本小节认为可以加大对知识产权融资的资金补助或者风险补贴，针对利用知识产权融资的公司或者机构给予税收方面的优惠，同时也要根据知识产权融资面临的风险问题建立相应的风险体系。此外，国家层面的机关应该发布更多的专门针对知识产权融资领域的规章制度，且制定力度更强的政策，从整体层面加强国家对利用知识产权融资的支持；各省级层面的机关应该按照国家的要求下发相关的通知政策，此外也可以结合本省份的发展情况制定适合本省份的知识产权融资政策。具体来看，从2016年开始出现了效力大幅降低的情况，结合政策效力和政策数量来说，这是由于每个文件的效力减小、数量也减小的双重作用导致。

14.3.3.2 省份维度分析

知识产权融资政策是由国家层面和省级层面两部分政策组成的，但是国家层面发布的政策是针对所有省份的，因此在本小节分析的时候只考虑各省份自行发布的知识产权融资政策对各省份产生的效力。

根据前文已经从政策力度、政策措施和政策目标三项量化好的政策文本以省份为基础重新进行数据处理，将已进行过评分的各省份效力从2009年到2019年进行加和，即为每个省份的总效力，最终本小节将会以此数据为依据，在下文中从省份的维度进行测量分析。

各省份政策总效力值如图14−5所示，排在前五名的分别是山东、河北、安徽、四川、陕西这五个省份的政策发布数量较多且政策质量较好，因此总效力较高。而排在后三位的是新疆、宁夏和西藏，这三个省份可能是由于发展相对落后，所以相应的政策较少，因此总效力较低。

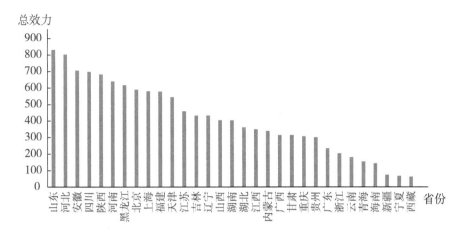

图 14-5　各省份政策总效力

　　各省份的政策平均效力如图 14-6 所示，从图 14-6 中可知，广东的平均效力最高，这就说明虽然广东的政策发布数量较少，但是每一份政策的作用相对显著。相对较低的省份有贵州、湖北、青海、宁夏和云南，这说明这五个省份每一份政策所产生的作用较小。

　　2009—2019 年，各省份的政策总效力和各省份的政策平均效力如图14-5、图 14-6 所示，从中可以看出虽然各省份的政策总效力存在差异性，但是在政策平均效力上的差异性却并不大。因此可以看出各省份的政策总效力存在差异性是由于政策的颁布数量所导致的，并不是由政策力度、措施和目标所导致的。虽然从整体上看政策效力是呈增长趋势的，但关于政策效力与区域发展的内在关系还是存在不确定性，并且从前文来看各省份的政策效力主要是受政策的发布数量影响的。为更加准确地分析政策效力和区域发展之间的关系，由于政策总效力会更加优于政策的平均效力，所以在后续章节中会以政策总效力为准进一步分析二者的关系。

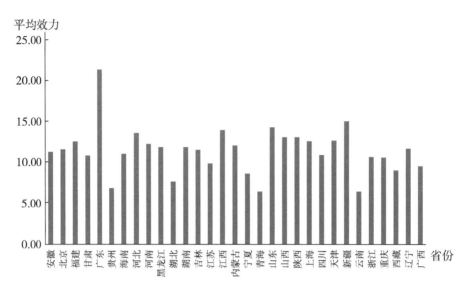

图 14 -6　各省份政策平均效力

14.4　知识产权融资政策效应实证检验

在本章中主要针对政策的效应进行评价，但是在研究政策的效应时，是要看政策最终的整体效应给中国发展带来的优势，因此本章论述时，为能够直观地将影响效果展现出来，由知识产权质押融资的数量来代替政策效应对中国发展带来的影响。因为中国的知识产权质押融资数量不止受到政策的影响，还受到其他因素的影响，所以在研究前需要针对其他因素进行确定。接下来本章将就中国知识产权融资政策的效应问题从区域层面进行实证分析，使用计量统计的方法探究知识产权融资政策所产生的效力对各区域经济发展带来的影响。

14.4.1　研究假设

在促进国家发展的大背景下，政府会根据经济环境发布所需的政策来调节各行业或者各地区的发展。政策对各行业或者各地区的发展具有一定的正向引导作用，合理的政策能够为行业或者地区发展创造良好的条件，而不合理的政策极有可能影响行业或者地区的发展，严重的可能还会阻碍行业或者地区的发展，因此政策因素在知识产权融资方面是一个重要的影响因素。

程守红和周润书（2013）[1] 的研究表明，为推进我国知识产权质押融资业务的发展，国家开始制定有关知识产权质押的政策。就广东省而言，在大范围实施了有关知识产权质押的政策后，广东省的知识产权质押融资有了比较明显的提高。同时，该研究还指出适当扩大知识产权质押融资的质押物和放宽放贷条件能够扩大企业的知识产权质押融资数量。因此可以假设：知识产权融资政策与知识产权质押融资数量正相关。

14.4.2　模型与变量

基于上述的假设，本节将构建如下的面板数据回归模型，见式 14 – 3：

$$Y_{it} = a + \beta_1 X_{1it} + \beta_2 X_{2it} + \beta_3 X_{3it} + \beta_4 X_{4it} + \eta_i + \gamma_t + \varepsilon_{it} \qquad (14 - 3)$$

在式 14 – 3 中，Y 为被解释变量，a 为常数，X 为解释变量，η_i 是一个随机变量，代表了个体效应，γ_t 为时间效应，ε_{it} 为随机干扰项。

除政策因素外，影响各省份知识产权融资的因素还包括各省份知识产权授权量（齐荣坤、杨焘、王丹凤，2016）、经济环境和银行业金融机构发展（苏丽丽、王一羽，2019）。因此本节中将各省份知识产权授权量、银行业金融机构数量和代表经济环境的 GDP 作为控制因素。

在样本方面[2]是以 2009—2018 年 31 个省份（暂不包含香港、澳门和台湾）的知识产权质押融资数量、知识产权授权量、各省份 GDP 和银行金融机构数量作为面板数据，各省份的知识产权数量来源于中国专利公布公告网，各省份的 GDP 来源于国家统计局网站，各省份的银行业金融机构数量则是来源于中国银行保险监督管理委员会官网。而各省份政策的总效力这一影响因素则是用第四章所算出的政策总效力作为数据依据，此外本章还会分别研究政策力度、政策措施以及政策目标的效力产生的影响。

---

❶　周润书，程守红．功能视角下城镇化进程中农村集体经济收不抵支的思考——以东莞市为例［J］．农业经济问题，2013，34（5）：56 – 62，111.

❷　在样本的选取年份上，由于在现阶段未能找到 2019 年的其余变量指标的数据，选取年份截至 2018 年。

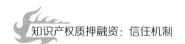

在上述模型中被解释变量 Y 和解释变量 X 的因素如表 14-4 所示。

表 14-4　变量含义解释

变量	指标	描述因素
Y	知识产权质押数量	代表了各省份知识产权融资的发展情况
X_1	政策总效力	代表了政策所发挥的作用
X_2	政策力度效力	代表了政策的发文机关所发挥的作用
X_3	政策措施效力	代表了政策文本中所实施的措施发挥的作用
X_4	政策目标效力	代表了政策文本中目标所发挥的作用
X_5	各省份的知识产权授权量	代表了各省份的知识产权容量
X_6	各省份的 GDP	代表了各省份的经济发展状况
X_7	各省份的银行业金融机构数量	代表了银行的发展状况

14.4.3　回归结果分析

14.4.3.1　描述性统计

将知识产权质押融资数量（Y）、各省份的政策总效力（X_1）、政策力度效力（X_2）、政策措施效力（X_3）、政策目标效力（X_4）、各省份的知识产权授权量（X_5）、各省份的 GDP（X_6）和各省份的银行业金融机构数量（X_7）进行整理并做描述性统计。

1. 省份层面

根据省份层面的资料，得到描述性统计数据，如表 14-5 所示。

表 14-5　2009—2018 年省份层面影响变量的描述性统计

变量	标准差	最小值	最大值	均值
Y	154.5222	0	1189	79.02903
X_1	180.0979	0	794	172.8065

变量	标准差	最小值	最大值	均值
X_2	42.08771	0	184	42.40968
X_3	23.20397	0	97	22.7
X_4	35.01973	0	159	35.75161
X_5	9175.08	9	53243	6001.632
X_6	17686.93	441.36	97277.77	21276.71
X_7	3902.315	97	16412	6240.571

根据表 14-5 的结果可以看出，知识产权质押融资数量（Y）的标准差为 154.5222，而全距为 1189，这说明了各省份之间存在差异性；政策总效力（X_1）的标准差为 180.0979，而全距为 794，这说明了各省份之间的政策效力存在不平衡的现象；政策力度效力（X_2）的标准差为 42.08771，全距为 184；政策措施效力（X_3）的标准差为 23.20397，全距为 97；政策目标（X_4）的标准差为 35.01973，全距为 159；因此可以看出在政策力度、政策措施以及政策目标三方面，各省份之间都存在着一定的差异性，由于政策的总效力是由政策力度、政策措施和政策目标三部分组成，所以三项存在的差异性导致了上述总效力各省份间存在差异性。各省份的知识产权授权量（X_5）的标准差为 9175.08，而全距为 53234，由于研究、科技等一系列原因，导致了各省份的知识产权授权量也产生了一定的差异性；各省份的 GDP（X_6）的标准差为 17686.93，而全距为 96836.41，可以看出各省份之间的 GDP 也存在差异性。最后一个变量各省份的银行金融机构数量（X_7）的标准差为 3902.315，而全距为 16315，可以看出各省份的银行金融机构数量的分布不均，存在差异。

2. 区域层面

将各省份按照中国经济带分为东部、西部和中部三个区域，得到描述性统计数据，如表 14-6、表 14-7 和表 14-8 所示。

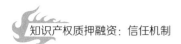

表 14 -6　2009—2018 年东部影响变量的描述性统计

变量	标准差	最小值	最大值	均值
Y	201. 7918	0	1189	132. 9833
X_1	193. 6033	0	794	221. 8833
X_2	42. 30428	0	173	50. 80833
X_3	24. 36191	0	96	28. 6
X_4	35. 25724	0	143	43. 35
X_5	12471. 72	80	53243	11425. 78
X_6	21921. 08	1654. 21	97277. 77	31377. 05
X_7	4383. 232	842	16412	7658. 25

表 14 -7　2009—2018 年中部影响变量的描述性统计

变量	标准差	最小值	最大值	均值
Y	134. 3597	0	1055	55. 21111
X_1	168. 7928	0	700	169. 0556
X_2	43. 33487	0	184	43. 76667
X_3	22. 51152	0	97	22. 53333
X_4	34. 60656	0	145	35. 87778
X_5	3276. 898	175	15723	3307. 978
X_6	8806. 203	7358. 31	48055. 56	20557. 06
X_7	2867. 211	97	12769	6479. 1

表 14 -8　2009—2018 年西部影响变量的描述性统计

变量	标准差	最小值	最大值	均值
Y	58. 40715	0	251	35. 72
X_1	156. 6024	0	682	117. 29
X_2	38. 38321	0	173	31. 11
X_3	20. 51403	0	87	15. 77

变量	标准差	最小值	最大值	均值
X_4	33.05462	0	159	26.28
X_5	2649.299	9	11689	1916.95
X_6	8484.911	441.36	40678.13	9803.997
X_7	3293.91	601	14028	4324.68

根据上述数据可以看出东中西之间的贷款数量存在差异性，且各省份之间的政策效力存在不平衡的现象，由于政策的总效力是由政策力度效力、政策措施效力和政策目标效力三部分组成且三项均存在差异性，所以导致了总效力存在区域间差异性。此外，区域内的各省份研究、科技等技术水平不同，导致了区域内各省份的知识产权授权量也产生了一定的差异性。从经济环境来看，区域间各省份的 GDP 和银行金融机构数量分布不均，存在差异。

14.4.3.2　回归结果分析

根据面板数据的特殊性，本小节在做分析时考虑了个体效应，所以需要做个体效应的检验，因此选取模型时需要先做 F 检验，首先针对上述四组数据做出固定效应（FE）模型回归分析，对固定效应（FE）模型而言，回归结果中最后一行的 F 统计量就是在于检验所有的个体效应整体上的显著性。根据实验结果得出所有的 F 统计量的概率均为 0.0000，因此检验结果表明四组数据的回归分析的模型均是固定效应（FE）模型优于混合最小二乘法（混合 OLS）模型。

其次是用 B–P 检验做最小二乘法（OLS）模型和随机效应（RE）模型作比较，可以得到所有模型的 LM 检验得到的 P 值均为 0.0000，表明随机效应非常显著。可见，所有数据组的随机效应（RE）模型也优于混合最小二乘法（混合 OLS）模型。

最后用 Hausman 检验对各组数据继续检验固定效应（FE）模型和随机效应（RE）模型的优越性。从检验的结果可以看出 Hausman 检验的 P 值

均大于 0.05，所以最终四组数据最符合的模型均是随机效应（RE）模型。与上述省份层面的分析相同，因此在针对区域层面进行回归时选用随机效应（RE）模型。

由于政策的发布和实际发生的作用有时间上的差异，因此在本小节中会增加滞后效应以使结果更加准确，在与未加滞后效应的回归结果做对比后，加入滞后效应的结果更加显著，因此选择后者做最后分析，结果如表 14 - 9、表 14 - 10、表 14 - 11、表 14 - 12 所示。

1. 省级层面

表 14 - 9 省级层面的回归结果

变量	模型一	模型二	模型三	模型四
	z	z	z	z
X_1	8.87 ***	—	—	—
X_2	—	9.14 ***	—	—
X_3	—	—	9.33 ***	—
X_4	—	—	—	9.06 ***
X_5	14.98 ***	14.99 ***	14.54 ***	14.95 ***
X_6	- 4.53 ***	- 4.57 ***	- 4.47 ***	- 4.58 ***
X_7	- 0.28	- 0.24	- 0.26	- 0.28

注：*** 代表 1% 的显著性水平下通过检验。

基于上述模型选取检验，可以确定本小节四组数据的最终回归模型均为随机效应（RE）模型，因此本小节以随机效应（RE）模型作为最终结果，综上所述可知：从表 14 - 9 可以看出，各省份的政策总效力（X_1）、政策力度效力（X_2）、政策措施效力（X_3）、政策目标效力（X_4）、知识产权授权量（X_5）都呈现出显著性的正向相关，而各省份的 GDP（X_6）呈现了显著的负相关，此外银行业金融机构数量（X_7）不存在显著差异。

2. 区域层面

表 14 – 10 东部地区的回归结果

变量	模型一	模型二	模型三	模型四
	z	z	z	z
X_1	4.91 ***	—	—	—
X_2	—	4.90 ***	—	—
X_3	—	—	4.94 ***	—
X_4	—	—	—	4.98 ***
X_5	10.79 ***	10.65 ***	10.31 ***	10.65 ***
X_6	– 2.82 ***	– 2.87 ***	– 2.70 ***	– 2.9 ***
X_7	– 0.33	– 0.32	– 0.43	– 0.29

注：*** 代表1% 的显著性水平下通过检验。

表 14 – 11 中部地区的回归结果

变量	模型一	模型二	模型三	模型四
	z	z	z	z
X_1	1.92 ***	—	—	—
X_2	—	1.83 ***	—	—
X_3	—	—	2.3 ***	—
X_4	—	—	—	1.69 ***
X_5	4.76 ***	4.27 ***	4.22 ***	4.49 ***
X_6	– 1.37 **	– 1.34 **	– 1.44 **	– 1.36 **
X_7	– 0.05	– 0.04	0.01	– 0.07

注：** 、*** 分别代表5% 、1% 的显著性水平下通过检验。

表 14 – 12 西部地区的回归结果

变量	模型一	模型二	模型三	模型四
	z	z	z	z
X_1	3.19 ***	—	—	—
X_2	—	3.28 ***	—	—

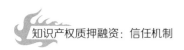

续表

变量	模型一	模型二	模型三	模型四
	z	z	z	z
X_3	—	—	3.28^{***}	—
X_4	—	—	—	3.00^{***}
X_5	2.51^{***}	3.14^{***}	2.97^{***}	2.86^{***}
X_6	1.81^{*}	1.55^{*}	1.63^{*}	1.61^{*}
X_7	-2.37	-2.32	-2.27	-2.35

注：$*$、$***$分别代表 10%、1% 的显著性水平下通过检验。

从表 14-9、表 14-10、表 14-11 和表 14-12 中可以看出，东部和中部地区的政策总效力（X_1）、政策力度效力（X_2）、政策措施效力（X_3）、政策目标效力（X_4）、知识产权授权量（X_5）都呈现显著性的正向相关，而各省份的 GDP（X_6）呈现了显著的负相关，银行业金融机构数量（X_7）不存在显著差异。

不管是省份层面还是东部和西部地区，各省份的 GDP（X_6）均呈现了显著的负相关，只有西部地区的 GDP（X_6）呈现显著的正相关，这与上文的假设有所不符，这可能是因为 GDP 这一指标包含消费、投资、净出口等小项，对于经济发展繁荣的东部地区和发展较好的中部地区来说，消费投资占 GDP 的份额远大于贷款所占份额，所以会出现负相关，但是对于经济发展较差的西部地区，深居内陆、经济落后、交通不发达等一些因素使其贷款所占 GDP 份额大于消费、出口的份额，所以为正相关。但总体来看，全国的消费和出口所占份额远远多于贷款数量的份额，因此整体的 GDP 与贷款数量呈负相关，即贷款数量随 GDP 增加而减少。就银行金融机构而言，不管是省份层面还是东中西部地区层面，银行业金融机构数量（X_7）都不存在显著差异，也与之前的假设有所不符，可能是由于银行数量虽然在逐年增加，但是这并不意味着所有的银行金融机构都能够办理知识产权的质押业务，因此产生了与上述假设相反的结果。

本章小结

本章从北大法宝数据库和全国各省份的政府网站上搜集各省份历年来有关知识产权融资的政策文本。在参考了不同领域对政策文本量化的方法后，针对知识产权融资政策的特殊性，基于政策措施、政策力度以及政策目标三个维度构建了相应的知识产权融资政策的测量体系，对政策打分赋值，对文本进行了内容分析，并对政策效应进行实证检验。

研究结果显示：政策的发布随着时间的推移在逐渐增加，各省份的政策性效力也是逐年增长的，这说明我国对知识产权融资越来越重视；同时也可以看出各省份在发展过程中，政策起到了一定的影响。当政策的效力越大时，地区的发展也越快；反之，地区的发展会相对来说较为缓慢。此外，知识产权融资还受到知识产权授权量的影响，授权量越多，该地区的融资量越多，则地区的发展越快；反之，则相对较为缓慢。

虽然我国政策的数量在逐年地增加，而且政策的发布层级更加趋近于省级部门机构，但以知识产权融资为主的政策文件较少，多数是针对某一特定行业或者地区发展而制定的意见，大部分文件仅一两条涉及知识产权融资。例如鼓励地方推行知识产权融资、建立风险保障体系、完善知识产权融资政策等一系列的非针对性话语，并非整体对知识产权融资的规定或者发展意见。除此之外，也有政策文本提到了针对知识产权融资政策的鼓励制度，例如资金补助、风险保障补贴、知识产权融资税收优惠等相关的鼓励制度，但是此类政策相对较少，更多的政策仅仅是提到推行知识产权融资。

政府通过贷款贴息、风险补贴的常用货币政策工具，同时通过建立保护机制、鼓励银行金融服务及简化手续来推动知识产权融资的发展，以达到创新融资渠道帮助中小微企业创业发展的目的。除知识产权融资被主要提及的创业融资目的，政府政策推动其发展时亦关注推动行业发展，在知识产权层面的机制完善、试点推进，以及个人层次方面的引进人才和促进就业。我国的知识产权融资作为一项新型融资项目，尚在探索过程中，政

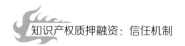

府应以传统金融为参考，对知识产权融资各类行为进行划分，依据质押融资、知产引资、技术入股等类别区分政策内容，结合知识产权特点及地区情况发布相关政策文件。

　　本章进一步从区域层面就中国知识产权融资政策的效应问题进行实证分析，使用计量统计的方法探究知识产权融资政策所产生的效力对各区域经济发展带来的影响。研究结果表明，无论全样本还是分东部、中部和西部地区检验，政策总效力（X_1）、政策力度效力（X_2）、政策措施效力（X_3）、政策目标效力（X_4）、知识产权授权量（X_5）都与知识产权融资数量呈现出显著性的正向相关。

结　论

如何解决科技型中小企业的融资需求旺盛和金融机构的慎贷惜贷之间的矛盾吸引了社会广泛的关注。本书从企业和金融机构等微观主体的视角对知识产权质押融资信任机制进行了系统研究。首先运用调研、案例分析和社会网络分析方法对我国知识产权质押融资现状及特征进行分析，其次分别基于计算性视角和关系性视角探讨知识产权质押融资信任形成机制及影响因素，重点分析社会网络信任对知识产权质押融资决策的影响，提出基于社会网络的知识产权质押融资信任评估机制，最后分析、检验了政策对知识产权质押融资的促进路径与效应。本书形成的核心观点有以下五个方面。

第一，我国知识产权融资现状与特征方面。主要融资方式有知识产权质押融资、利用知识产权吸引股权融资、知识产权信托融资、知识产权证券化、知识产权融资租赁、知识产权保险和互联网金融发展下的知识产权融资创新。知识产权融资处于初步发展阶段，质押融资项目相对较多，其他融资方式仅为个案，但是同年新增专利权质押融资数量远低于新增专利授权数量，占比仅为 1.56%，知识产权质押融资金额占银行融资业务量的比例不足 0.7%。专利质押和商标专用权质押总体发展缓慢，区域分布不均。银行和担保公司在质押贷款中发挥重要作用，专利质押类型中，发明专利和实用新型专利占绝大多数。专利权质押融资从整体上看，形成一个较为复杂的网络体系，网络中节点较多，但节点之间的联系较弱，且呈现出一种分布不均的状态。质权人是整个网络的核心，随着年度节点的增加，网络的中心性被分散。质权人在专利权质押融资中的主导作用在不断增加。通过典型案例分析发现出质人基本上成立时间较长，各方面评级较

高，注册资本较高；出质的专利权主要是发明专利和实用新型专利，出质的专利中多数剩余时间较长，价值较高，质权人会重复质押同一专利权，几个专利打包同时出质的情况较多。金融机构对于出质人和质押物有较为严格的选择和控制，这也是公司为了降低融资担保风险的必要手段

第二，信任机制是建立、维持信任的根本与保障，组织间信任包括基于计算和基于关系两种类型。制度约束只能算是硬性约束。要想使信贷交易双方的信任关系能长期维持，还需要软性约束——声誉约束。约束机制包括宏观层面法律、法规、监管、惩戒；中观层面中介机构保证金制度；微观层面保护合同。激励机制需要建立适当的知识产权质押融资评估机制、知识产权信息公示机制和信用评分制度。知识产权质押融资信任博弈分析表明，质押融资的健康发展需要信任机制的约束和激励作用。增加违约成本对企业的不还款行为具有约束作用，且当违约成本高于不还款的超额收益时，企业无不还款动机；改善信息结构对于银企的战略选择有影响，改善信息结构通过影响银行非理性的先验概率激励企业的还款行为，同时也激励银企双方的信任合作，声誉效应、长期合作对于企业行为具有约束和激励作用。基于上述研究结论，采用模糊集定性比较分析方法分析我国知识产权质押融资信任影响因素，从企业内部影响因素和外部影响因素两个角度分析，最终获得了四种有价值的前因条件组合。研究发现，银行机构和中介机构推动力度大是企业获得专利质押融资最佳效益的前提条件，企业在获得专利质押融资之前，要注重自身的经营状况和研发的专利价值。

第三，社会关系视角聚焦于基于频繁社会互动且不断演化的组织间关系，其假定交易各方具有美好的人性并倾向于以真诚善意的方式行事。按社会关系视角的逻辑，人们所从事的一切经济交换活动都嵌入在更为广泛的互惠性社会关系当中，组织间信任正是通过交易伙伴之间持久的社会互动和成功的交换而逐渐建立起来的。通过引入经典的前景理论，考虑决策者的非理性因素，分析从众心理（其他中小企业履约情况）对知识产权借贷人的信用意愿的影响，同时考虑自身相对收益情况以及银行的监管情况惩戒因素，并基于此构建了仿真模型，通过仿真分析各因素对借款人偿债意愿的影响。研究表明：①借款人更愿意选择"还款"的从众心理，对银行等债权方而言，对某一企业授信时，除了考核其自身的偿债能力与意愿外，对于其所在企业圈内整体偿债情况的考察也十分必要；②借款人相对收益会影响借款人的还款意愿；③随着银行等信贷机构的监管惩罚增加，偿债意愿呈现先缓慢上升、后急速上升的变化趋势。研究社会资本与知识产权质押融资可得性时，运用实验研究法，通过模拟设计一系列虚拟的企业和银行知识产权质押融资决策情境，观察被试在不同情况下如何做出决策，运用回归方法检验社会资本对知识产权质押融资的影响。研究发现，借款者的社会资本与知识产权质押融资出借意愿呈显著正相关，借款者的社会资本与交易信任呈显著正相关。交易信任对社会资本与知识产权质押融资出借意愿存在中介效应，且中介效应显著。

第四，基于社会网络理论，将专利权质押融资行为嵌入特定的社会网络中进行分析。首先构建直接信任、间接信任及感知风险信任三维结构模型和基于社会网络信任的专利权质押融资动态评估模型，仿真模拟分析时间衰减、敏感性差异、推荐可信度，以及感知风险等因素对知识产权质押融资综合信任度的影响。进一步建立回归模型，研究在不同的影响因素下所产生的不同的信任影响。研究表明，通过对距目前时间远近、合作规模、近期合作与各历史合作记录差异、其他银行对该企业的推荐可信度、推荐成员对企业的信任评价与群体评价的差异、企业的承受风险能力等对知识产权质押融资信任有影响。进一步构建了直接信任、间接信任、感知风险对专利质押融资决策的理论模型，运用实验经济学的研究方法，观察受试者在不同的信任水平下如何做出专利质押融资决策，对实验结果进行分析，分组t检验直接信任、间接信任、风险感知不同水平对专利质押融资风险评级、贷款金额以及专利质押融资利率的影响。研究发现：①直接信任、间接信任对专利质押融资决策均有显著的影响作用，即当直接信任、间接信任水平较高时，专利质押融资的风险评级越低、贷款金额越大，贷款利率越低；②间接信任只在直接信任对风险评级决策中存在调节作用，而对贷款金额和贷款利率决策中没有调节作用，因此银行在做出专利质押融资决策时，建立完善的知识产权质押融资工作机制，综合考虑直

接信任和间接信任，建立符合专利质押融资特点的信贷审批制度和利率定价机制，让更多的创新型中小微企业通过知识产权质押融资发展；③风险感知在直接信任对专利质押融资决策影响过程中起到调节效应，风险感知在间接信任对专利质押融资决策影响过程中起到调节效应。

第五，知识产权质押融资对于提高知识产权利用价值、缓解科技型中小企业融资困境、助推企业技术创新、加快实施创新驱动发展战略具有重要作用。本书通过对近年来我国政府出台的政策进行归纳总结，依托系统动力学的原理，利用 Vensim 软件构建因果回路图和存量流量图，将影响知识产权融资的相关政策因素量化进行模拟，最终得出促进创新成果转化率、降低知识产权融资成本两大任务是今后政府政策应当重点关注的方面。本书从北大法宝数据库和全国各省份的政府网站上搜集各省份历年来有关知识产权融资的政策文本。基于政策措施、政策力度以及政策目标三个维度构建了相应的知识产权融资政策的测量体系，对政策打分赋值，对文本进行内容分析，并对政策效应进行实证检验。研究得知政策的发布随着时间的推移在逐渐增加，各省份的政策性效力也是逐年增长的。虽然我国政策的数量在逐年地增加，而且政策的发布层级更加趋近于省级部门机构，但是我国对于知识产权融资为主的政策文件较少，多数是针对某一特定行业或者地区发展而制定的意见，大部分文件仅一两条涉及知识产权融资。除此之外，也有政策文本提到了针对知识产权融资政策具体的鼓励制度，例如资金补助、风险保障补贴、知识产权融资税收优惠等相关的鼓励制度，但此类政策相对较少，更多的政策仅仅是提到推行知识产权融资。进一步从区域层面就中国知识产权融资政策的效应问题进行实证分析，使用计量统计的方法探究知识产权融资政策所产生的效力对各区域经济发展带来的影响。研究结果表明，无论全样本还是分东部和中部、西部地区检验，政策总效力（X_1）、政策力度效力（X_2）、政策措施效力（X_3）、政策目标效力（X_4）、知识产权授权量（X_5）都与知识产权融资数量呈现显著性的正向相关。

本书的研究虽然取得了一些重要结论，但也存在一定的局限性。

首先，知识产权融资方式中仅有质押融资方式发展较快，其他融资方式仅为个案，未能形成规模，本书主要以知识产权质押融资为主要研究对象。另外，由于我国目前知识产权质押合同备案信息分别在国家知识产权局、国家知识产权局商标局和国家版权局，信息披露过于分散、不完整，例如 2012 年度之后的专利权质押整体数据无有效的获得渠道，版权质押信息仅有地区统计数据，不利于对融资现状的分析。

其次，在相关影响因素分析中，影响企业专利质押融资额度的因素还包括专利的估值与质押期限、与企业合作银行对本业务的意愿度和了解程度以及中介机构与相关部门的合作程度等，本书的变量中未能体现这些影响因素。此外，本书的样本量相对较少，且都是新三板上市的创新型中小企业，研究结论能否推广到大型企业，需要未来进一步探讨。

最后，本书着重分析基于网络的知识产权质押融资信任机制并进行实验检验，但是在实际的借贷过程中，还有其他很多因素会影响审贷员的出借意愿（如信任倾向等），后续研究可以考虑更多影响因素。此外，实验是对现实状况的一种模拟，实验参与者不可能置身于与管理者完全一样的处境，参与本次实验的被试都为北京联合大学的大三本科生和研究生，而非真正的银行内部专利质押融资审批人。还有，本书在该领域首次尝试实验研究方法，研究设计未免有不严谨之处，后续的研究可以采用访谈、案例研究、大样本实证研究等多种手段交叉验证本书的研究结果，形成证据三角，使结论更加可靠。

参考文献

[1] Ali H, Birley S. The Role of Trust in the Marketing Activities of Entrepreneurs Establishing New Ventures [J]. Journal of Marketing Management, 1998, 14 (7).

[2] Anderson J C, Narus J A. A Model of Distributor Firm and Manufacturer Firm Working Partnerships [J]. The Journal of Marketing, 1990.

[3] Banerjee, Anindya, Robin, et al. Recursive and Sequential Tests of the Unit – Root and Trend – Break Hypotheses: Theory and International Evidence [J]. Journal of Business & Economic Statistics, 1992.

[4] Arrow K J. Gifts and exchanges [J]. Philosophy & Public Affairs, 1972, 1 (4).

[5] Baek Y M, Chan S J. Focusing the Mediating Role of Institutional Trust: How Does Interpersonal Trust Promote Organizational Commitment? [J]. Social Science Journal, 2014, 52 (4).

[6] Barro R J. Reputation in A Model of Monetary Policy with Incomplete Information [J]. Journal of Monetary Economics, 1986, 17 (1).

[7] Bart Nooteboom, Hans Berger, Niels G. Noorderhaven. Effects of Trust and Governance on Relational Risk [J]. The Academy of Management Journal, 1997, 40 (2).

[8] Brian Uzzi, Ryon Lancaster. Relational Embeddedness and Learning: The Case of Bank Loan Managers and Their Clients [J]. Management Science, 2003, 49 (4).

［9］ Bachmann R, Inkpen A C. Understanding Institutional – Based Trust Build-ing Processes in Inter – Organizational Relationships ［J］. Organization Studies, 2011, 32 (2) .

［10］ Chang S J, Shim J. When Does Transitioning from Family to Professional Management Improve Firm Performance? ［J］. Strategic Management Jour-nal, 2015, 36 (9) .

［11］ Mcknight D H, Cummings L L, Chervany N L. Initial Trust Formation in New Organizational Relationships ［J］. Academy of Management Review, 1998, 23 (3).

［12］ Deutsch M. Cooperation and Trust: Some Theoretical Notes ［C］//Jones M R. Nebraska Symposium on Motivation. Nebraska Press, 1962.

［13］ Deutsch M. Trust and Suspicion ［J］. Journal of Conflict Resolution, 1958 (2).

［14］ Edelenbos J, Klijn E H. Trust in Complex Decision – Making Networks: A Theoretical and Empirical Exploration ［J］. Administration & Society, 2007, 39 (1).

［15］ Ernst F, List J A. The Hidden Costs and Returns of Incenves – Trust and Trust Worthiness Among CEOs ［J］. Journal of the European Economic Association. 2004, 2 (5).

［16］ Gine X, Karlan D S, Morduch J, et al. Microfinance Games ［J］. Ameri-can Economic Journal Applied Economics, 2006, 2 (3).

［17］ Granovetter M S. Strength of Weak Ties ［J］. American Journal of Sociol-ogy, 1973, 78 (6).

［18］ Karlan S. Social Connections and Group Banking ［J］. The Economic Journal, 2007, 117 (517).

［19］ La Porta, Rafael, Lopez – de – Silanes, et al. What Works in Securities Laws? ［J］. CFA Digest, 2006.

［20］ Lionel Bently, Brad Sherman. Intellectual Property Law ［M］. Oxford: Oxford University Press. 2004.

［21］ Luhmann N. Trust and Power ［M］. Chichester：John Wiley & Sons Ltd.，1979.

［22］ Mayer R C，Davis J H，Schoorman F D. An Integrative Model of Organization Trust ［J］. The Academy of Management Review，1995，20 （3）.

［23］ Mann W. Creditor rights and innovation：Evidence from Patent Collateral ［J］. Journal of Financial Economics，2018，130 （1）.

［24］ Mark Granovetter. Economic Action and Social Structure：The Problem of Embeddedness ［J］. Mark Granovetter，1985，91 （3）.

［25］ Mitchell J C. The Concept and Use of Social Networks ［C］// Social Networks in Urban Situations. 1969.

［26］ Nahapiet Janine，Ghoshal Sumantra. SocialCapital，Intellectual Capital and the Organizational Advantage ［J］. Academy of Management Review，1998，23 （2）.

［27］ Narus. A Model of Distributor Firm and Manufacturer Firm Working Partnerships ［J］. Journal of Marketing，1990，54 （1）.

［28］ Ranjay Gulati. Does Familiarity Breed Trust? The Implications of Repeated Ties for Contractual Choice in Alliances ［J］. The Academy of Management Journal，1995，38 （1）.

［29］ Ring P S . The Role of Trust in the Design and Management of Business Organizations ［J］. 1992：3 （5）.

［30］ Robert W Putnam. Transforming Social Practice：An Action Science Perspective ［J］. Management Learning，1999，30 （2）.

［31］ Roger C Mayer，Jame S H davis，F david schoorman. An Tntegrative Model of Organization Trust ［J］. Academy of Management，1995，20 （3）.

［32］ Roy J Lewicki，Robert J Robinson. Ethical and Unethical Bargaining Tactics：An Empirical Study ［J］. Journal of Business Ethics，1998，17 （6）.

［33］ Sibout Nooteboom，Geert Teisman. Sustainable Development：Impact Ass essment in the Age of Networking［J］. Journal of Environmental Policy & Planning, 2003, 5（3）.

［34］Siles M, Hanson S D, Robison L J . Socio－Economics and the Probability of Loan Approval［J］. Applied Economic Perspectives and Policy, 1994, 16（3）.

［35］Van Bastelaer T . Imperfect Information, Social Capital and the Poor's Access to Credit［J］. Ssrn Electronic Journal, 2000.

［36］Uzzi B. Social Structure and Competition in Interfirm Networks：The Paradox of Embeddedness［J］. Administrative Science Quarterly, 1997, 42（1）.

［37］Zucker L. Production of Trust：Institutional of the Economic Structure 1840－1920［J］. Research in Organizational Behavior, 1986, 8（1）.

［38］卢曼. 信任：一个社会复杂的简化机制［M］. 瞿铁鹏, 李强, 译. 上海：上海人民出版社, 2005.

［39］鲍新中, 屈乔, 傅宏宇. 知识产权质押融资中的价值评估风险评价［J］. 价格理论与实践, 2015（3）.

［40］鲍新中, 尹夏楠. 知识产权质押融资：风险管理［M］. 北京：知识产权出版社, 2018.

［41］鲍新中. 知识产权融资：模式、障碍与政策支持［J］. 科技管理研究, 2019, 39（4）.

［42］曾莉, 王明. 基于 BP 神经网络的科技型中小企业知识产权质押融资风险评价［J］. 科技管理研究, 2016, 36（23）.

［43］柴时军, 王聪. 社会网络与农户民间放贷行为——基于中国家庭金融调查的研究［J］. 南方金融, 2015（6）.

［44］陈朝晖, 周志娟. 高新技术企业专利融资能力评价模型构建与实证研究［J］. 中国科技论坛, 2019（9）.

［45］陈朝晖, 周志娟. 高新技术企业专利融资能力评价指标体系研究［J］. 科技管理研究, 2019, 39（10）.

［46］陈冬宇, 朱浩, 郑海超. 风险、信任和出借意愿——基于拍拍贷注

册用户的实证研究［J］．管理评论，2014，26（1）．

［47］陈红艳．我国商业银行信贷集中及其风险研究［D］．南京：河海大学，2007．

［48］陈江华．知识产权质押融资及其政策表现［J］．改革，2010（12）．

［49］陈满新．产学研政策的测量、演变及绩效研究［D］．杭州：浙江理工大学，2017．

［50］陈万明，田垭楠．共享经济双边市场的信任机制博弈分析［J］．工业技术经济，2019，38（3）．

［51］程华，樊笑然，张思潮，等．浙江科技人才创新创业政策的测量及演变［J］．科技与经济，2018，31（3）．

［52］程守红，周润书．知识产权质押融资中的政策工具及模式研究［J］．华东经济管理，2013，27（2）．

［53］程永文，姚王信．有限理性视角下知识产权质押贷款风险形成、评估与检验［J］．科技进步与对策，2015，32（13）．

［54］仇荣国，孔玉生．基于知识产权质押的科技型小微企业融资机制及影响因素研究［J］．中国科技论坛，2017（4）．

［55］戴淑芬，张群，王思博．我国中小企业策略联盟绩效及其影响因素的实证研究［J］，管理学报，2008，5（4）．

［56］邓子纲．面向战略性新兴产业的专利权质押贷款模式创新研究［J］．求索，2014（12）．

［57］董晓安．科技型中小企业知识产权质押融资影响因素研究［D］．杭州：浙江工业大学，2012．

［58］冯登艳．信用机制的发展演变［J］，征信，2009（4）．

［59］冯晓青．我国企业知识产权质押融资及其完善对策研究［J］．河北法学，2012（12）．

［60］郭淑娟，常京萍．战略性新兴产业知识产权质押融资模式运作及其政策配置［J］．中国科技论坛，2012（1）．

［61］韩冰．信用制度演进的经济学分析［M］．长春：吉林大学出版社，2005．

［62］何颖，侯雅婷. 信任机制研究综述［J］. 软件导刊，2017，16（6）.

［63］胡万俊. 中国农村民间借贷中村庄信任机制的实证研究［J］. 湘潭大学学报（哲学社会科学版），2018，42（1）.

［64］华荷锋. 科技型中小企业知识产权融资模式选择研究［J］. 技术经济与管理研究，2015（5）.

［65］黄登仕，张希，董占奎. 多代理人网络中信任与可信度的实验研究［J］. 管理科学学报，2017，20（5）.

［66］黄丽清，张成科，朱怀念，等. 科技型中小企业知识产权质押融资模式博弈分析［J］. 科技管理研究，2018，38（1）.

［67］黎耀奇，谢礼珊. 社会网络分析在组织管理研究中的应用与展望［J］. 管理学报，2013，10（1）.

［68］李纲，冯晓岭，梁姣姣. 基于社会网络的人际信任：一个整合的研究框架［J］. 华北水利水电大学学报（社会科学版），2018，34（1）.

［69］李海英，苑泽明，李双海. 创新型企业知识产权质押贷款风险评估［J］. 科学学究，2017，35（8）.

［70］李佳，杨燕绥. "新农保"制度信任机制构建的社会治理研究［J］. 社会保障研究，2018（1）.

［71］李静. 自治主体、互信机制与对话方式：合作社会的治理逻辑［J］. 思想战线，2017，43（6）.

［72］李明发. 论科技型中小企业知识产权质押融资的政策支持［J］. 江淮论坛，2012（6）.

［73］李明星，Nelson Amowine，何娣，等. 转型升级背景下小微企业专利融资模式创新研究［J］. 科技进步与对策，2013，30（18）.

［74］李晓红，黄春梅. 社会资本的经济学界定、构成与属性［J］. 当代财经，2007（3）.

［75］李青. 我国知识产权质押融资实践现状及政策完善研究［J］. 浙江金融，2012（11）.

［76］李天元. 基于社会资本的中小企业关系型贷款［J］. 中国商论，2015（19）.

［77］李明星，苏佳璐，胡成，等. 南京市科技型小微企业知识产权质押融资主体职能演化分析［J］. 科技进步与对策，2019，36（11）.

［78］李希义，朱颖. 设立知识产权质押贷款专项基金的研究探讨——基于财政资金创新使用角度［J］. 科学学研究，2016，34（6）.

［79］李振东. 构建社交网络信任机制三策［J］. 人民论坛，2017（35）.

［80］廖青虎，孙钰，陈通. 城市文化产业与科技融合的政策效力测量研究［J］. 城市发展研究，2019，26（5）.

［81］刘洁. 知识产权互联网融资平台运营中的风险及其分散对策［J］. 知识产权，2015（9）.

［82］刘蕾，鄢章华. 区块链体系下的产业集群融资信任机制［J］. 中国流通经济，2017，31（12）.

［83］刘力，徐逸伦. 基于政策测量的空间政策影响评价——以南京市为例［J］. 城市问题，2017（6）.

［84］刘沛佩. 谁来为知识产权质押融资的"阵痛"买单——兼论知识产权质押融资的多方参与制度构建［J］. 科学学研究，2011，29（4）.

［85］刘晓霞，饶育蕾. 代理能力与代理成本：一个关系嵌入的视角［J］. 云南财经大学学报（社会科学版），2012，27（4）.

［86］刘学，王兴猛，江岚，等. 信任、关系、控制与研发联盟绩效——基于中国制药产业的研究［J］. 南开管理评论，2008（3）.

［87］卢志英. 专利权质押融资现状分析［J］. 中国发明与专利，2007（6）.

［88］吕峰，梁琬瞳，张峰. 效率还是效果：复杂环境下企业创新的权衡［J］. 南开管理评论，2018，21（5）.

［89］吕鸿江，吴亮，周应堂. 家族企业治理模式的分类比较与演进规律［J］. 中国工业经济，2016（12）.

［90］马矗. 科技型中小企业知识产权质押融资的风险防范研究［D］. 绵阳：西南科技大学，2018.

［91］马新新，耿技. 对等网络信任和信誉机制研究综述［J］. 计算机应用，2007（8）.

［92］马彧崧，齐天凤. 科技型中小企业知识产权融资服务体系探究［J］. 学术交流，2018（8）.

［93］马毅. 互联网金融发展下的知识产权融资创新［J］. 经济体制改革，2018（3）.

［94］梅菁，何卫红. 我国资源环境审计政策协同测量［J］. 财会月刊，2018（17）.

［95］缪莲英，陈金龙. P2P网络借贷中社会资本对借款者违约风险的影响——以Prosper为例［J］. 金融论坛，2014，19（3）.

［96］沐光雨，刘砳，司秀丽. 基于信息传播的社交网络信任机制影响因素分析［J］. 情报科学，2018，36（9）.

［97］聂洪涛. 知识产权担保融资中的政府角色分析［J］. 科技进步与对策，2014，31（24）.

［98］牛草林，薛志丽. 知识产权（IP）融资约束因素研究［J］. 财会通讯，2013（24）.

［99］欧晓文. 科技型中小企业知识产权质押融资模式探究—基于北京、上海浦东、武汉模式的比较［J］. 现代产业经济，2013（7）.

［100］潘越，戴亦一，吴超鹏，等. 社会资本、政治关系与公司投资决策［J］. 经济研究，2009，44（11）.

［101］齐岳，廖科智，刘欣，等. 创新创业背景下科技型中小企业融资模式研究——基于知识产权质押贷款ABS模式的探讨［J］. 科技管理研究，2018，38（18）.

［102］钱坤，潘玥，黄忠全. 基于专利质押的P2P网贷信号博弈分析［J］. 软科学，2018，32（6）.

［103］钱坤，沈厚才，黄忠全. 基于质押融资的专利价值系统分析［J］. 管理现代化，2013（4）.

［104］秦凯，吴家丽，宋益多，等. 基于社会信任的协同过滤算法研究综述［J］. 智能计算机与应用，2015，5（4）.

［105］沙尉，徐炜. 中小高新技术企业知识产权融资影响因素分析［J］. 财会通讯，2015（32）.

［106］商燕劼. 基于网络的信任构建研究——银企动态博弈视角［J］. 金融经济，2017（22）.

［107］寿志钢，杨立华，苏晨汀. 基于网络的组织间信任研究——中小企业的社会资本与银行信任［J］. 中国工业经济，2011（9）.

［108］宋河发，廖奕驰. 专利质押贷款保险模式与政策研究［J］. 中国科学院院刊，2018，33（3）.

［109］宋河发. 我国知识产权运营政策体系建设与运营政策发展研究［J］. 知识产权，2018（6）.

［110］宋加山，王玙，秦国祯，等. 我国国防知识产权质押融资模式与政策研究［J］. 科技进步与对策，2019，36（12）.

［111］隋新，何建敏，李守伟. 嵌入银企间和企业间市场的内生信贷网络模型构建［J］. 北京理工大学学报（社会科学版），2017，19（3）.

［112］孙华平，刘桂锋. 科技型小微企业专利运营体系及融资模式研究［J］. 科技进步与对策，2013，30（18）.

［113］陶丽琴，阮家莉. 我国知识产权质押融资：实践样态和立法制度审视——基于知识产权战略和民法典编纂的背景［J］. 社会科学研究，2017（5）.

［114］涂祥. 线上供应链金融三维信任机制研究［D］. 武汉：武汉理工大学，2019.

［115］汪青松. 互联网金融信任机制的现实缺失与建构路径［J］. 探索与争鸣，2018（10）.

［116］汪青松. 信任机制演进下的金融交易异变与法律调整进路——基于信息哲学发展和信息技术进步的视角［J］. 法学评论，2019，37（5）.

［117］王怀林，冯登艳. 我国上市公司治理结构问题的文化解释［J］. 管理世界，2006（7）.

［118］王进，朱建栋. 如何进一步完善"知识产权质押融资"的政策建议［J］. 华东科技，2012（4）.

［119］王克，周明. C2C 电子商务下信任机制文献综述［J］. 现代商贸工业，2017（27）.

［120］王凌峰，李玉华. 基于梯形 FAHP 电池专利质押融资价值评估研究
　　　　［J］. 系统科学学报，2017，25（3）.

［121］王婷. 银行开展知识产权质押贷款业务成效的影响因素研究［D］.
　　　　北京：清华大学，2010.

［122］王锡苓. 质性研究如何建构理论？——扎根理论及其对传播研究的
　　　　启示［J］. 兰州大学学报，2004（3）.

［123］王晓珍，蒋子浩，曹群，等. 基于 Cite Space 的高校创新研究热点
　　　　及趋势研究［J］. 中国矿业大学学报（社会科学版），2019，21
　　　　（5）.

［124］魏明，王琼，褚俊虹. 信用制度的变迁与我国信用制度的建设
　　　　［J］. 管理世界，2006（2）.

［125］魏晓蕾. 基于前景理论的我国中小企业偿债意愿研究［D］. 成都：
　　　　电子科技大学，2014.

［126］文豪，曲文哲，胡昊楠. 专利许可收益权质押融资的性质及其适用
　　　　法规研究［J］. 宏观经济研究，2016（12）.

［127］文学舟，张海燕，蒋海芸. 小微企业融资中银企信任机制的形成
　　　　及演化研究——基于信用担保介入的视角［J］. 经济体制改革，
　　　　2019（3）.

［128］吴慧婷. P2P 网络中基于声誉的信任管理研究［D］. 武汉：华中师
　　　　范大学，2009.

［129］吴应良，姚怀栋，李成安. 一种引入间接信任关系的改进协同过滤
　　　　推荐算法［J］. 现代图书情报技术，2015（9）.

［130］夏轶群，李志鹏. 基于模糊 VIKOR 法的专利质押融资优质质押专
　　　　利选择研究［J］. 科技管理研究，2016，36（12）.

［131］向军，方厚政. 政府激励对银行专利质押贷款业务影响的实证分
　　　　析——以上海浦东发展银行为例［J］. 武汉金融，2016（9）.

［132］徐鲲，李宁，鲍新中. 第三方中介平台参与的知识产权质押融资合
　　　　作机制［J］. 科技管理研究，2019，39（5）.

［133］徐鲲，张楠，鲍新中. 北京市促进中小微企业融资政策的文本量化

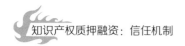

分析 [J]．科技促进发展，2018，14（12）.

[134] 徐玉发，沈乐平，栗洪海，等．家族治理信任机制的结构创新研究 [J]．管理现代化，2015，35（4）.

[135] 严中华，米加宁．信任的理论框架研究及其在电子商务中的应用 [J]．科技进步与对策，2003（9）.

[136] 杨居正，张维迎，周黎安．信誉与管制的互补与替代——基于网上交易数据的实证研究 [J]．管理世界，2008（7）.

[137] 杨汝岱，陈斌开，朱诗娥．基于社会网络视角的农户民间借贷需求行为研究 [J]．经济研究，2011，46（11）.

[138] 杨诗炜，冼嘉宜，翁银娇，等．新型研发机构政策的量化分析——基于政策工具和政策力度的视角 [J]．中国高校科技，2019（6）.

[139] 杨卫忠．风险感知、风险态度对农村土地经营权流转的影响研究——以浙江省嘉兴市农村土地经营权流转为例 [J]．中国土地科学，2018，32（9）.

[140] 杨扬，陈敬良．我国高新技术企业知识产权质押融资机制的演化博弈分析 [J]．工业技术经济，2014，33（7）.

[141] 杨中芳，彭泗清．中国人人际信任的概念化：一个人际关系的观点 [J]．社会学研究，1999（2）.

[142] 姚王信，张晓艳．基于因子分析法的知识产权融资能力评价 [J]．科技进步与对策，2012，29（9）.

[143] 姚占辉，周玮，刘可歆．基于补贴政策的新能源乘用车技术效应评价及建议 [J]．时代汽车，2019（10）.

[144] 姚铮，胡梦婕，叶敏．社会网络增进小微企业贷款可得性作用机理研究 [J]．管理世界，2013（4）.

[145] 叶初升，孙永平．信任问题经济学研究的最新进展与实践启示 [J]．国外社会科学，2005（3）.

[146] 游达明，张帆．嵌入性视角下的企业集成创新模式与动态决策模型研究 [J]．统计与决策，2008（7）.

[147] 于建红，鲁耀斌．网上三种信任模型的分析与比较 [J]．工业工程

与管理，2006（4）.

[148] 余丹，范晓宇. 中小企业知识产权担保融资风险配置研究［J］. 科技进步与对策，2010，27（16）.

[149] 苑泽明，李海英，孙浩亮，等. 知识产权质押融资价值评估：收益分成率研究［J］. 科学学研究，2012，30（6）.

[150] 张红芳. 专利权质押政策文本量化研究［J］. 科学管理研究，2017，35（3）.

[151] 张红芳. 专利权质押中专利出质企业指标体系构建初探［J］. 科学学研究，2017，35（7）.

[152] 张惠彬. 企业专利权质押融资的困境及出路——以重庆市的实践为考察重点［J］. 理论月刊，2017（10）.

[153] 张科，裴平. 信息不对称、贷款人类型与羊群效应——基于人人贷网络借贷平台数据的研究［J］. 经济管理，2016，38（6）.

[154] 张立斌. 和平法院：网络视频创新解纷模式［J］. 中国审判，2012（10）.

[155] 张维迎，柯荣住. 信任及其解释：来自中国的跨省调查分析［J］. 经济研究，2002（10）.

[156] 张维迎. 信息，信任与法律［M］. 北京：生活·读书·新知三联书店，2003.

[157] 张新香，胡立君. O2O 商业模式中闭环的形成机制研究——基于信任迁移的视角［J］. 经济管理，2017，39（10）.

[158] 张羽. 知识产权质押融资的运行机理与合作机制研究［D］. 北京：北京科技大学，2019.

[159] 郑成思. 知识产权论［M］. 北京：法律出版社，2003.

[160] 郑梦. 基于制度信任的民营企业劳资互信形成机理研究［D］. 重庆：西南政法大学，2019.

[161] 周润书，程守红. 功能视角下城镇化进程中农村集体经济收不抵支的思考——以东莞市为例［J］. 农业经济问题，2013，34（5）.

[162] 朱国军，刘钰彤. 质押贷款资产价值视角下专利质押融资质物评估

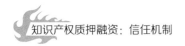

模型构建［J］. 科技管理研究，2019，39（15）.

［163］朱莎. 我国科技型中小微企业专利质押融资研究［D］. 长沙：长沙理工大学，2015.

［164］朱谢群. 知识产权公关服务及其机制分析［J］. 知识产权，2008（5）.

［165］曾莉，王明. 基于 BP 神经网络的科技型中小企业知识产权质押融资风险评价［J］. 科技管理研究，2016，36（23）.

后 记

自 2019 年获批教育部人文社会科学研究青年基金项目以来，我以饱满的热情全身心投入课题研究过程中，经过一年多的努力，顺利完成课题研究任务并形成书稿。

作为在北京联合大学工作了 17 年的一名大学教师，我很感恩学校提供的平台，让我能够在各方面快速成长。管理学院的同事们奋发图强的精神一直激励着我，学科学术带头人鲍新中教授一直鼓励、引领我深入研究，从而使本书有幸作为研究团队的知识产权质押融资系列专著之一得以出版。

我对科技企业融资方向的研究兴趣始于恩师苑泽明教授，2013 年在苑老师的指导下完成博士论文，并出版著作《高新技术企业资本结构问题研究——基于动态分析框架》。之后作为天津财经大学无形资产评估协同创新中心成员参与苑老师一系列关于知识产权相关研究课题的研究工作，拓展了研究视角、丰富了研究经验。

研究是枯燥的也是快乐的，尤其是在研究过程中学生的参与为课题增添了诸多的活力，和学生们一起调研、研讨、分析、论证，学生的点滴成长都让我欣喜。在此感谢任敏、吴晓君、聂齐、王佳怡、王林林、石瑞芳、徐艺洲、宿杰、崔亚男、杨鑫、陈汀灏、高敏、侯栋、彭鑫祺、李美辰等同学的参与和贡献。

感谢知识产权出版社编辑加工人员的严格要求、认真审稿和精心编校，他们敬业的工作态度和高水平的编辑加工保证了本书的顺利出版！

最后感谢我的家人对我的理解和支持，我爱你们！

严鸿雁

2020 年 8 月 27 日